Die nächste Karte wird selbst geletert!

Schön gestaltete Letterings sind nach wie vor gefragt und rund ums Jahr bietet sich eine Fülle von Anlässen dafür an. In dieser Bibliothek sind die schönsten Handlettering-Ideen für (fast) jede Gelegenheit versammelt – von zauberhaft über witzig bis stilvoll, und jedes Mal unendlich kreativ. Ob du einem lieben Menschen zum Geburtstag gratulieren, Weihnachts- und Ostergrüße verschicken, einfach Glück wünschen oder individuelle Mitbringsel kreieren möchtest – hier findest du Anregungen und Vorlagen für Karten, Anhänger, Dekorationen und Geschenke in Hülle und Fülle.

Wer schon lettern kann, wird in dieser Bibliothek ebenso fündig wie Handlettering-Neulinge. Thematisch sortiert, bieten die sechs Kapitel jede Menge Ideen und Inspirationen sowie Schritt-für-Schritt-Anleitungen für einzelne Projekte und fabelhafte Vorlagen, die sich ganz einfach abpausen lassen.

Der vorangestellte Anleitungsteil hilft, in die Welt der Letterings einzutauchen oder bereits vorhandene Kenntnisse aufzufrischen. Eine liebevoll geschriebene Sammlung der häufigsten Namen und einige hilfreiche Alphabete am Schluss der Bibliothek unterstützen dich bei der Gestaltung deiner individuellen Letterings und können sowohl abgepaust als auch abgeschrieben werden.

Zusätzlich gibt es alle Vorlagen aus diesem Buch auch zum Download in unserer Digitalen Bibliothek. Den Freischalte-Code dafür findest du im Impressum. So gelingt dir garantiert jedes Lettering-Projekt!

Inhalt

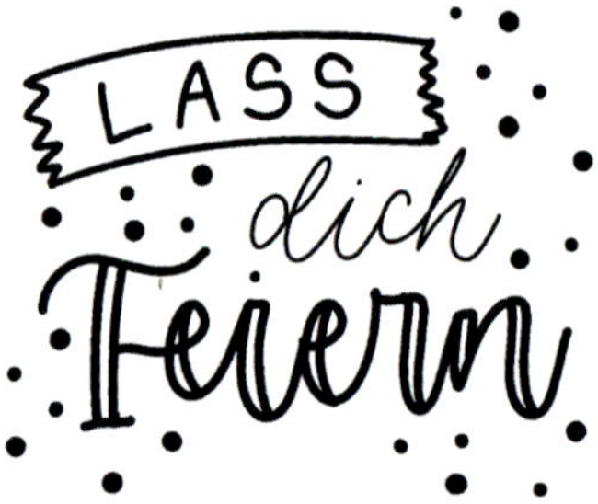

Geburtstag & Jubiläum

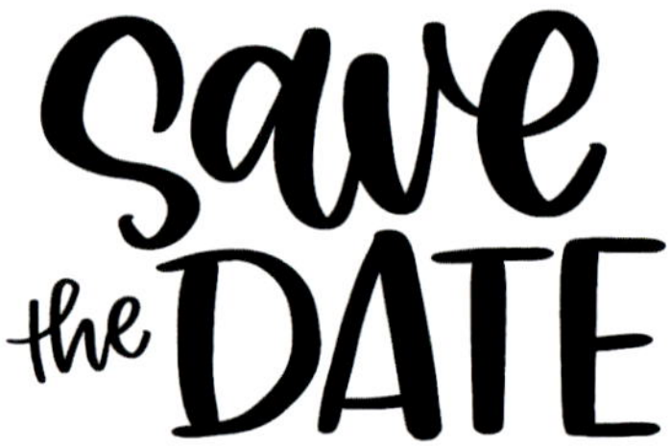

Hochzeit

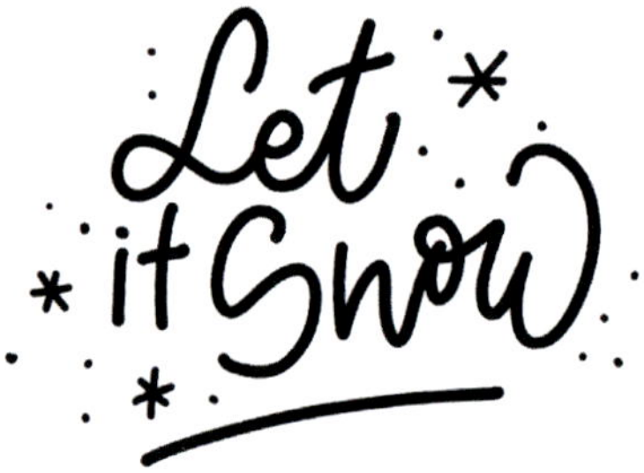

Rund ums Jahr

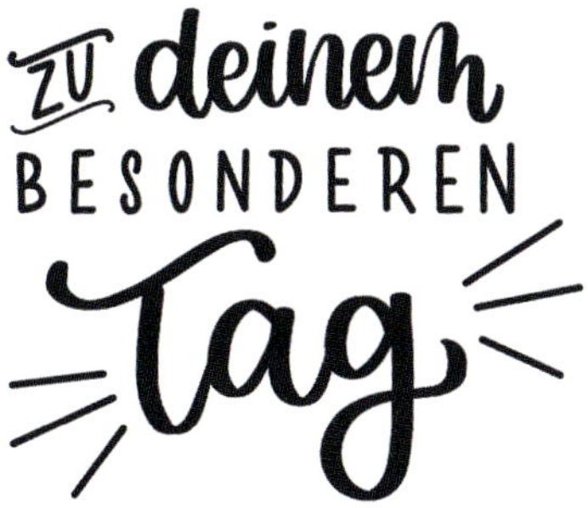

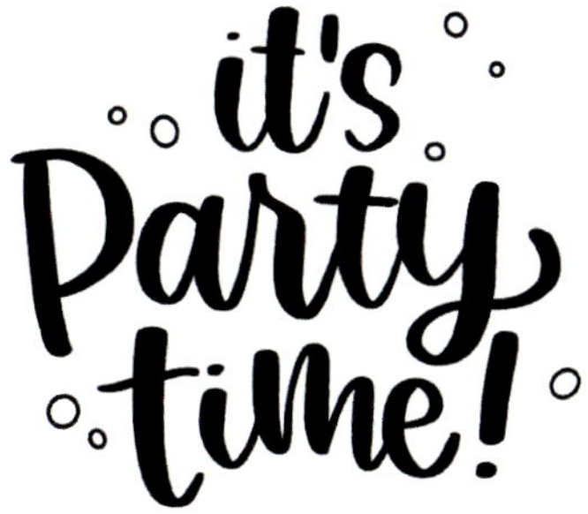

Familienfeste

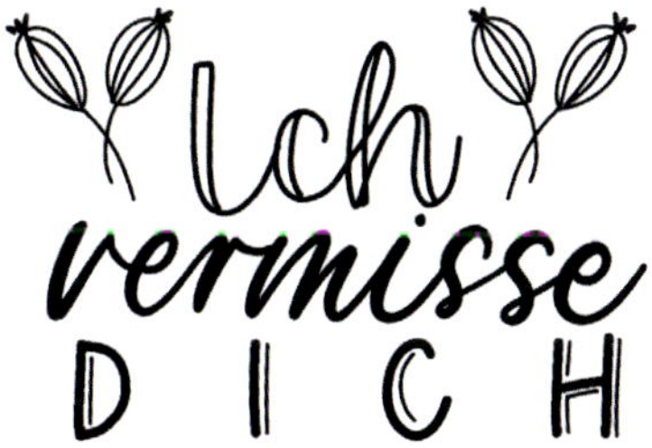

Gute Wünsche & Sprüche

Einladungen & Dank

Die Vorlagen zu diesem Buch stehen in deiner Digitalen Bibliothek unter **www.topp-kreativ.de/digibib** nach erfolgter Registrierung zum Ausdrucken bereit.
Den Freischalte-Code findest du im Impressum.

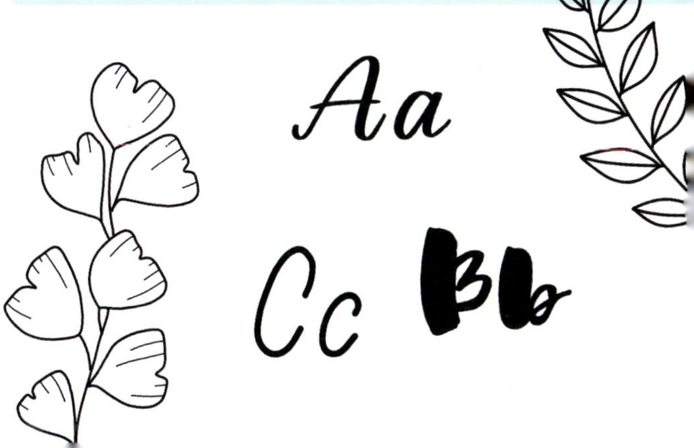

Ein paar Grundlagen vorweg

Bevor du mit deinen Letterings beginnst, kann es sinnvoll sein, dich mit den Grundlagen vertraut zu machen.

HANDLETTERING

Handlettering ist die Kunst, Buchstaben schön zu schreiben und zu gestalten. Sie wird auch moderne Kalligrafie genannt, weil wir uns kaum an Regeln halten oder an Rastern orientieren. Geschrieben und gezeichnet wird mit ganz unterschiedlichen Materialien: Bleistift, Buntstift, Filzstift, Fineliner, Marker usw.

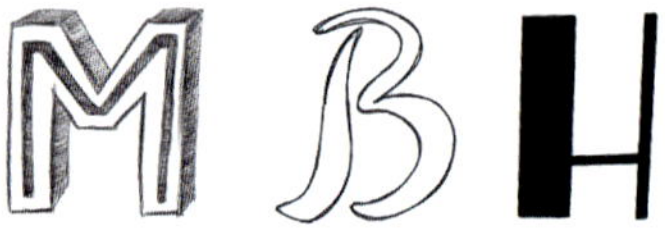

FAUX CALLIGRAPHY

In der klassischen Kalligrafie gibt es flexible Federn, mit denen die Striche verschiedene Stärken bekommen. Das können wir ganz leicht mit einem Fineliner oder Marker nachahmen. Schreibe dafür dein Wort mit einem Fineliner auf. Dann ziehst du an den Strichen, die nach unten führen, einen zweiten Strich parallel mit ein wenig Abstand.

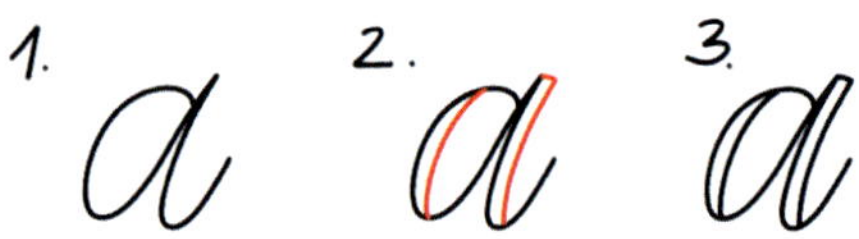

BRUSH LETTERING

Brush Lettering ist die Fähigkeit, mit dem Pinsel (Brush) zu schreiben. Mittlerweile wurden viele verschiedene Arten von Pinselstiften (Brush Pen) entwickelt, die einem Filzstift ähneln, aber eine flexible Pinselspitze haben, ähnlich wie bei einem Pinsel. Das Arbeiten mit einem Brush Pen ist deutlich einfacher und sehr gut für Anfänger und Fortgeschrittene geeignet.

Das Charakteristische des Brush Lettering ist der Wechsel zwischen dicken und dünnen Strichen. Wenn du den Stift zu deinem Körper hinführst, übst du Druck aus (Abstrich) und wenn du ihn von dir weg führst, nimmst du den Druck wieder raus (Aufstrich).

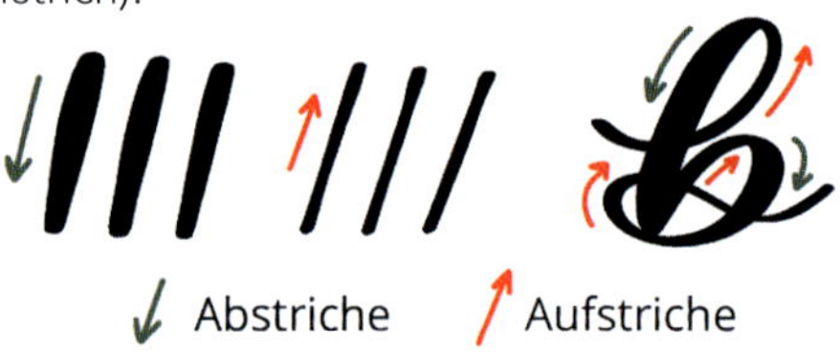

Dieses Alphabet kannst du mit einem Brush Pen, aber auch mit einem Pinsel schreiben.

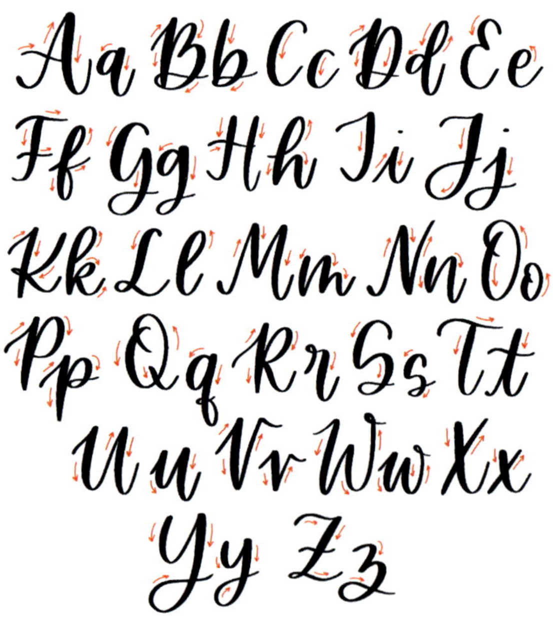

ALPHABETE

Von diesem Druckbuchstaben-Alphabet ausgehend lassen sich mit kleinen Veränderungen viele Varianten erschaffen.

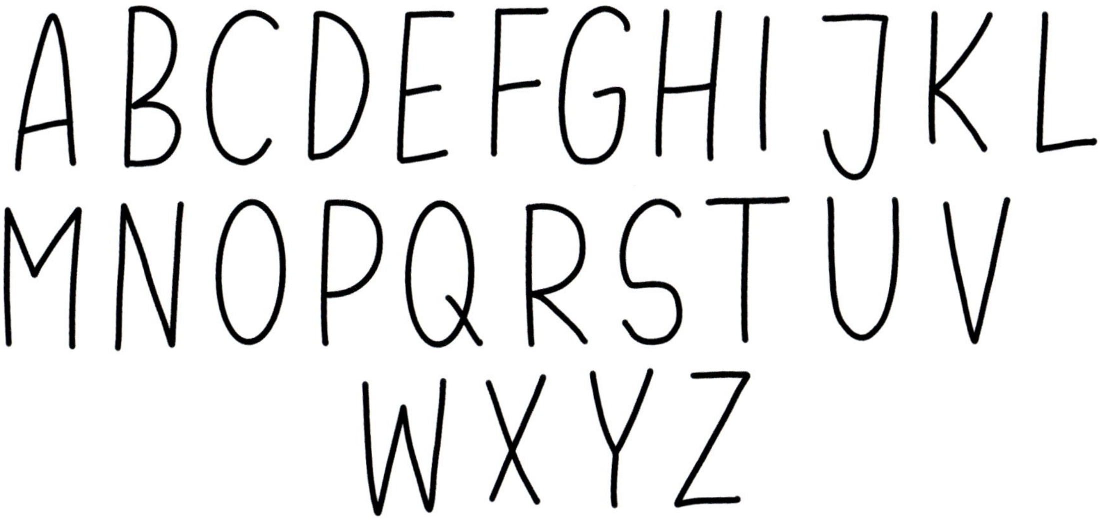

Verschiebe die Mittellinie des Buchstabens entweder nach oben oder unten:

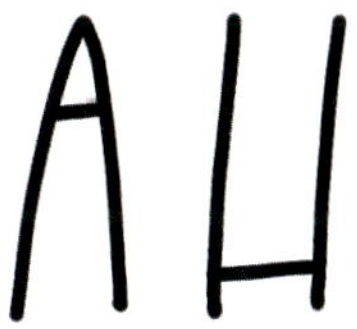

Mit Faux Calligraphy entsteht eine Fläche, die du ganz individuell ausfüllen kannst:

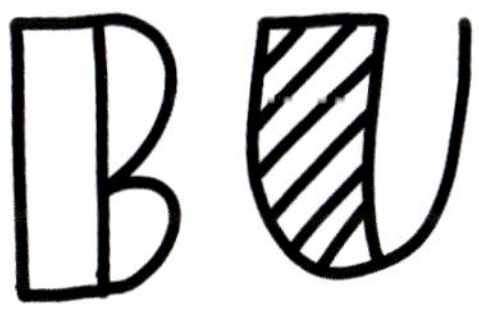

Füge an den Strichenden des Buchstabens Serifen hinzu:

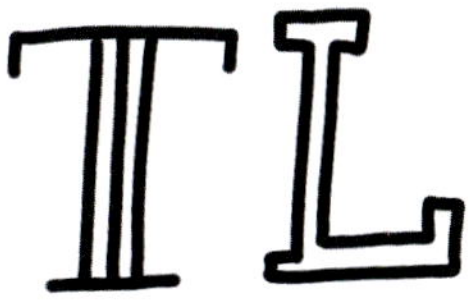

Zeichne Blockbuchstaben und verziere sie ebenfalls mit verschiedenen Elementen

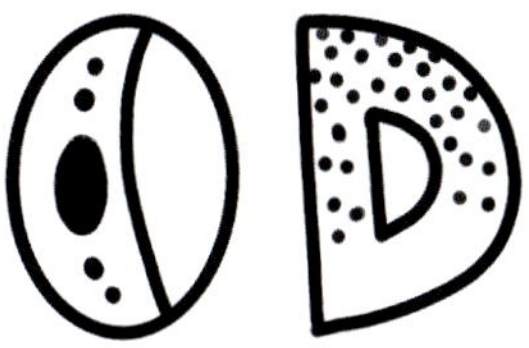

RASTER ENTWERFEN

Wenn du ein Lettering gestalten möchtest, überlege dir zunächst, welche Wörter deines Spruches besonders betont werden sollen. Solche Betonungen kannst du zum Beispiel durch eine andere Schriftart, die Größe oder durch Schmuckelemente erreichen. Überlege dir dann, was du mit deinem Lettering ausdrücken möchtest. Harmonische Sprüche kannst du gleichmäßig und ohne viele Variationen gestalten. Für lustige Sprüche kannst du hingegen durchaus viele verschiedene Elemente verwenden. Gestalte dir ein Grundraster entsprechend mit Hilfslinien. Eine vertikale Linie hilft dir, deine Wörter zentriert auszurichten. Mit horizontalen Linien und Rechtecken kannst du die Größe und Lage deiner Wörter festlegen. Achte darauf, ein ausgewogenes Bild zu erreichen, indem du nicht zu große Abstände zwischen Wörtern lässt und so große Weißräume vermeidest.

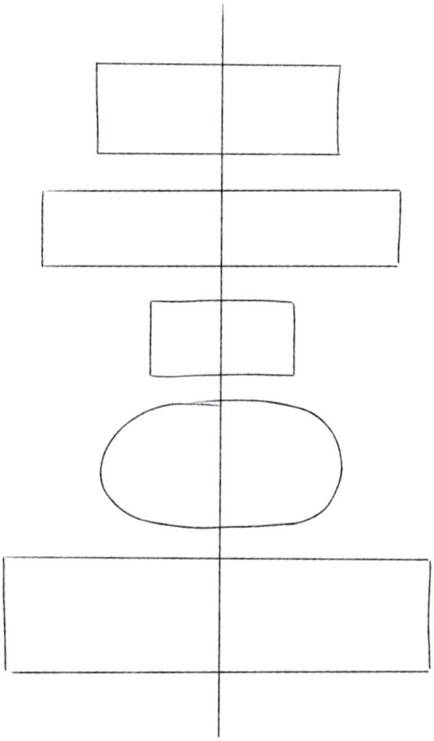

WÖRTER PLATZIEREN

Zeichne deine Wörter in das Raster. Verwende zum Beispiel Outline-Buchstaben, Serifen oder geschwungene Buchstaben. In Büchern oder im Internet findest du viele verschiedene Schriftarten. Lass dich davon inspirieren, um deine Vorlieben zu entdecken und zu sehen, wie Schriften gestaltet sind. So findest du zum Beispiel Ideen zur Variation von Buchstaben, verschiedene Positionen und unterschiedliche Gestaltungen von Serifen.

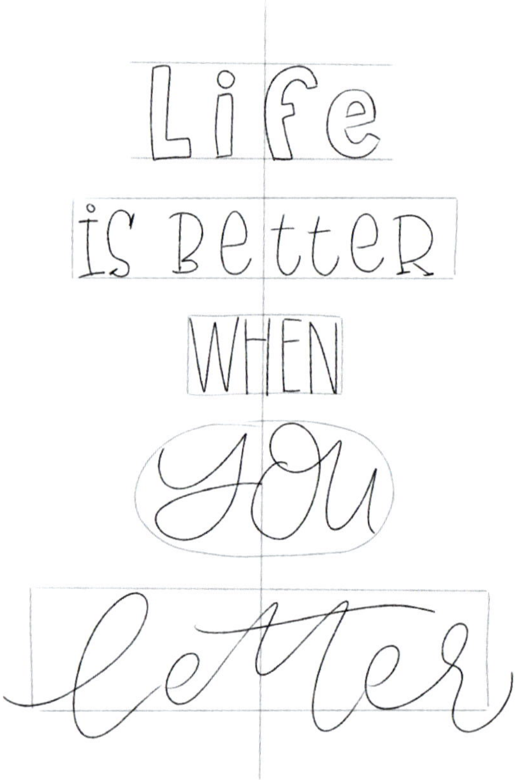

DAS LETTERING GESTALTEN

Im letzten Schritt kannst du deinen Entwurf weiter verfeinern. Ergänze Schmuckelemente, Dekorationen oder den Faux-Calligraphy-Effekt. Die Möglichkeiten sind hier vielfältig. Schau dir verschiedene Letterings an, um dich inspirieren zu lassen und herauszufinden, was dir gefällt. Probiere verschiedene Varianten aus. Mit der Zeit entwickelst du so deinen eigenen Stil und mit etwas Übung gelingen deine Entwürfe auch viel schneller.

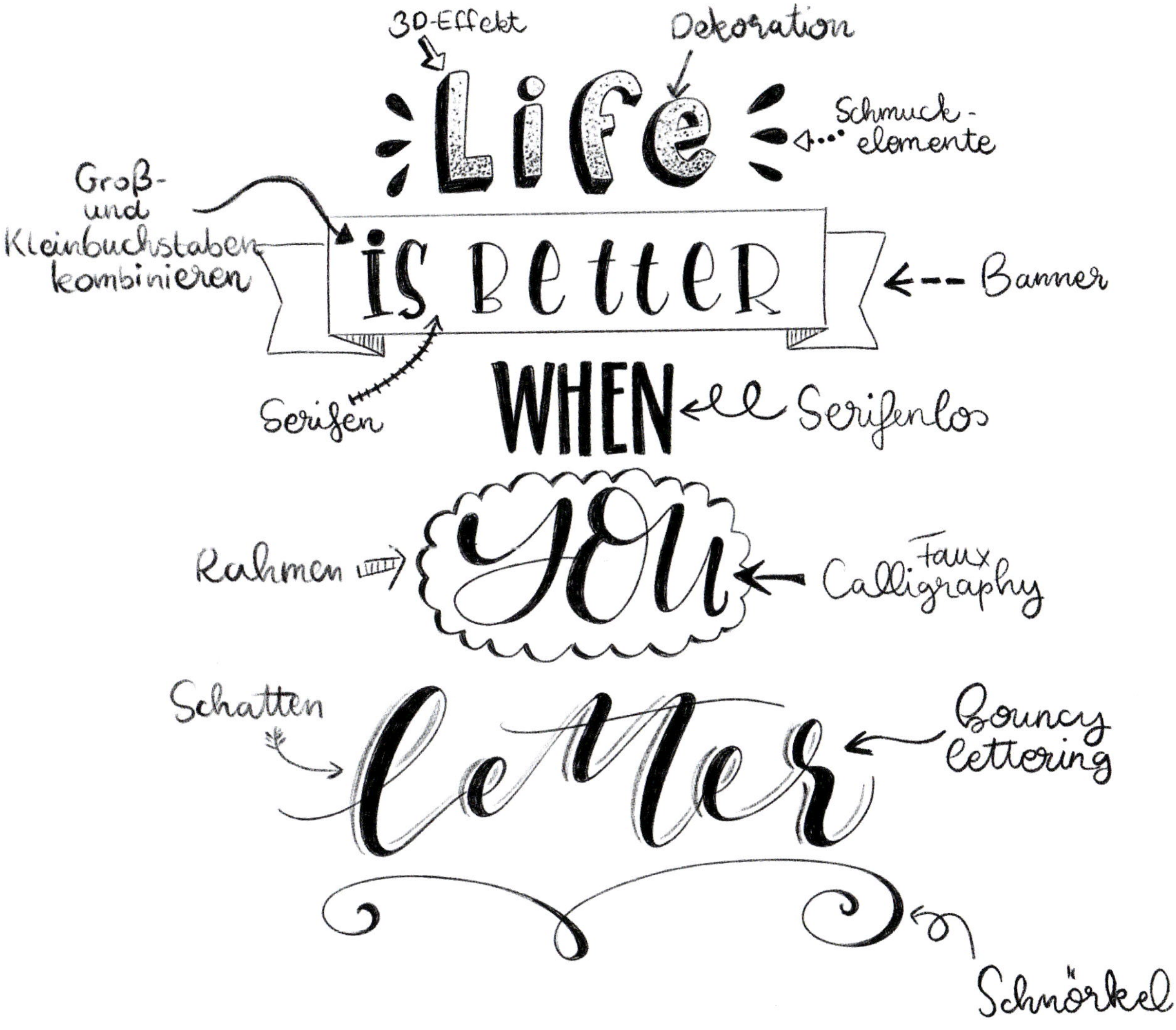

Vorlagen übertragen

Zu den Projekten erwarten dich viele tolle Vorlagen, die du für deine Geschenk- und Deko-Ideen verwenden kannst. Dieser Abschnitt soll dir eine kleine Auffrischung geben, wie sich Vorlagen ganz einfach übertragen lassen.

BLEISTIFTSCHRAFFUR

Die Bleistiftschraffur kennst du sicher noch aus Kindertagen. Wichtig sind hier zwei Bleistifte: ein weicher und ein normaler. (HB und 4B) Drucke dir die Vorlage auf Kopierpapier aus. Schraffiere nun mit dem 4B-Bleistift die Rückseite des Ausdrucks. Lege die Vorlage mit der schraffierten Rückseite auf dein Objekt, das gestaltet werden soll. Befestige die Vorlage mit Klebeband oder Malerkrepp für rückstandloses Entfernen.
Mit dem HB-Bleistift kannst du nun die Vorlage nachzeichnen, das weiche Graphit vom 4B-Bleistift wird auf deinem Objekt haften bleiben.

KOHLEPAPIER

Hier brauchst du drei Blätter: deine ausgedruckte Vorlage, Kohlepapier und dein Objekt auf das die Vorlage soll. Das Objekt liegt ganz unten. Dazwischen liegt das Kohlepapier mit der Graphitseite nach unten.
Deine Vorlage kannst du nun mit einem Stift nachfahren und das Graphit bleibt auf deinem Objekt haften.

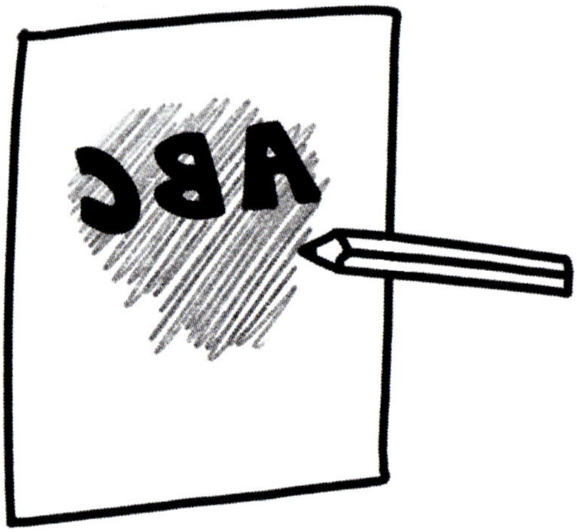

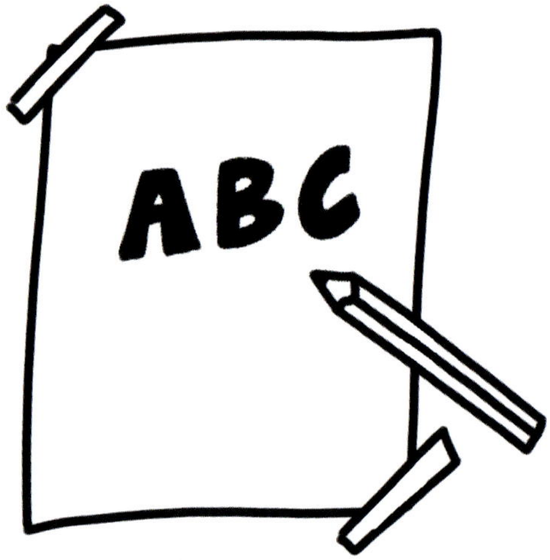

FENSTERPAUSEN

Hier klebst du deine Vorlage und dein Zeichenpapier bei Tageslicht an eine Fensterscheibe. Die darunter liegende Vorlage scheint nun durch und du kannst die Linien auf deinem Zeichenpapier nachzeichnen.

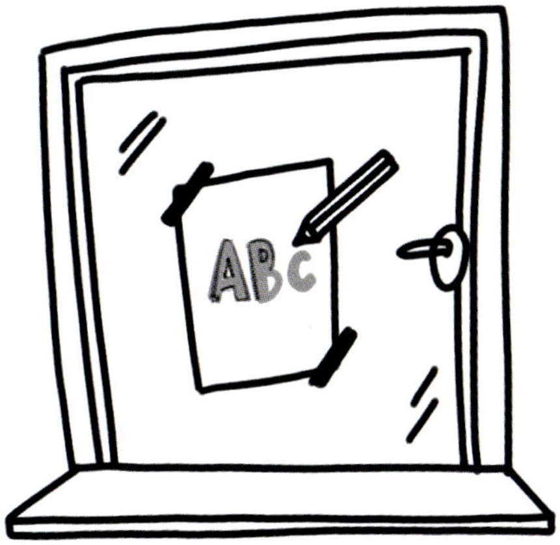

HINWEIS

Alle Vorlagen in diesem Buch kannst du dir auch in deiner Digitalen Bibliothek unter www.topp-kreativ.de/digibib herunterladen. Den Freischalte-Code dafür findest du im Impressum.

LIGHTPAD ODER TABLET

Einen Leuchttisch gibt es schon als stromsparende LED-Variante für kleines Geld zu kaufen. Hier legst du deine Vorlage auf das Lightpad und darüber den Untergrund, auf den du übertragen möchtest. Jetzt nur noch einschalten und du solltest deine Vorlage durchschimmern sehen, sodass du mit dem Bleistift die Umrisse übertragen kannst.
Wer kein Lightpad zuhause hat, dafür aber ein Tablet, kann auch dieses ausprobieren. Mit der App „Lightbox Trace" geht das ganz easy.

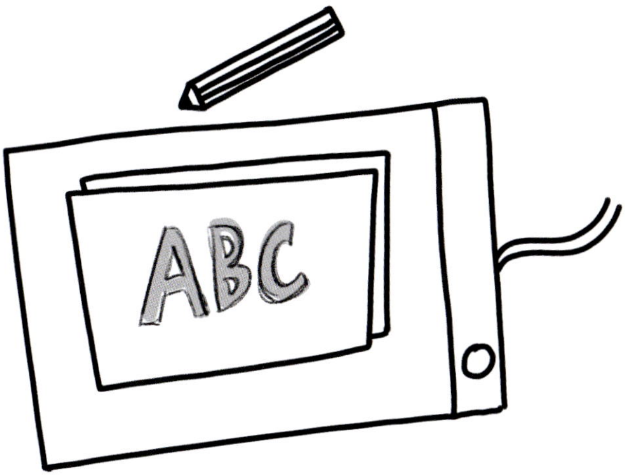

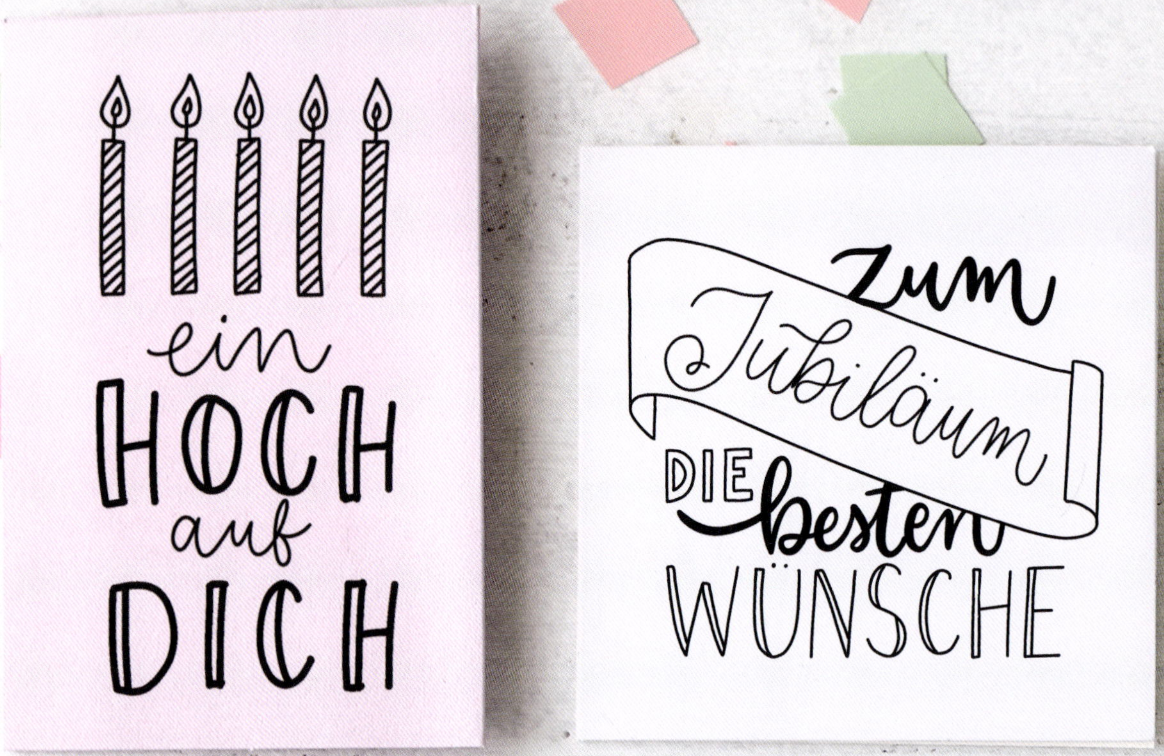

Geburtstag & Jubiläum

Der Geburtstag ist wohl der persönlichste Festtag des Jahres – für uns selbst und für all jene, an die wir an diesem Tag mit Liebe und Aufmerksamkeit denken. Wir wünschen Glück, Gesundheit und ein langes Leben und lassen das Geburtstagskind wissen, wie viel es uns bedeutet. Wenn du deine Glückwünsche nicht (nur) per Telefon oder WhatsApp übermittelst, sondern in Form eines selbst gestalteten Letterings auf einer Karte, hast du einen Platz im Herzen des Geburtstagskinds sicher. Also, worauf wartest du noch?

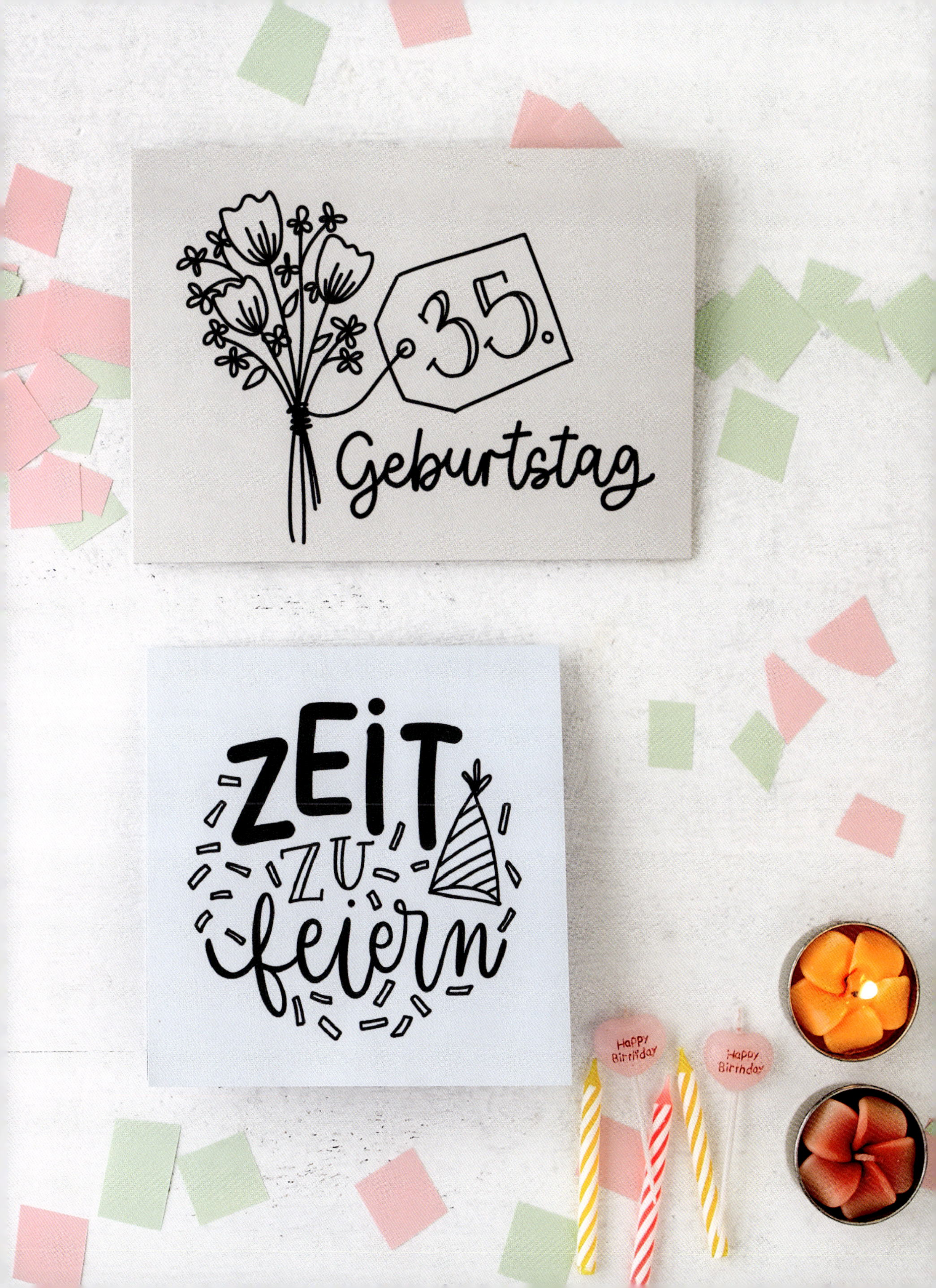
35.
Geburtstag
ZEIT
ZU
feiern
Happy Birthday
Happy Birthday

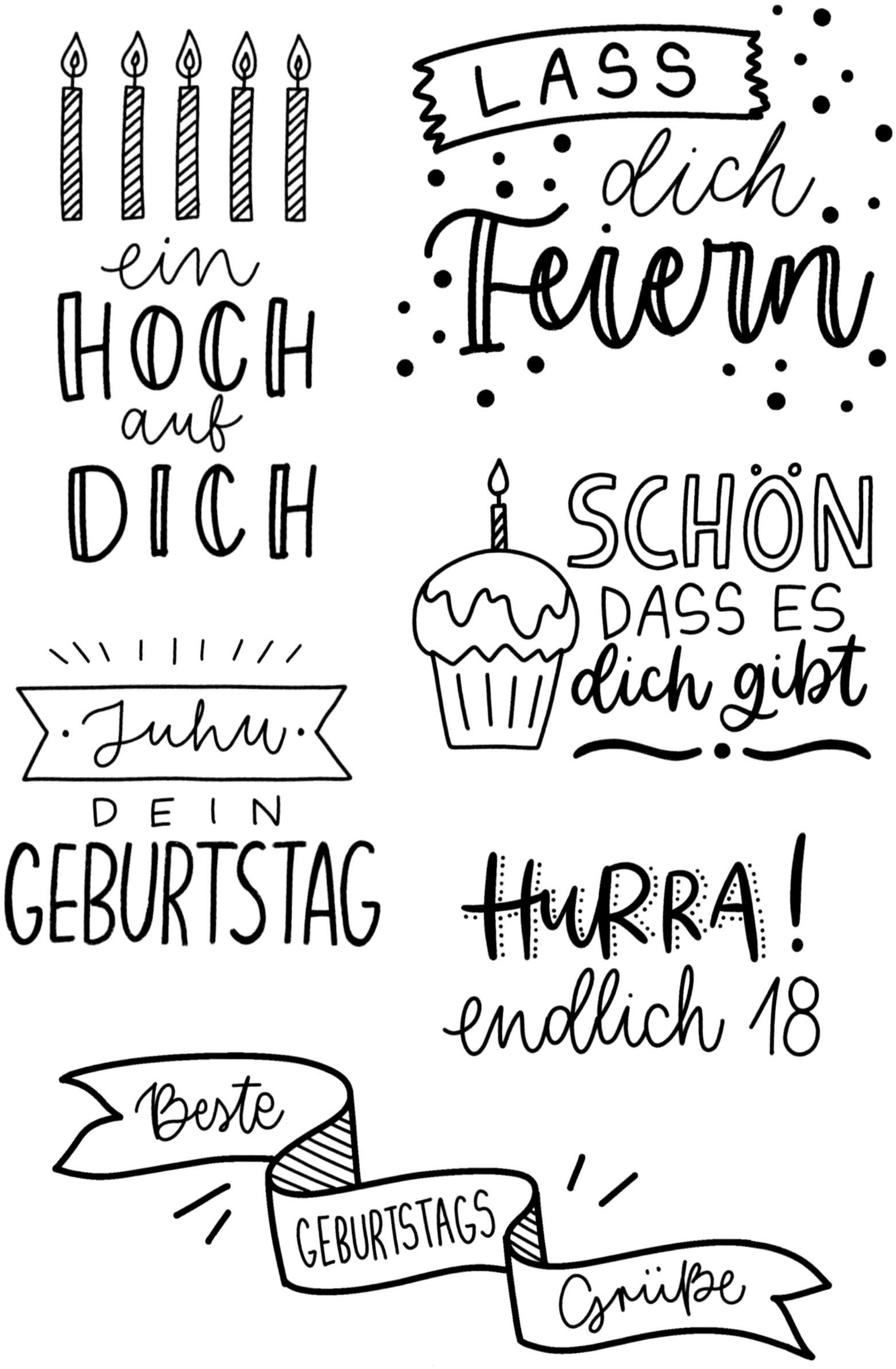
ein HOCH auf DICH
LASS dich Feiern
SCHÖN DASS ES dich gibt
Juhu DEIN GEBURTSTAG
HURRA! endlich 18
Beste GEBURTSTAGS Grüße

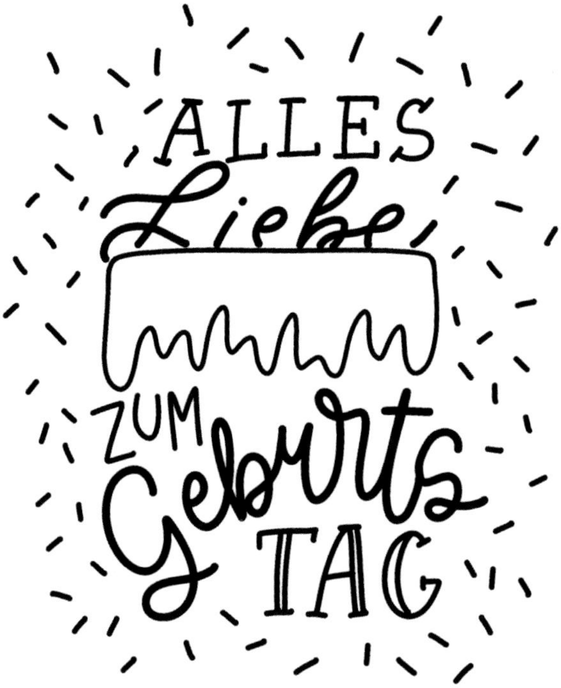
ALLES
Liebe
ZUM Geburts TAG

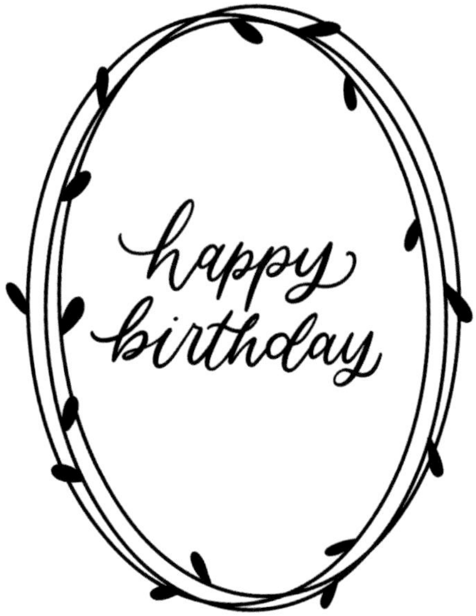
happy
birthday

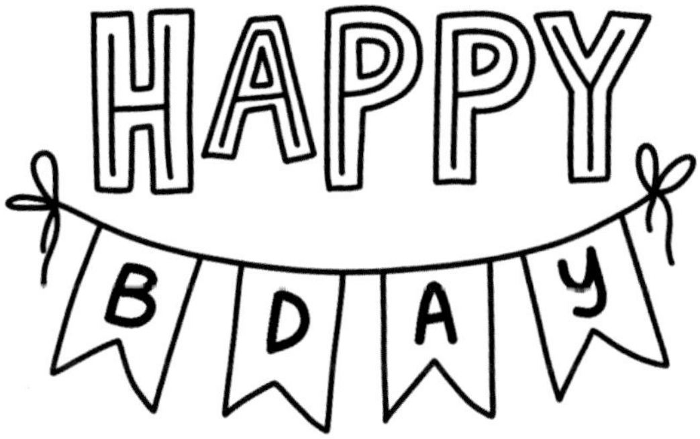
HAPPY
B D A Y

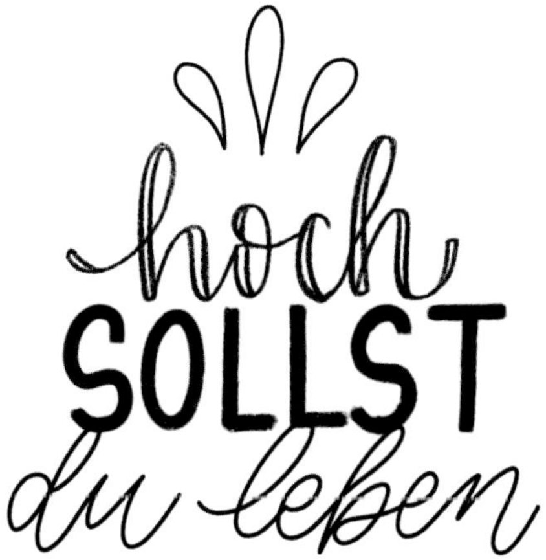
hoch
SOLLST
du leben

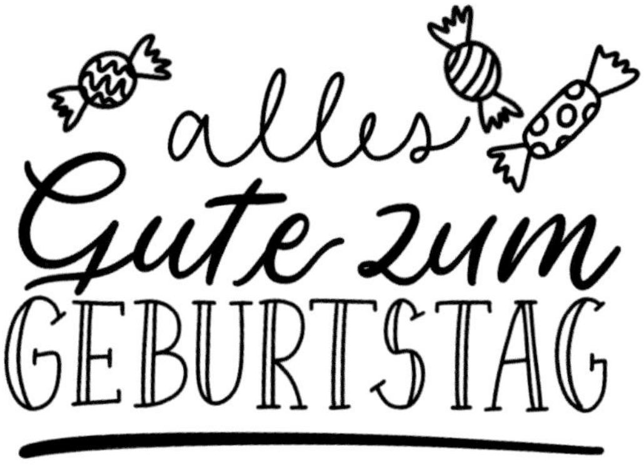
alles
Gute zum
GEBURTSTAG

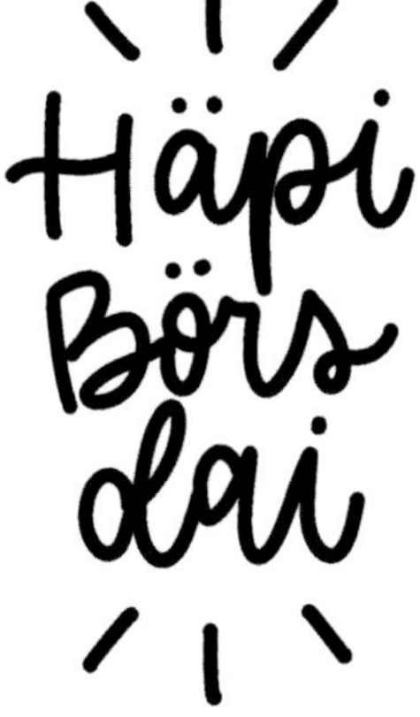
Häpi
Börs
dai

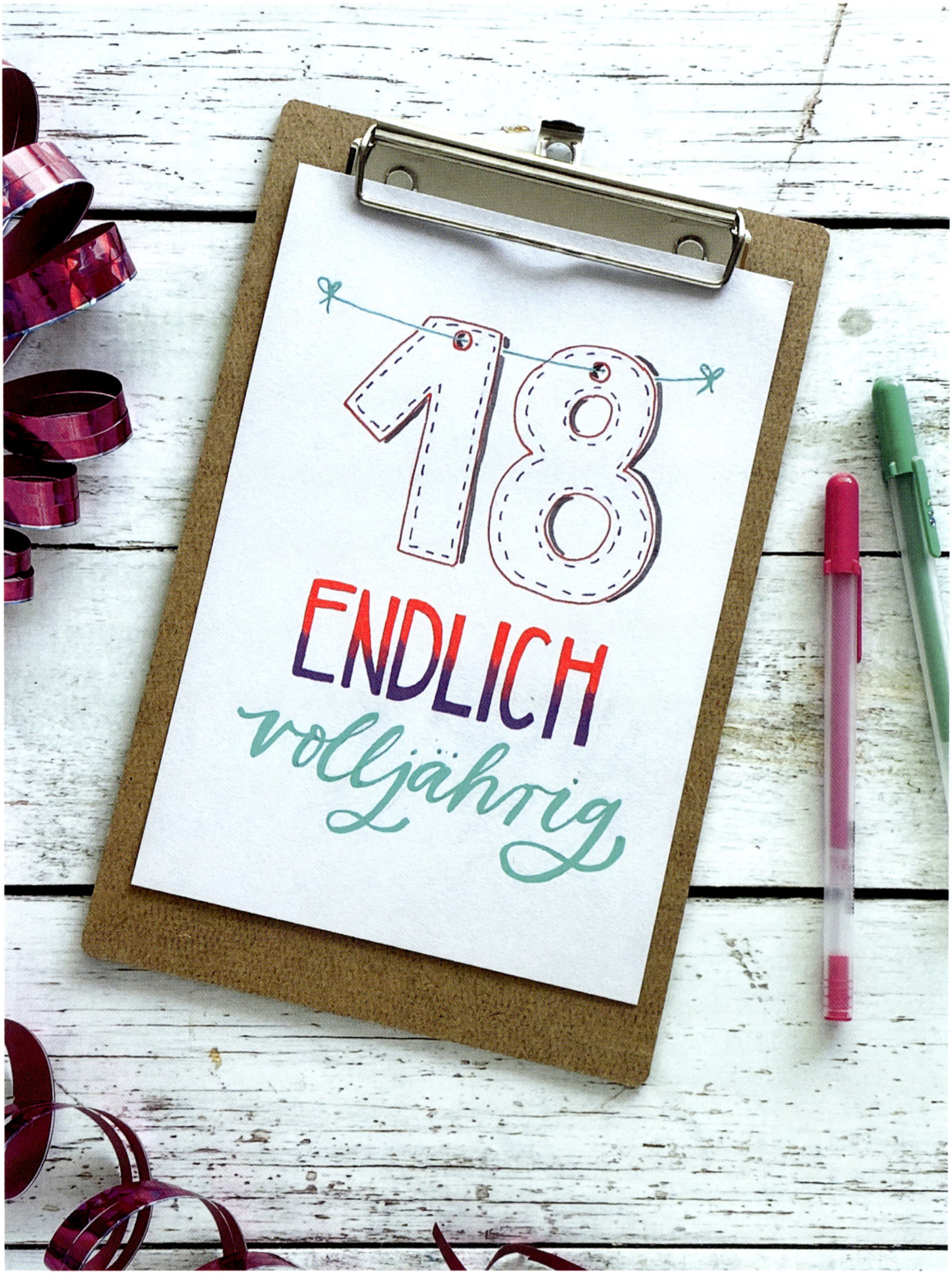
18
ENDLICH
volljährig

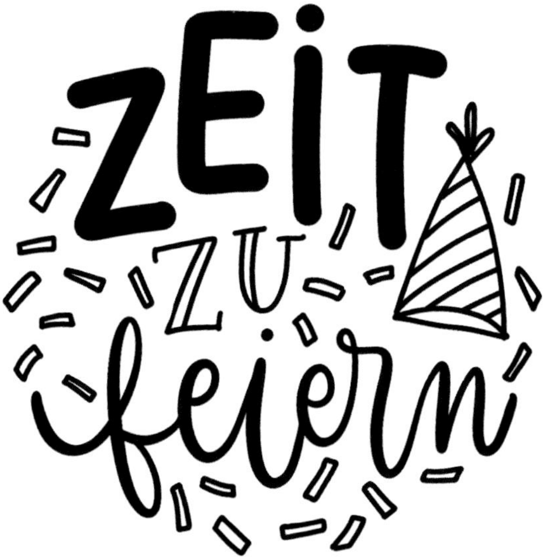
ZEIT
ZU
feiern

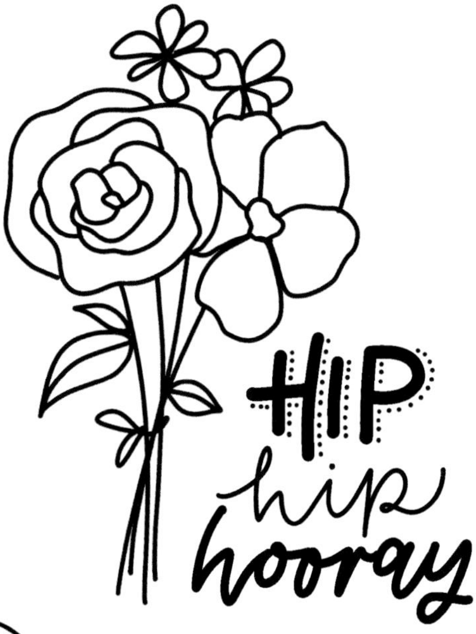
HIP
hip
hooray

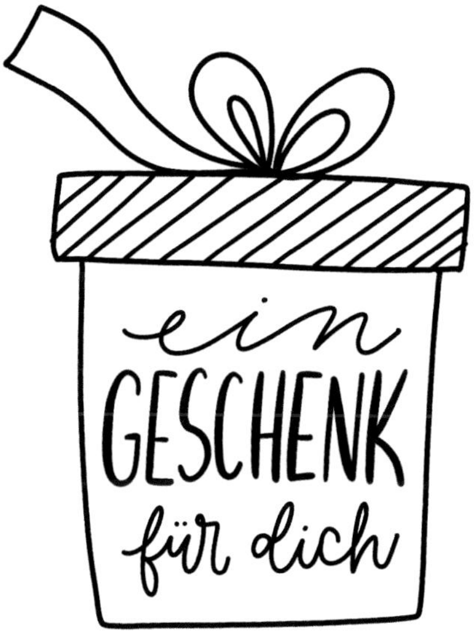
ein
GESCHENK
für dich

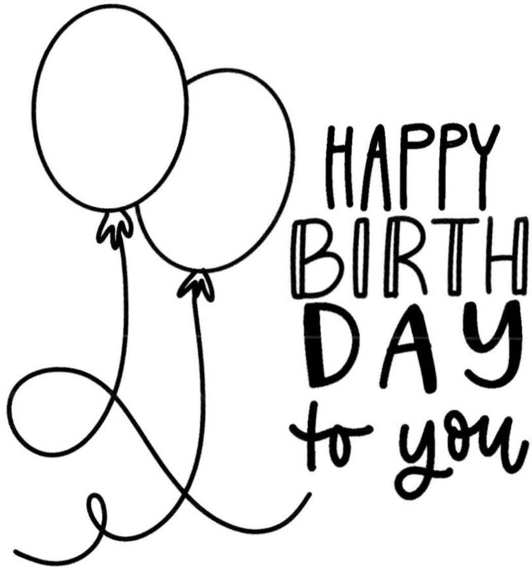
HAPPY
BIRTH
DAY
to you

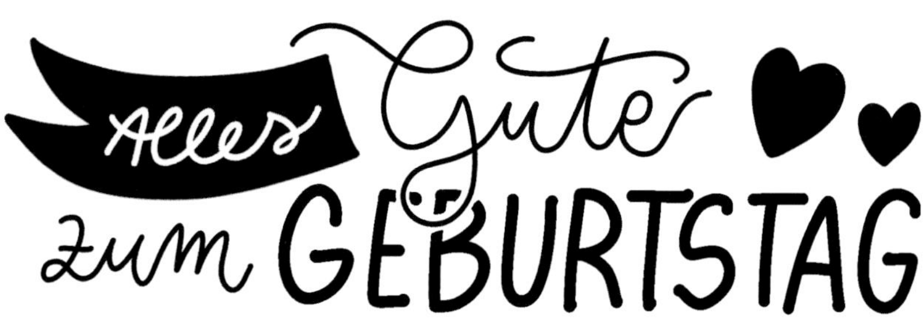
Alles Gute
zum GEBURTSTAG

Geburtstagskarte aus Kraftpapier

Natürlich kannst du dein Geburtstagsgeschenk auch ohne Karte überreichen. Eine liebevoll selbstgestaltete Geburtstagskarte mit herzlichen Worten setzt deinem Geschenk jedoch das Krönchen auf.

MATERIAL

- Klappkarte aus Kraftpapier
- Bleistift
- Radiergummi
- Fineliner in Schwarz, 0,8 mm
- Marker in Schwarz, 1 mm
- Gelroller in Weiß

VORLAGE: SEITE 17

SO GEHT'S

1. Übertrage dir die Vorlage des Geburtstags-Lettering von Seite 17 mit einem Bleistift auf deine Kraftpapier Karte. Ideal ist es, wenn deine Karte quadratisch ist.
2. Schreibe und zeichne deine Elemente nun abwechselnd mit dem Fineliner, Marker und Gelroller nach.
3. Radiere die Bleistiftstriche weg.
4. Um das Lettering deiner Karte noch spannender zu gestalten, füge Details hinzu wie zum Beispiel Schatten, Punkte und im Hintergrund Konfetti. Wenn du eine andere Kartenform gewählt hast, kannst du so auch prima den leeren Raum füllen.

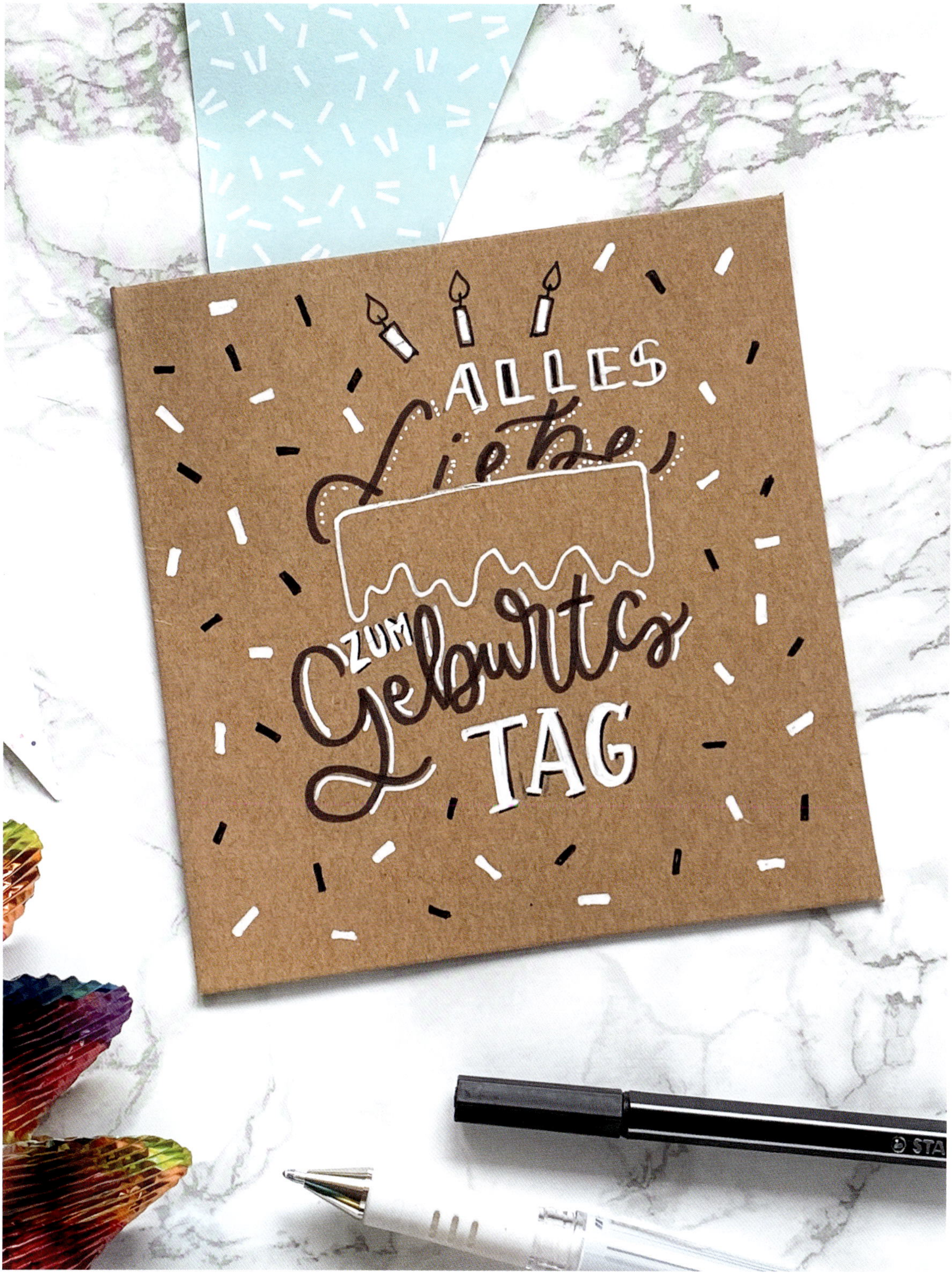
ALLES
Liebe
ZUM
Geburts
TAG

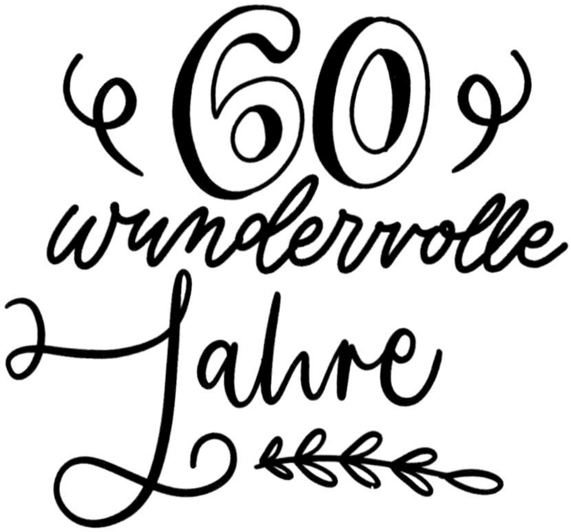
60
wundervolle
Jahre

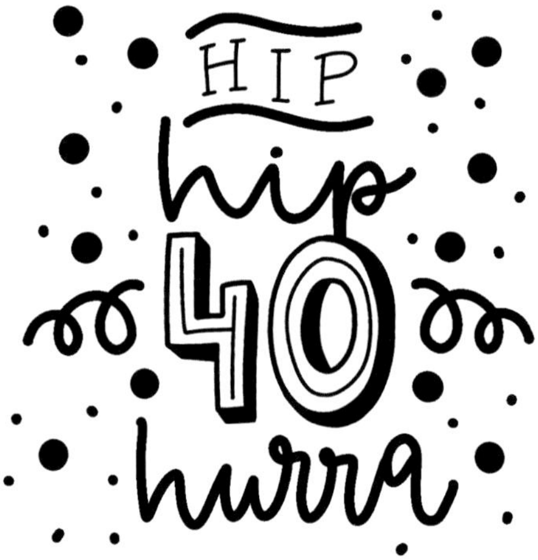
HIP
hip
40
hurra

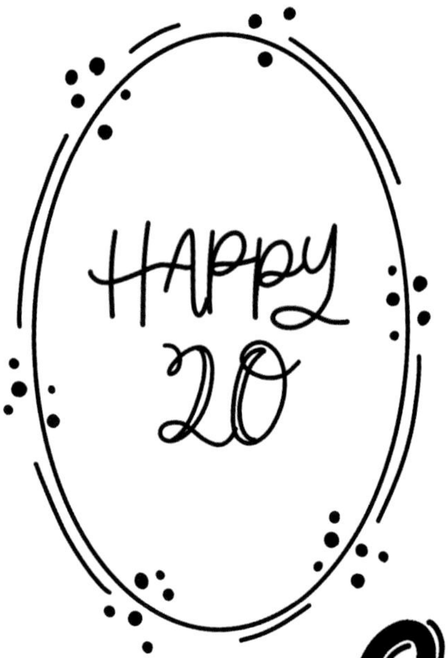
HAPPY
20

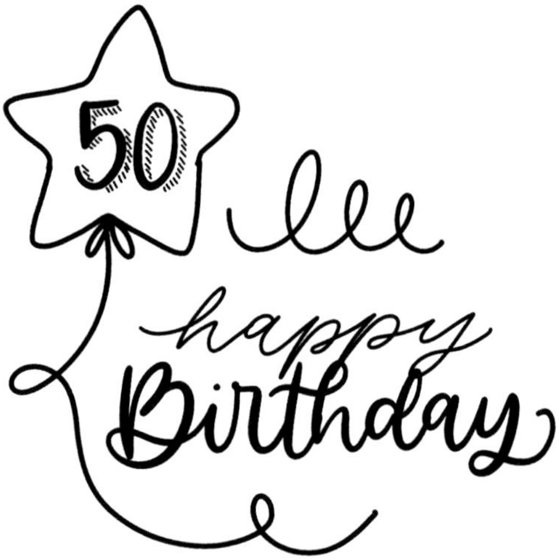
50
happy
Birthday

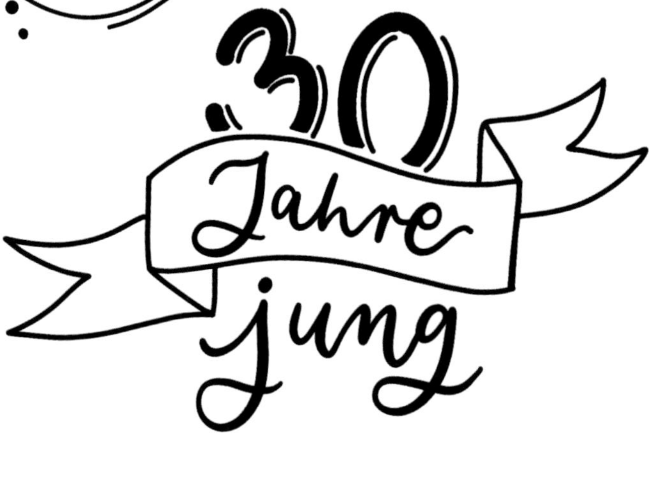
30
Jahre
jung

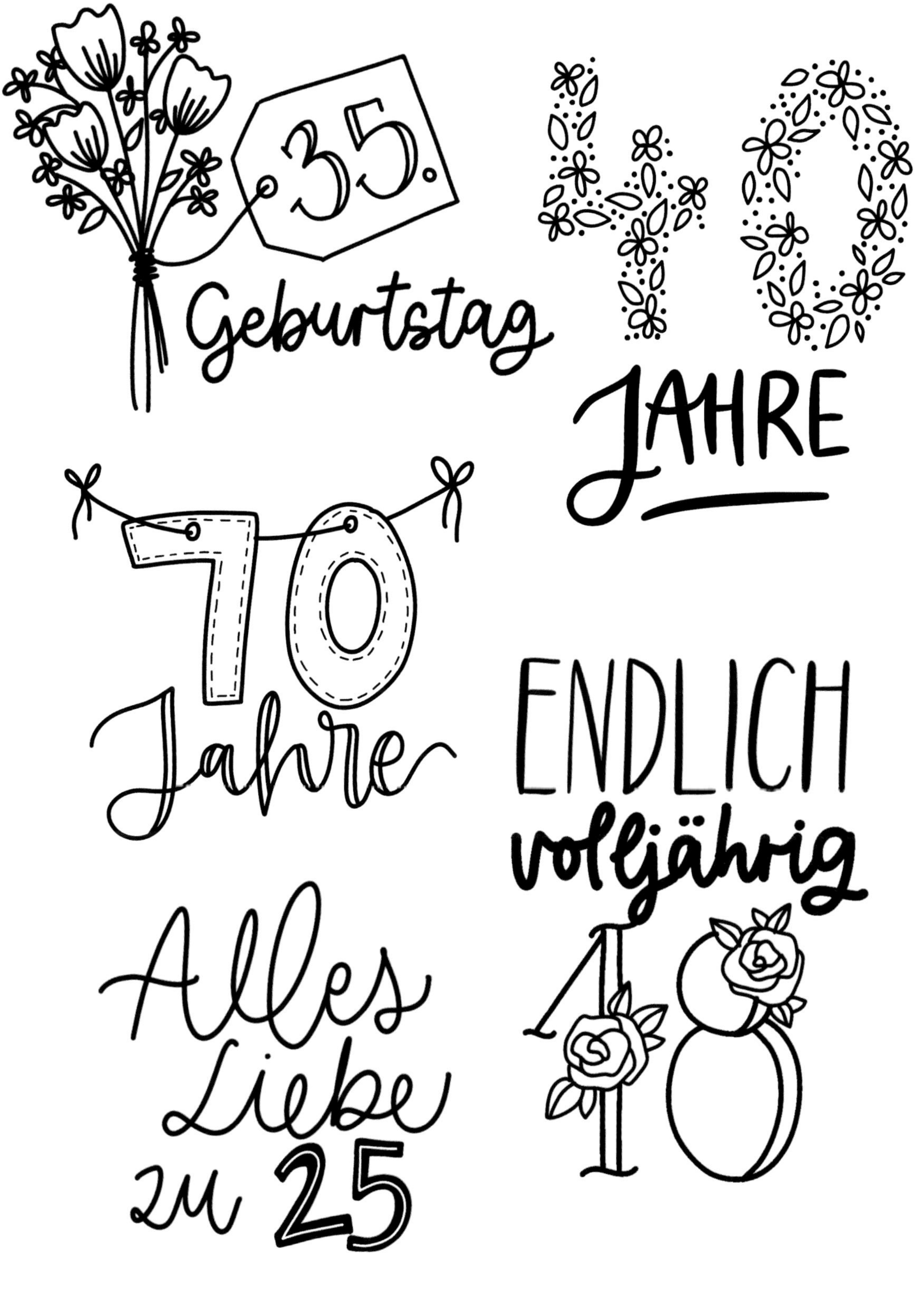
35.
Geburtstag
40
JAHRE
70
Jahre
ENDLICH
volljährig
18
Alles
Liebe
zu 25

Zauberstäbe für die Kinderparty

Viele Kinder lieben es, sich zu verkleiden und in magische Welten von Feen und Elfen abzutauchen. Überrasche die Kleinen beim nächsten Kindergeburtstag doch mal mit selbstgebastelten Zauberstäben.

MATERIAL

- Box mit Papieroberfläche und Deckel, ca. 18 x 10 x 3 cm
- Buntes Tonpapier
- Bleistift
- Schere
- Fineliner
- Doppelseitiges Klebeband
- Schleifenband, ca. 6–8 cm lang
- Schaschlik-Spieße

VORLAGE: SEITE 26

SO GEHT'S

1. Gestalte deine Box. Wenn du eine bedruckte Box hast, die dir nicht gefällt, kannst du sie mit farbigem Papier beziehen.

2. Übertrage das Geburtstagslettering mit einem Bleistift auf den Deckel. Auf Seite 139 findest du Vorlagen für weitere Zahlen, um dein Lettering anzupassen. Ziehe die Linien und Buchstaben mit Brush Pens und Fineliner nach.

3. Zeichne mit einem Bleistift Sterne auf buntes Tonpapier. Dafür kannst du entweder die Vorlage nutzen oder eigene Formen kreieren. Pro Zauberstab benötigst du jeweils zwei große und zwei kleine Sterne.

4. Schneide die Sterne aus und klebe die kleineren Sterne auf die größeren.

5. Schreibe den Namen des Kindes auf den kleineren Stern. Dafür kannst du dir die Alphabete und häufigsten Namen zur Hilfe nehmen, die du auf den Seiten 138 bis 153 findest.

6. Nimm zwei Doppelsterne und klebe zunächst das Schleifenband auf die Rückseite des ersten Sterns. Klebe den Schaschlik-Spieß auf die Rückseite des zweiten Sterns und klebe die beiden am Ende in der Mitte zusammen.

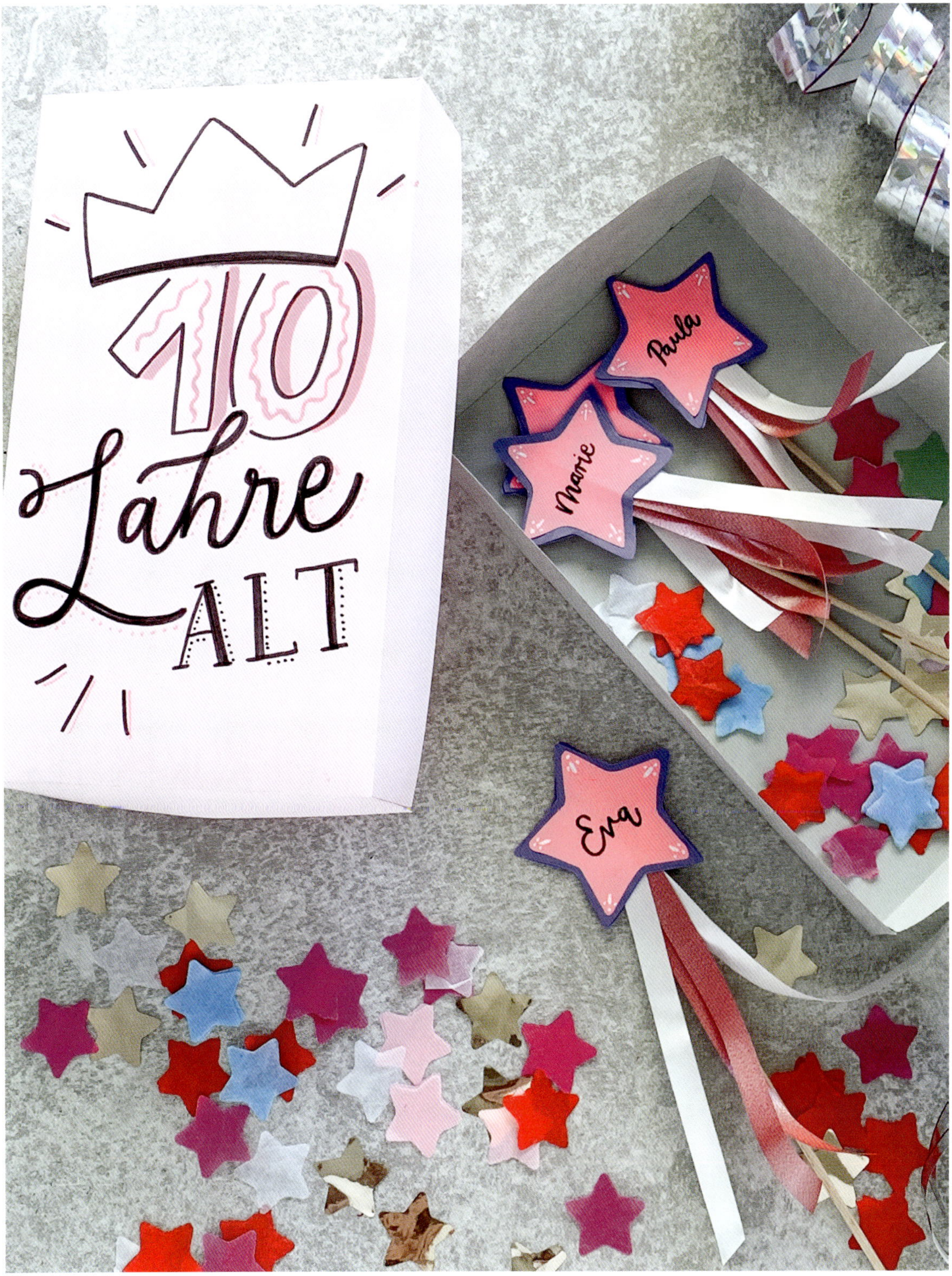
10
Jahre
ALT
Paula
Marie
Eva

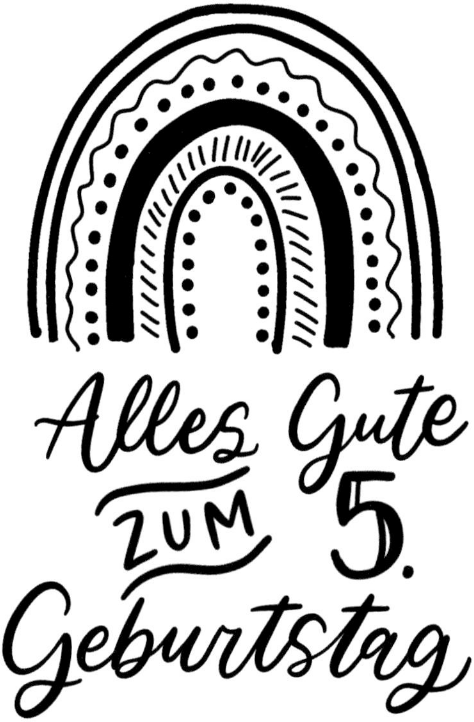
Alles Gute
zum 5.
Geburtstag

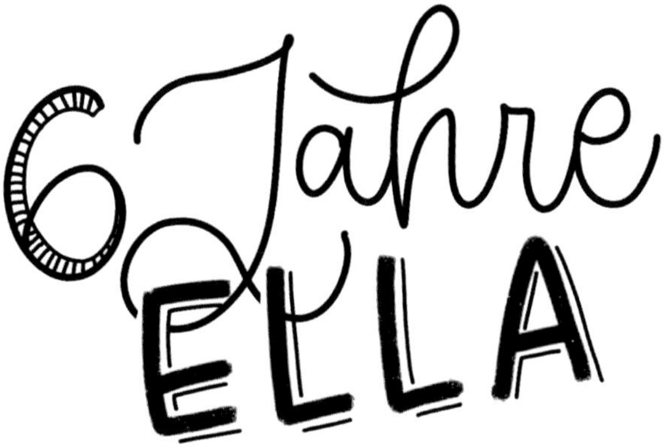
6 Jahre
ELLA

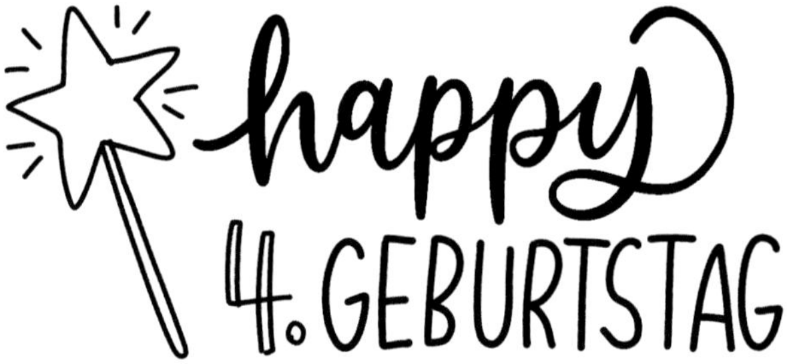
happy
4. GEBURTSTAG

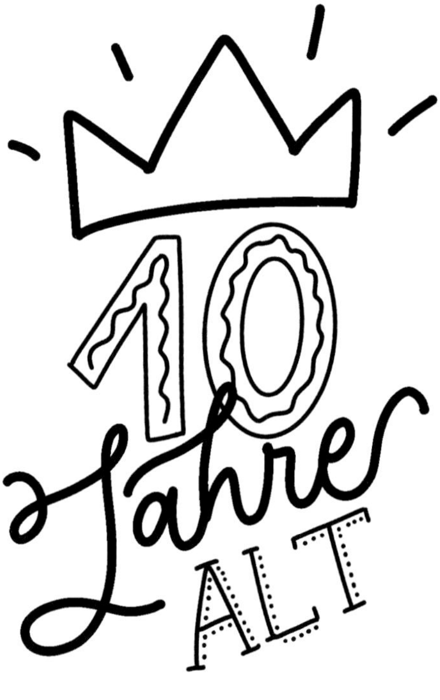
10
Jahre
ALT

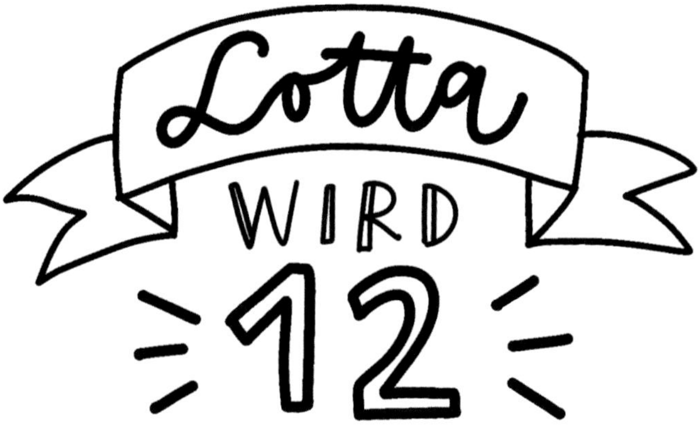
Lotta
WIRD
12

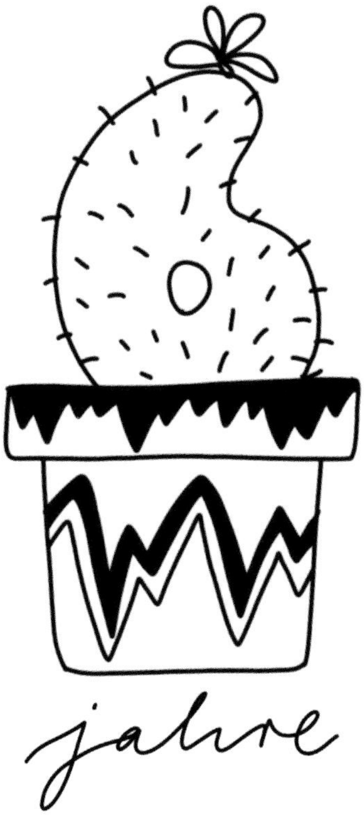
jahre

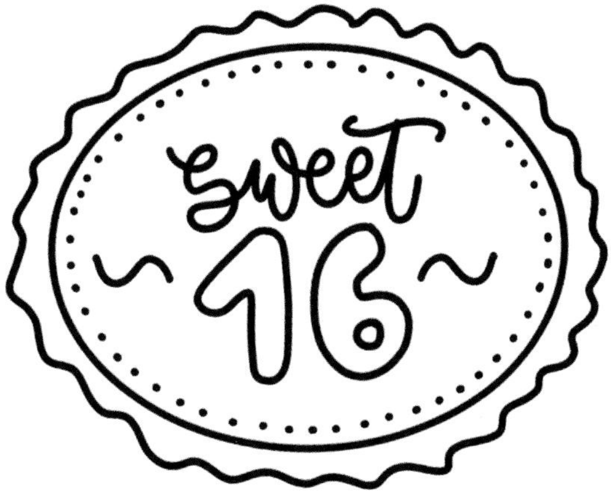
sweet
16

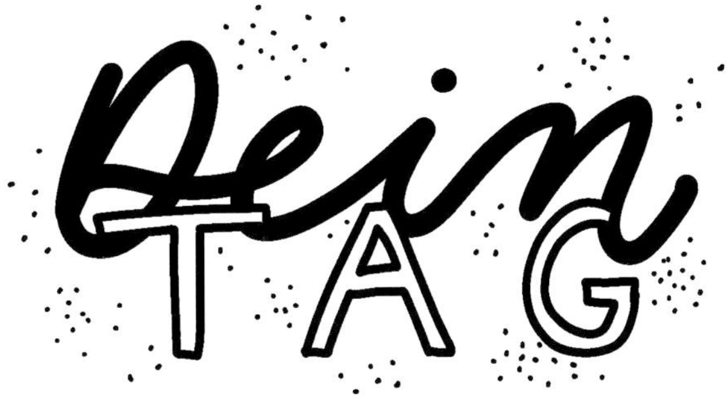
Dein
TAG

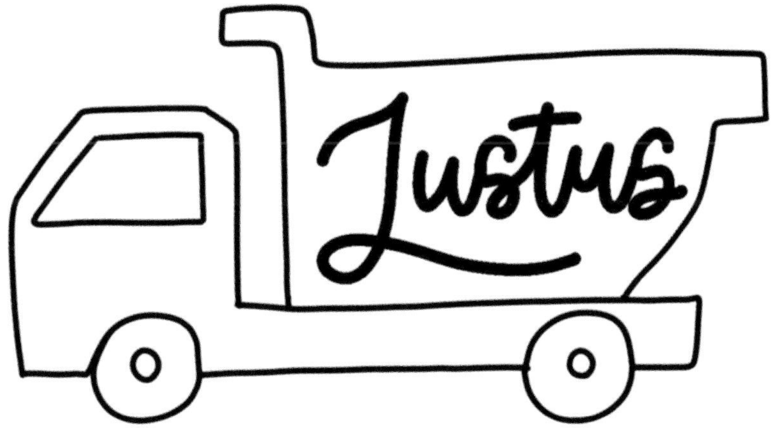
Justus

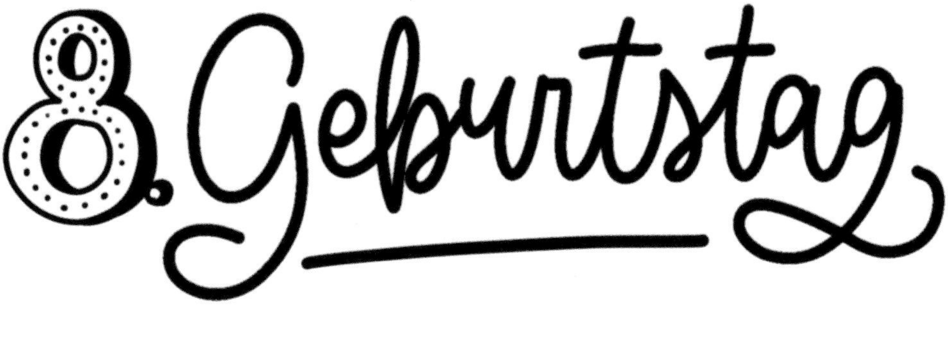
8. Geburtstag

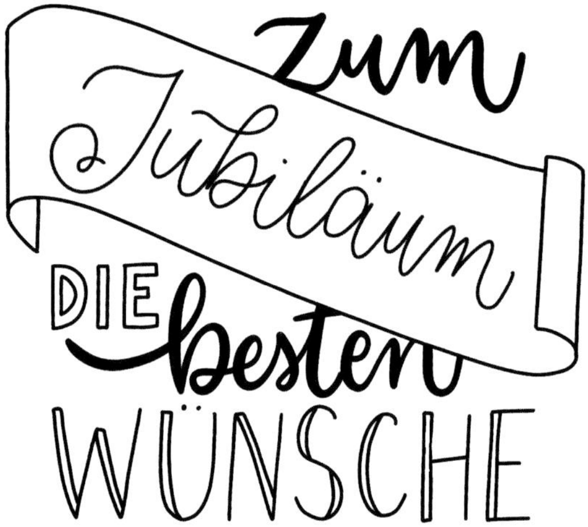
Zum
Jubiläum
DIE besten
WÜNSCHE

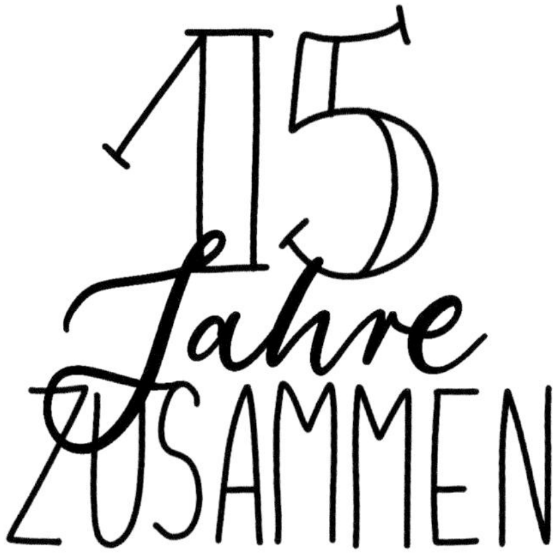
15
Jahre
ZUSAMMEN

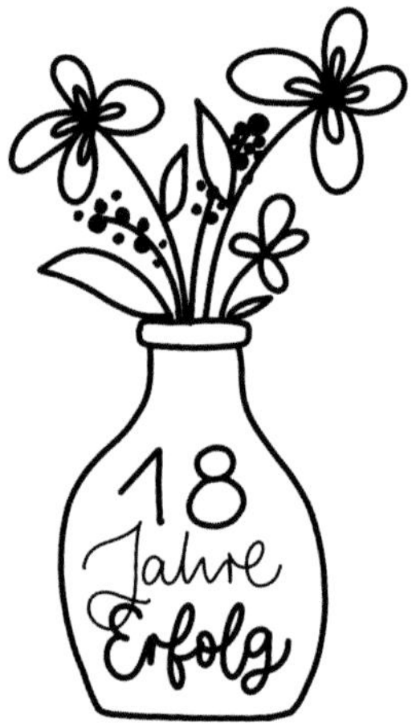
18
Jahre
Erfolg

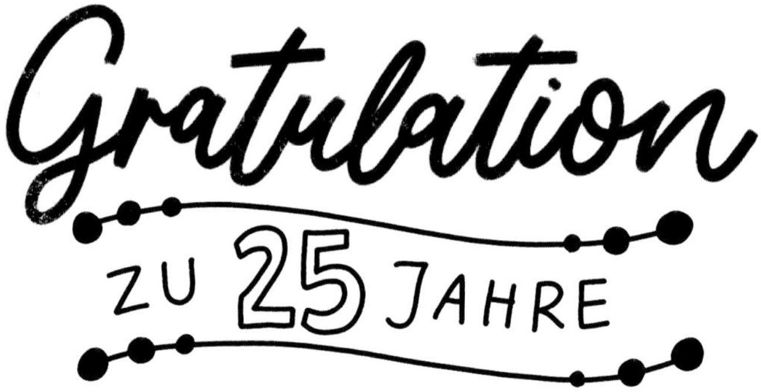
Gratulation
ZU 25 JAHRE

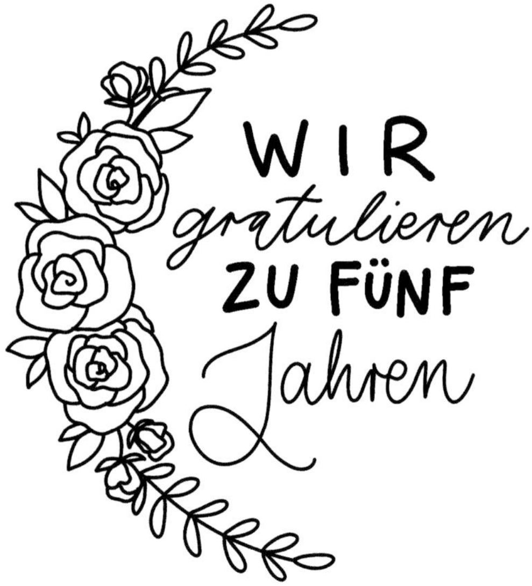
WIR
gratulieren
ZU FÜNF
Jahren

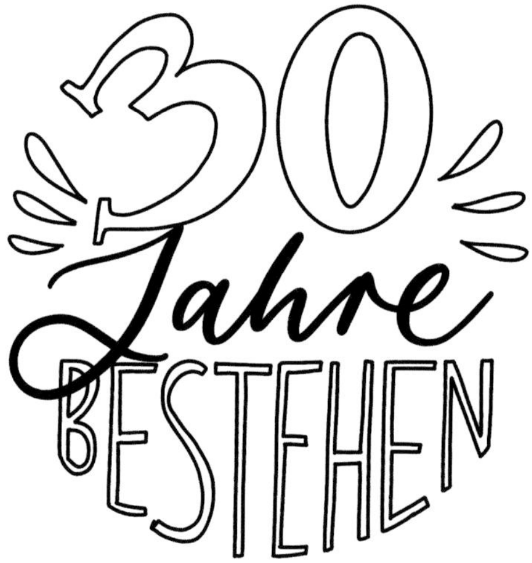
30
Jahre
BESTEHEN

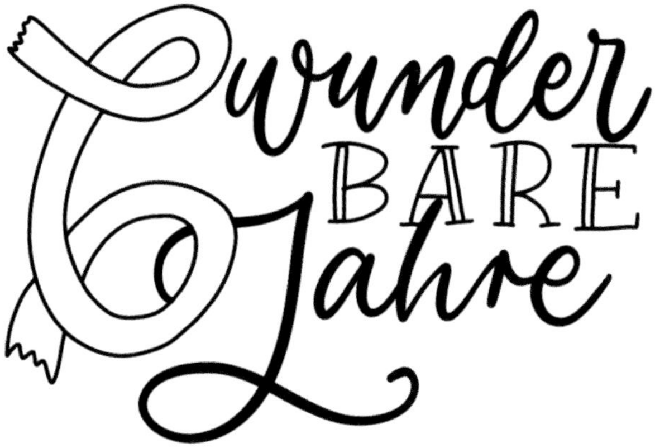
Wunder
BARE
Jahre

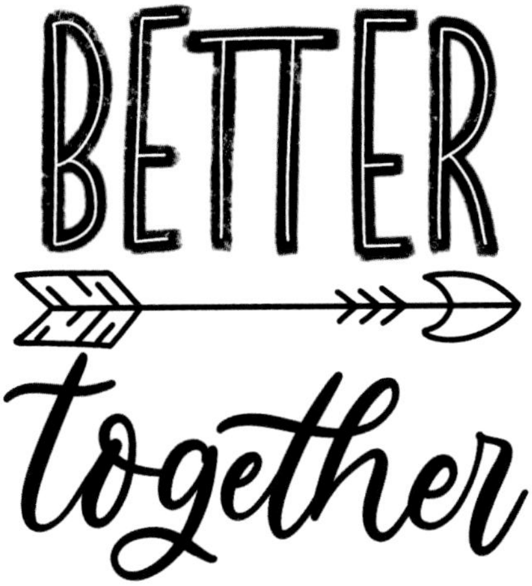
BETTER
together

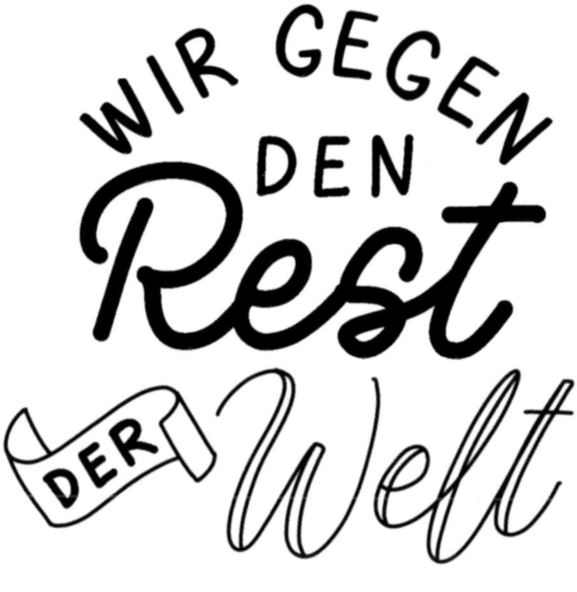
WIR GEGEN
DEN
Rest
DER
Welt

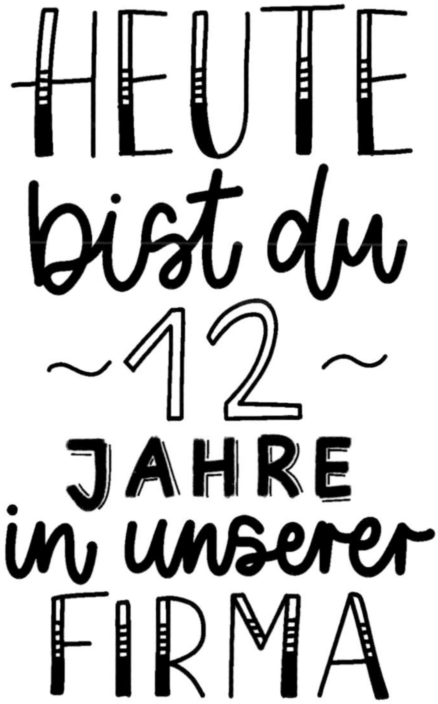
HEUTE
bist du
12
JAHRE
in unserer
FIRMA

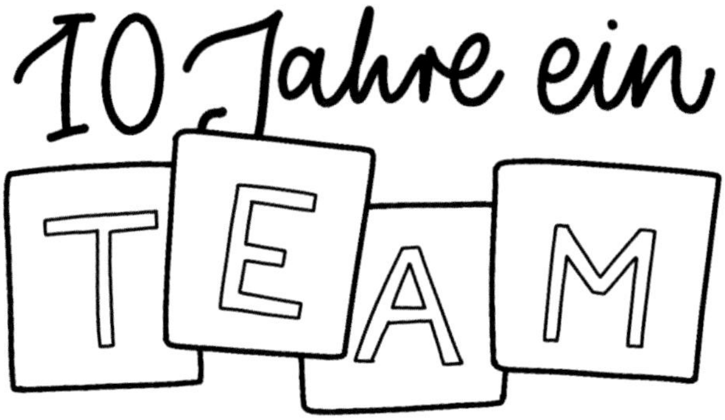
10 Jahre ein
TEAM

Jubiläums-Schokolade

Jahrestage und Jubiläen sind immer ein Grund zu feiern. Um deine Wertschätzung zum Ausdruck zu bringen, bietet sich diese hübsch gestaltete Schokolade an.

MATERIAL

- Schokoladenpackung
- Buntes Tonpapier
- Schere
- Doppelseitiges Klebeband
- Aquarellpapier
- Aquarellfarbe
- Pinsel, Gr. 2 und 6
- Schere
- Fineliner in Schwarz, 0,8 mm
- Brush Pen in Schwarz
- Bleistift
- Radiergummi

VORLAGE: SEITE 28

SO GEHT'S

1. Übertrage die Maße deiner Schokoladenverpackung auf das bunte Papier und schneide es mit einer Schere oder einem Hebelschneider zurecht.
2. Wickle das Papier nun um die Schokoladenverpackung und befestige die überlappenden Enden auf der Rückseite mit Klebeband.
3. Male einzelne Blüten und Blätter mit Pinsel und Aquarellfarbe auf dein Aquarellpapier. Lass alles gut trocknen.
4. Übertrage in der Zwischenzeit die Vorlage von Seite 28 auf dein Papier und ziehe die Linien mit Fineliner und Marker nach. Denke an eine freie Fläche für deine Blüten.
5. Schneide nun die einzelnen floralen Elemente aus und arrangiere die Blüten und Blätter nach deinem Geschmack auf dem farbigen Papier deiner Schokoverpackung.
6. Klebe zuletzt mit doppelseitigem Klebeband dein Papier-Blumenarrangement fest.

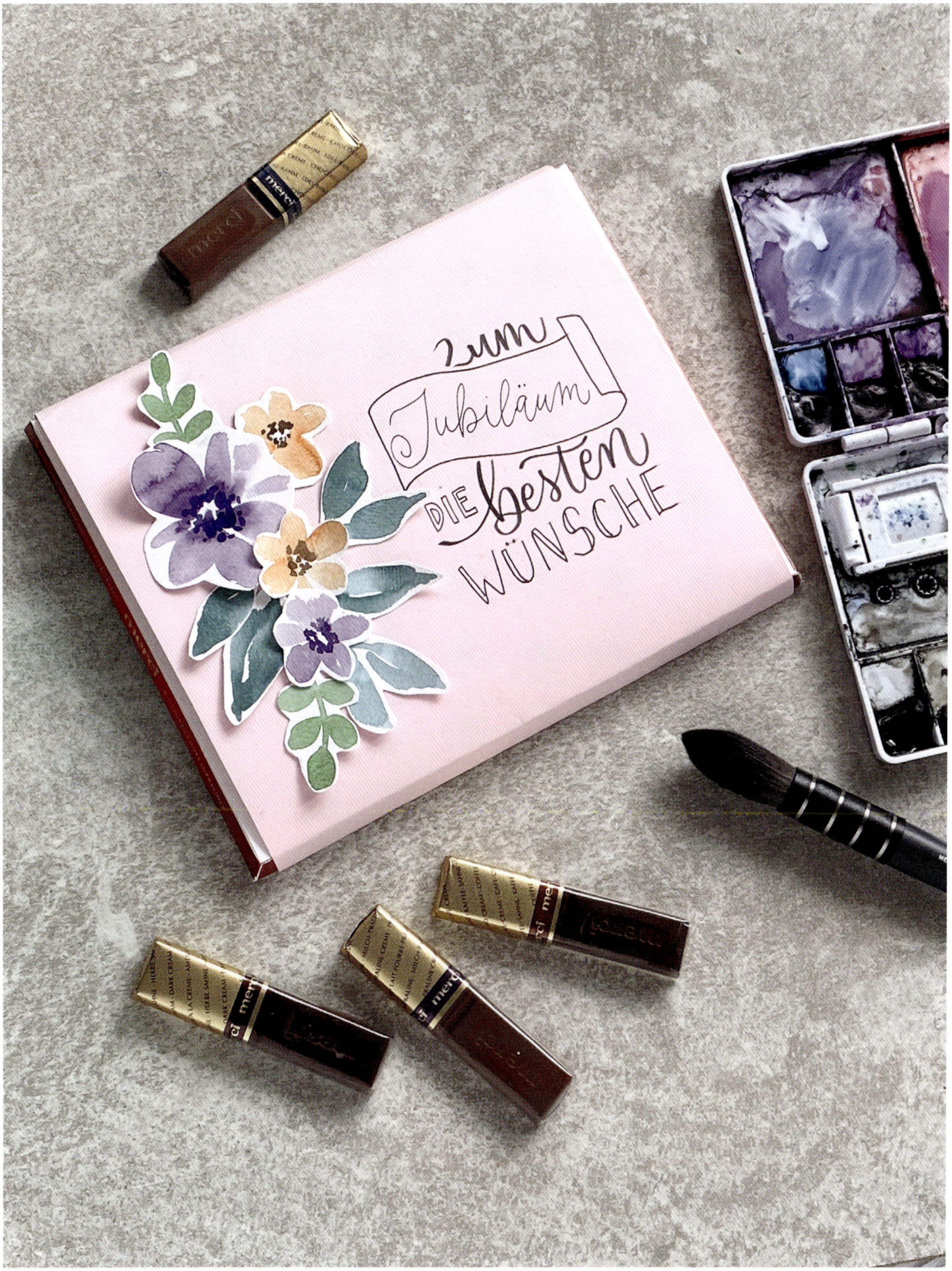
Zum
Jubiläum
DIE besten
WÜNSCHE

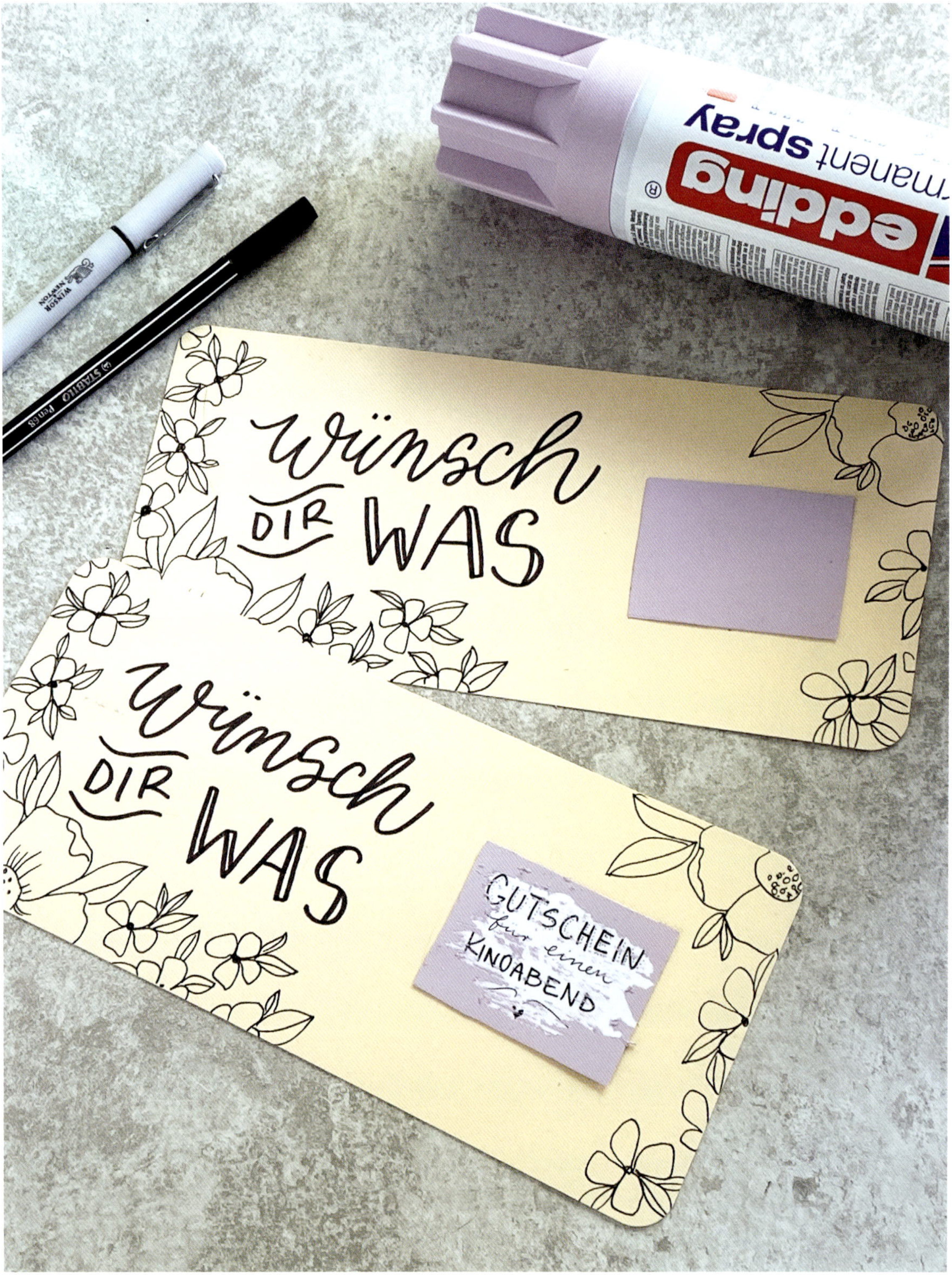
wünsch DIR WAS
wünsch DIR WAS
GUTSCHEIN für einen KINOABEND
edding
manent spray

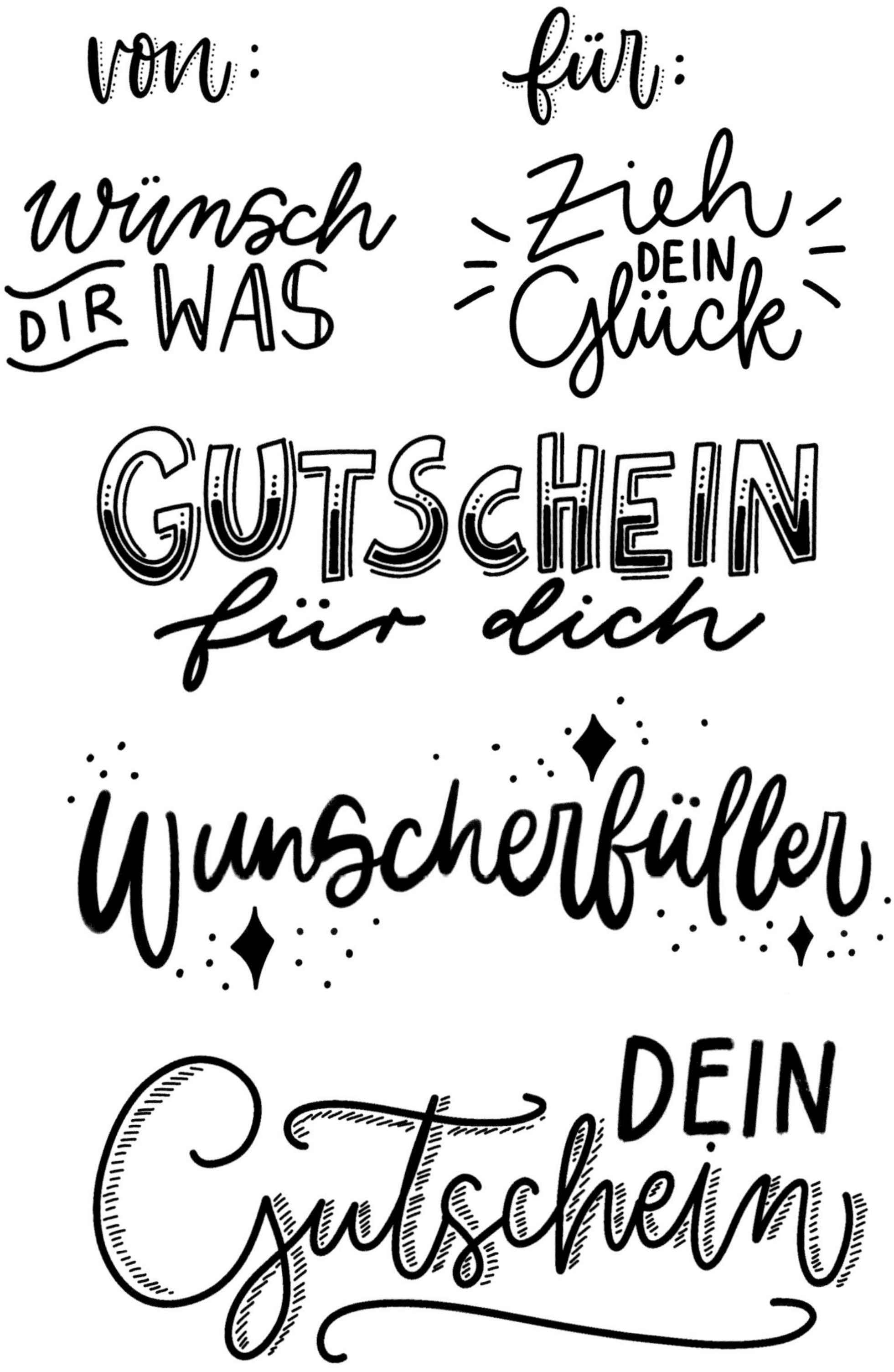
von:
für:
wünsch DIR WAS
Zieh DEIN Glück
GUTSCHEIN für dich
Wunscherfüller
DEIN Gutschein

Glückskiste

Es müssen nicht immer große Gutscheine verschenkt werden, manchmal reichen kleine Gesten. Mit dieser Glückskiste beschenkst du einen lieben Menschen mit vielen überraschenden Taten.

MATERIAL

- Keksausstecher in Ornamentform
- Bleistift
- Papier in Schwarz
- Schere
- Gelroller in Weiß
- Runder Stanzer
- Fineliner 0,3 mm und/oder Brush Pens
- Doppelseitiges Klebeband
- Kleine Kiste

VORLAGE: SEITE 33

SO GEHT'S

1. Setze deinen Ornament-Keksausstecher auf ein schwarzes Papier und umrande die Form mit einem Bleistift. Schneide die Form aus.
2. Beschrifte das schwarze Papierornament mit einem weißen Gelroller.
3. Stanze verschieden farbige Kreise aus deinem Papierkarton aus.
4. Schreib mit Fineliner und/oder deinem Brush Pen Gutscheine auf die farbigen Kreise.
5. Falte die Kreise und zeichne noch ein kleines Herz dazu.
6. Befülle nun deinen Behälter mit den Gutscheinen und klebe das Papierornament darauf.

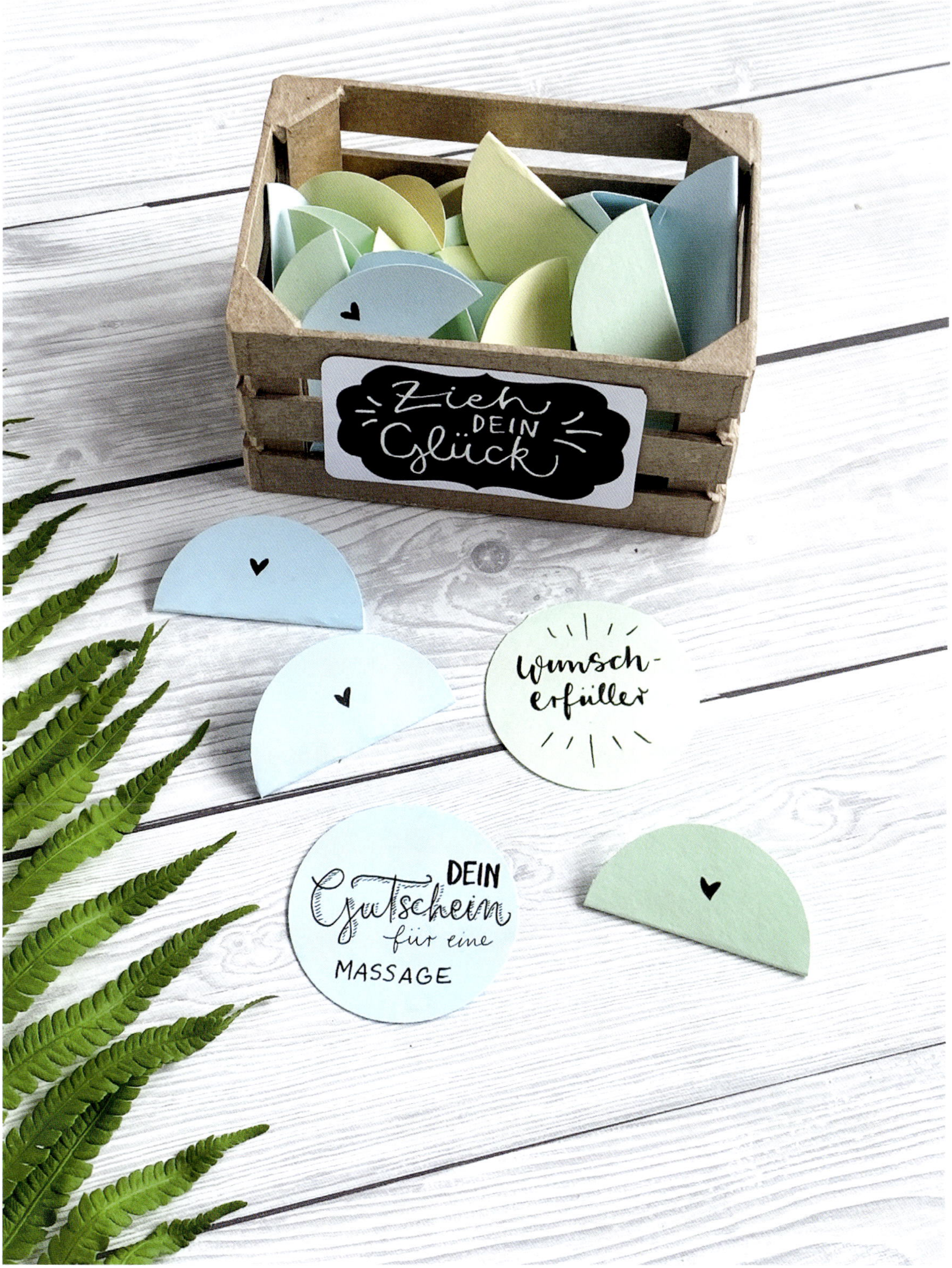
Zieh DEIN Glück
Wunsch-erfüller
DEIN Gutschein für eine MASSAGE

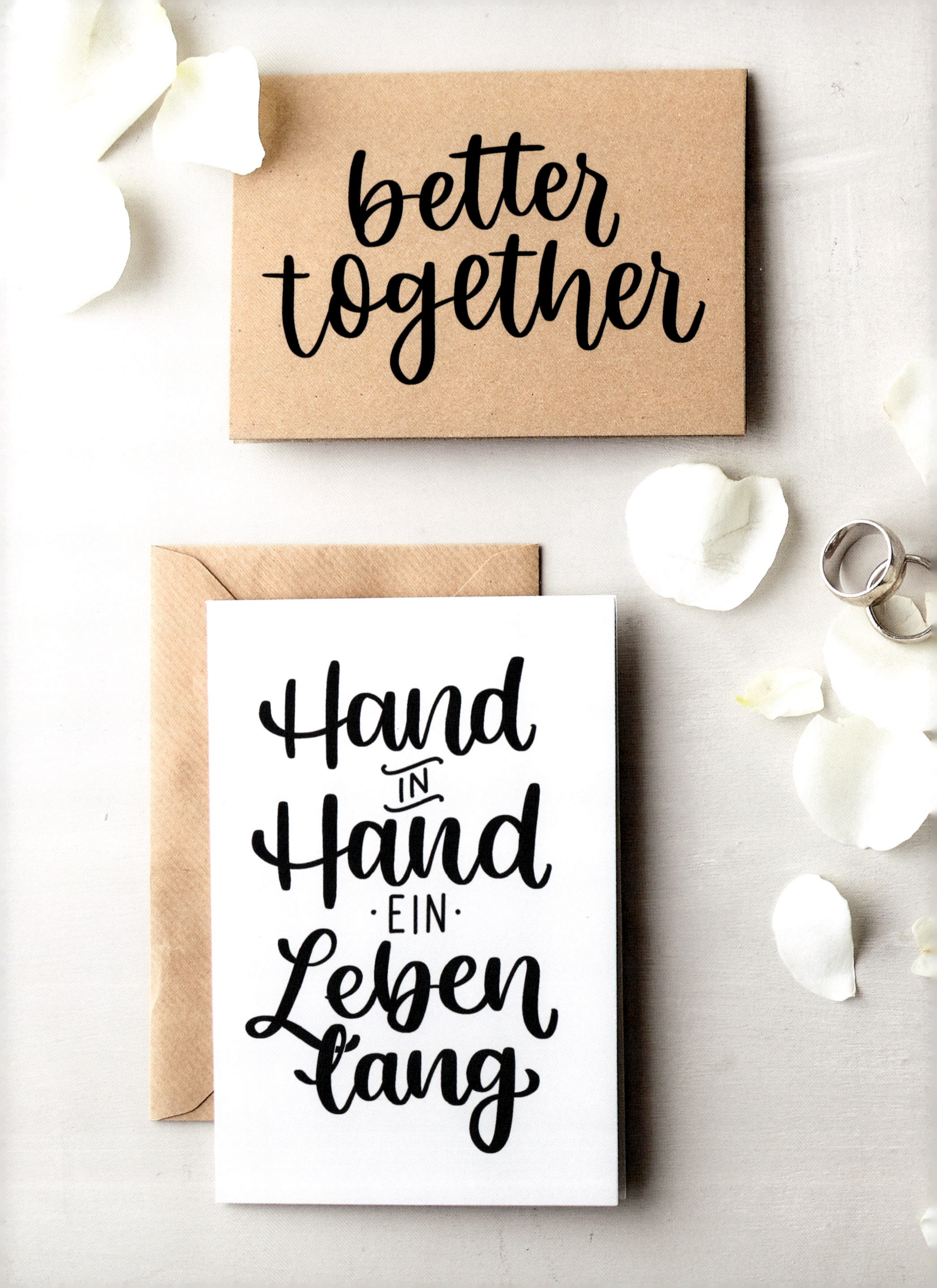
better together
Hand in Hand ein Leben lang

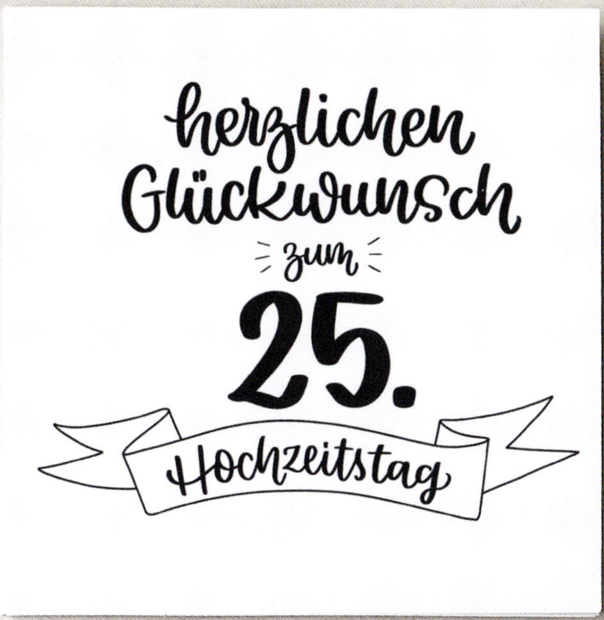

Hochzeit

Just married – klingt wundervoll, oder? Zu einem rauschenden Fest gehört natürlich neben der weltbesten Hochzeitstorte auch eine zauberhafte Deko. Wie wäre es, wenn du dich selbst an Letterings auf Tischkärtchen, Cake-Toppern, Glückwunschkarten oder zarten Stoffgirlanden versuchst? Nur Mut, mit den Ideen und Vorlagen auf den folgenden Seiten ist es gar nicht schwer. Kleiner Tipp: Lade deine Freundinnen zu einem Kreativ-Mädelsabend ein, dann macht es gleich noch mehr Spaß!

Hochzeitstorten-Topper

Diese Topper eignen sich sehr gut, um das Hochzeitspaar gebührend zu feiern. Natürlich kannst du damit aber auch das Kuchenbuffet oder die Candy Bar beschriften und verzieren.

MATERIAL

- Aquarellpapier (min. 300 g/m²)
- Bleistift und Radiergummi
- Schere
- Aquarellfarben
- Brush Pen
- Holzspieße
- Klebeband
- optional: Buntstifte für Details

SO GEHT'S

1. Übertrage die Vorlage auf dein Aquarellpapier. Zeichne nur ganz feine Bleistiftlinien und drücke nicht zu fest auf, damit du keine Spuren im Papier hinterlässt.

2. Male nun deine Zeichnung mit Aquarellfarben an. An den äußeren Kanten und in den Schlaufen ist das Band etwas dunkler.

3. Lass alles gut trocknen, bevor du die Namen auf dein Banner überträgst.

4. Schneide alles aus und befestige den Holzspieß auf der Rückseite mit etwas Klebeband.

HINWEIS

Auf den S. 148-153 findest du die 100 häufigsten Männer- und Frauen-Namen als Vorlagen.

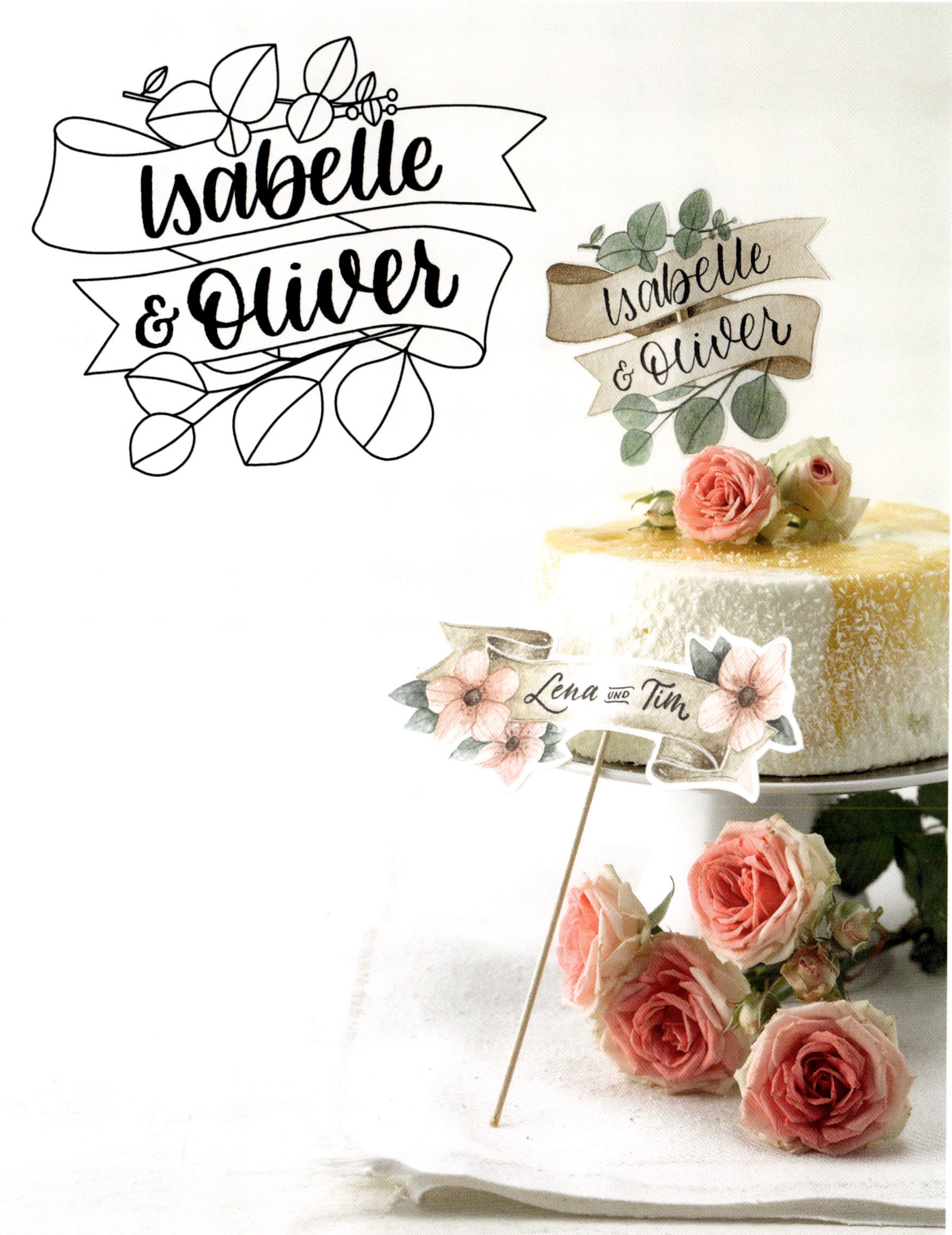
Isabelle
& Oliver
Isabelle
& Oliver
Lena und Tim

Menü
Tisch

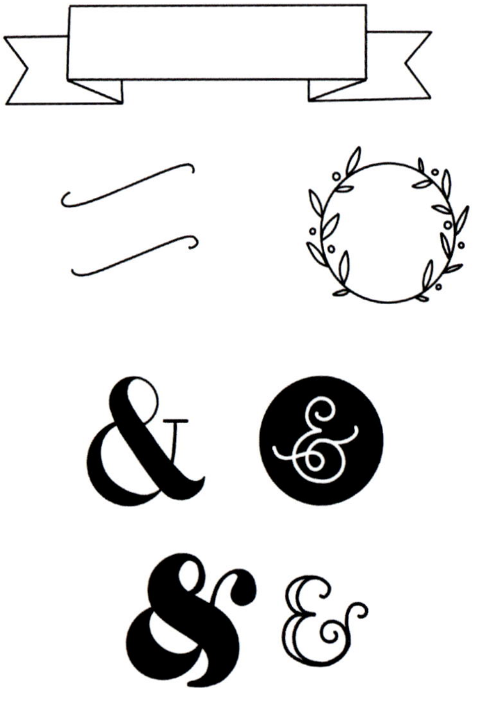

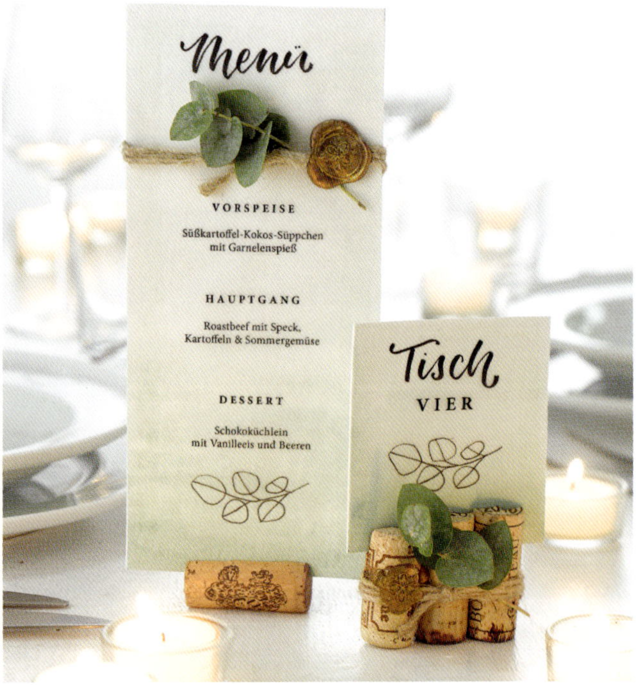
Menü
VORSPEISE
Süßkartoffel-Kokos-Süppchen
mit Garnelenspieß
HAUPTGANG
Roastbeef mit Speck,
Kartoffeln & Sommergemüse
DESSERT
Schokoküchlein
mit Vanilleeis und Beeren
Tisch
VIER

Hochzeit

Save the DATE

Trauung

Heirat

Du ich wir

Ja-Wort

wir heiraten

WIR SAGEN ja

better together

HERZLICH
Willkommen
ZUR
Hochzeit
VON
Mareike
& Karsten
12. AUGUST 2021

HAPPILY
ever
AFTER

Hand
IN
Hand
EIN
Leben
lang

immer
& ewig

AND SO
THE
Adventure
BEGINS

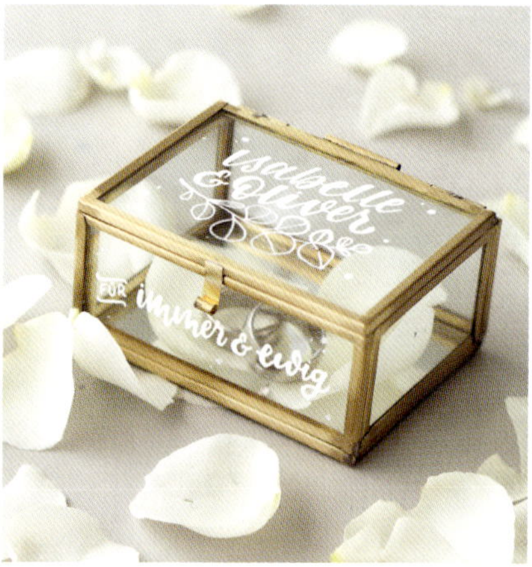

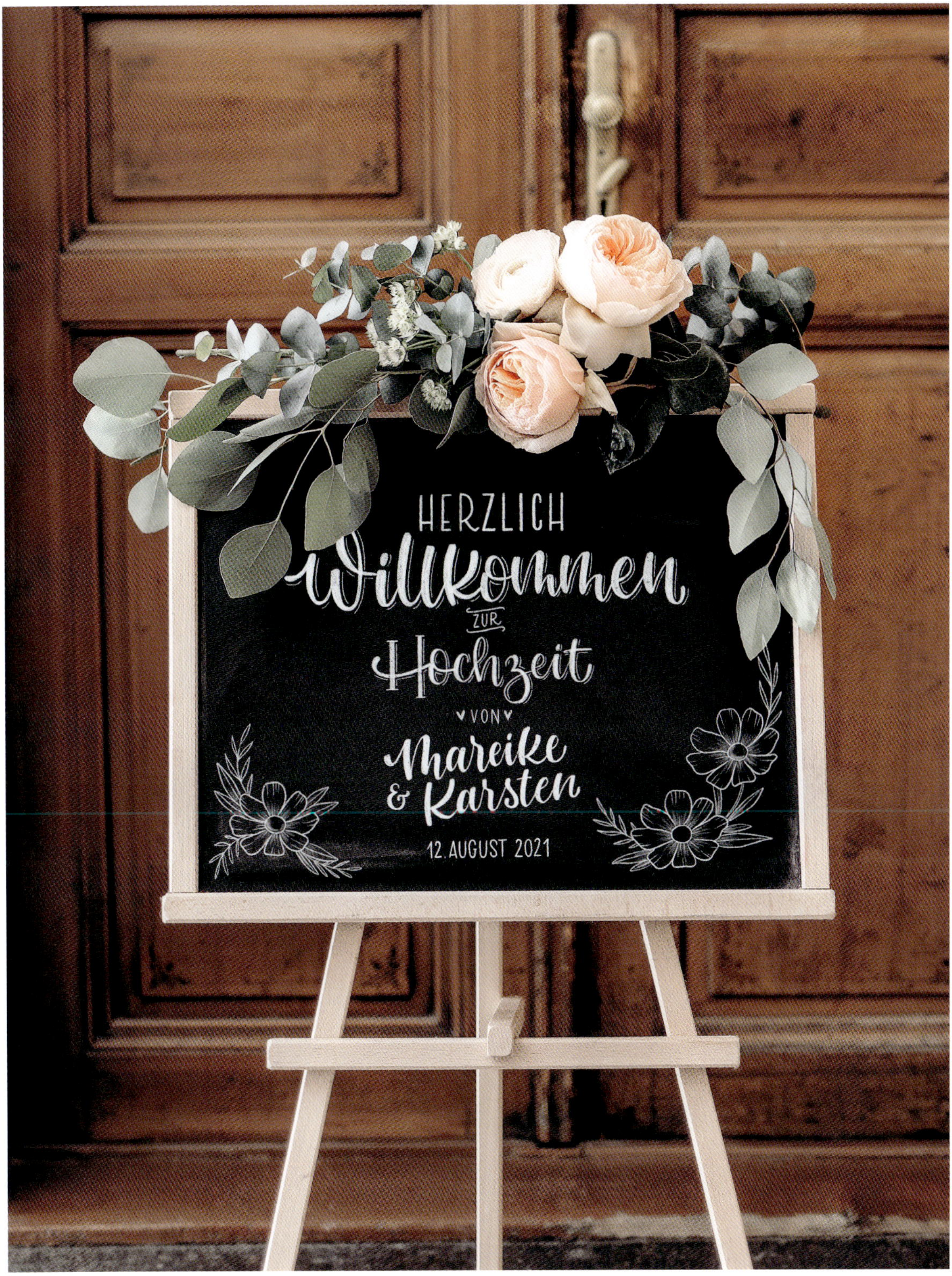
HERZLICH
Willkommen
ZUR
Hochzeit
VON
Mareike
& Karsten
12. AUGUST 2021

Stoffwimpel

Natürlich darf bei einer Hochzeit die Dekoration nicht fehlen. Diese hübschen Stoffwimpel kannst du entweder einzeln aufhängen oder eine ganze Wimpelkette daraus gestalten.

MATERIAL

- Untergrund (z. B. altes Zeitungspapier)
- Stoffwimpel aus Baumwolle
- Stoffmalfarbe im gewünschten Farbton
- Gefäß zum Anrühren der Farbe
- Wasserglas
- Großer Flachpinsel für den Hintergrund
- Bügeleisen
- Bleistift
- Feiner Pinsel, Gr. 3 oder 4
- Acrylfarbe in Gold

SO GEHT'S

1. Verdünne die Stoffmalfarbe mit Wasser, damit sie etwas pastelliger wird und sich gut auftragen lässt. Die Farbe muss für den Verlauf sehr flüssig sein.
2. Feuchte den Stoff des Wimpels an und lege ihn auf deinen Untergrund. Trage mit dem Pinsel die Farbe am unteren Ende des Banners auf. Feuchte den Pinsel zwischendurch immer wieder mit klarem Wasser an und verblende die aufgetragene Farbe. Nach oben hin solltest du immer weniger Farbe und mehr Wasser verwenden.
3. Lass alles gut trocknen. Bevor du das Lettering überträgst, bügle den Stoff schön glatt.
4. Um das Lettering auf deinen Stoffwimpel zu übertragen, klebst du die Vorlage ans Fenster und hältst den Stoff darüber. Das Original scheint durch und du kannst vorsichtig mit deinem Bleistift die Linien übertragen.
5. Nimm nun die Acrylfarbe und male die Formen nach.
6. Ist alles getrocknet, bügle deinen Wimpel noch mal auf der Rückseite (nicht auf der Seite mit der Farbe!) ganz glatt.

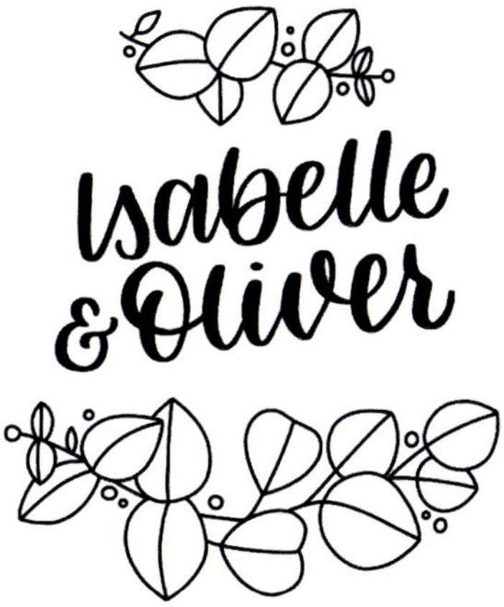
Isabelle
& Oliver

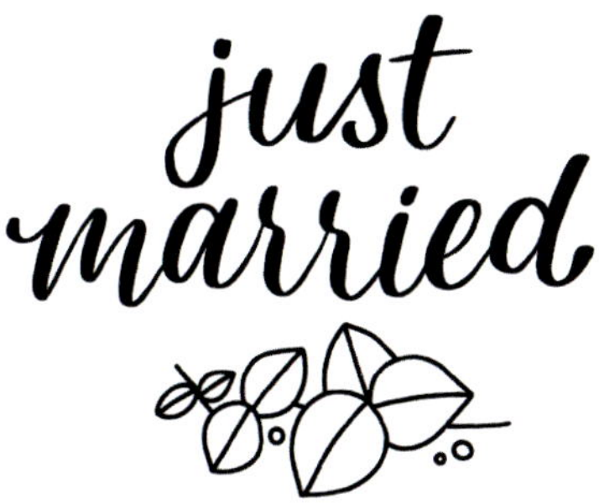
just
married

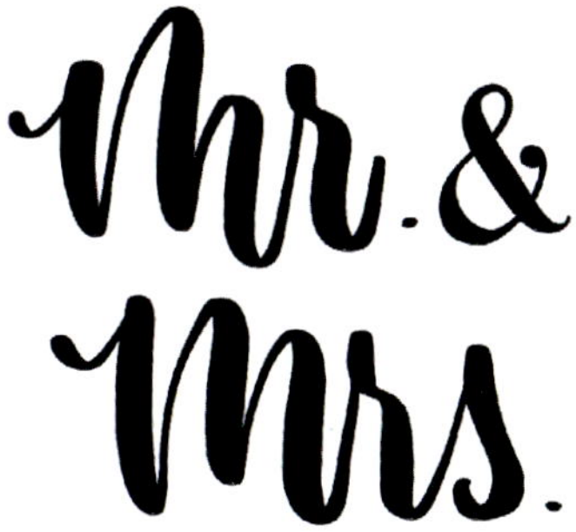
Mr. &
Mrs.

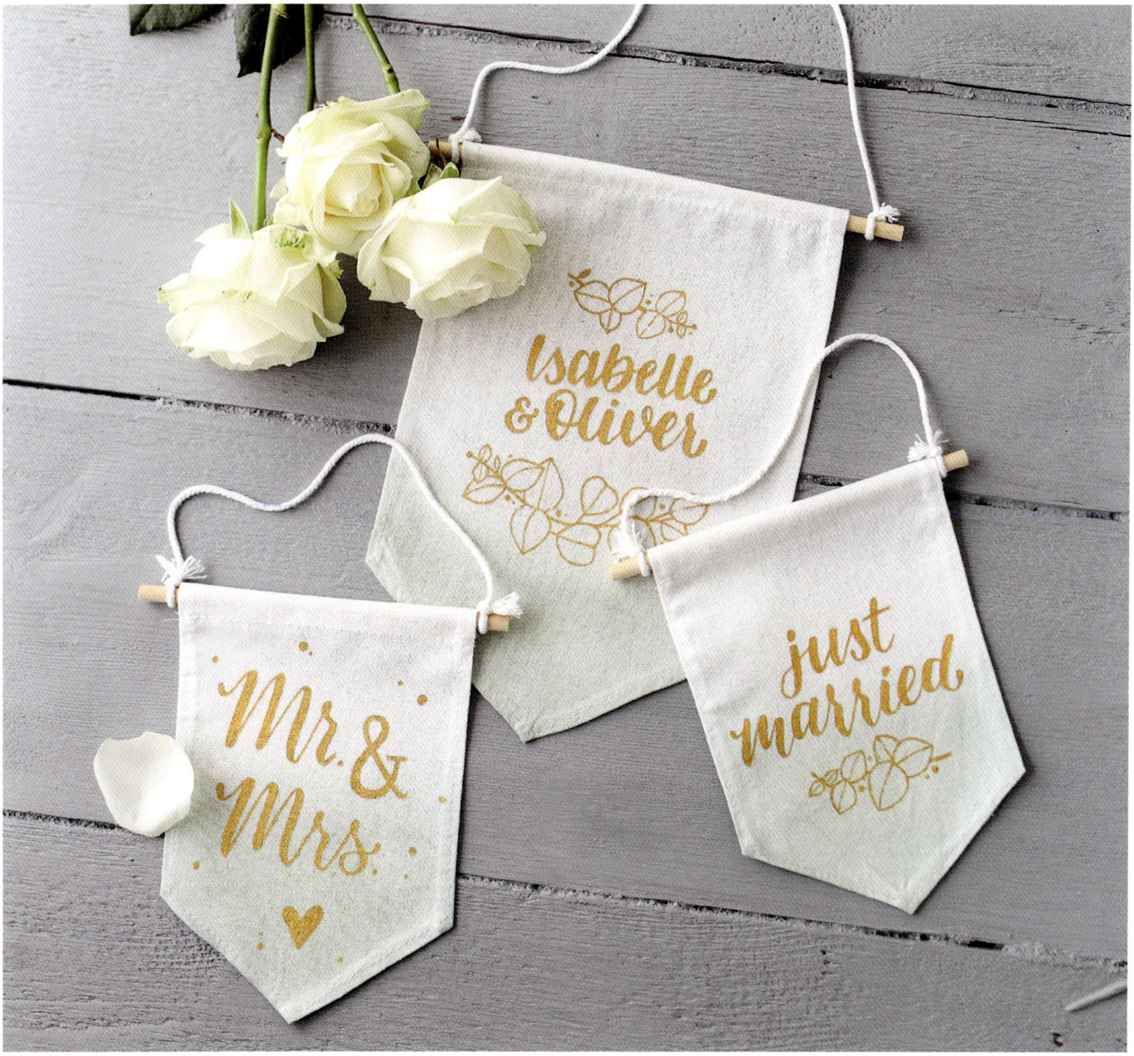
Isabelle
& Oliver
Mr. &
Mrs.
just
married

Banderole für Taschentücher

Eine Hochzeit ist häufig ein emotionaler Tag – nicht nur für das neue Ehepaar. Diese Banderole ist ein liebevolles Detail, um kleine Freudentränen stilvoll aufzufangen.

MATERIAL

- Aquarellpapier (ca. 300 g/m²)
- Aquarellfarbe
- Wasserglas
- Pinsel
- Transparentpapier
- Schere und Lineal
- Brush Pen
- Juteband
- Siegelwachs und Siegel
- Kleberoller

SO GEHT'S

1. Für eine Banderole, in der drei Taschentücher Platz finden, brauchst du einen Aquarellpapier-Streifen in der Größe von 14,5 cm Breite und 5 cm Höhe. Wenn du eine ganze Packung Taschentücher verpacken willst, muss dein Papierstreifen etwas länger sein.

2. Male mit den Aquarellfarben einen Farbverlauf auf dein Papier. Du kannst aber auch florale Elemente wie Blätter oder Blüten, oder andere Muster auf das Papier malen.

3. Verwende nicht zu viel Wasser, damit sich das Papier nicht zu stark wellt. Beschwere es ansonsten beim Trocknen ein wenig.

4. Schneide nun ein Stück Transparentpapier in der gleichen Größe wie das Aquarellpapier zurecht und übertrage mittig das Lettering.

5. Halte das Aquarellpapier an deine Taschentücher, wenn es getrocknet ist, und markiere die Stelle, wo das Papier geknickt werden soll. Ritze es mit der Schere an dieser Stelle etwas an, damit es sich leichter falzen lässt. Trage nun mit dem Kleberoller etwas Kleber auf das Aquarellpapier auf und befestige das Transparentpapier mit deinem Lettering darauf.

6. Nun falte alles um die Taschentücher herum und klebe die Banderole auf der Rückseite zusammen. Mit etwas Juteband verzierst du die Banderole. Am Ende fixierst du alles mit ein bisschen Siegelwachs.

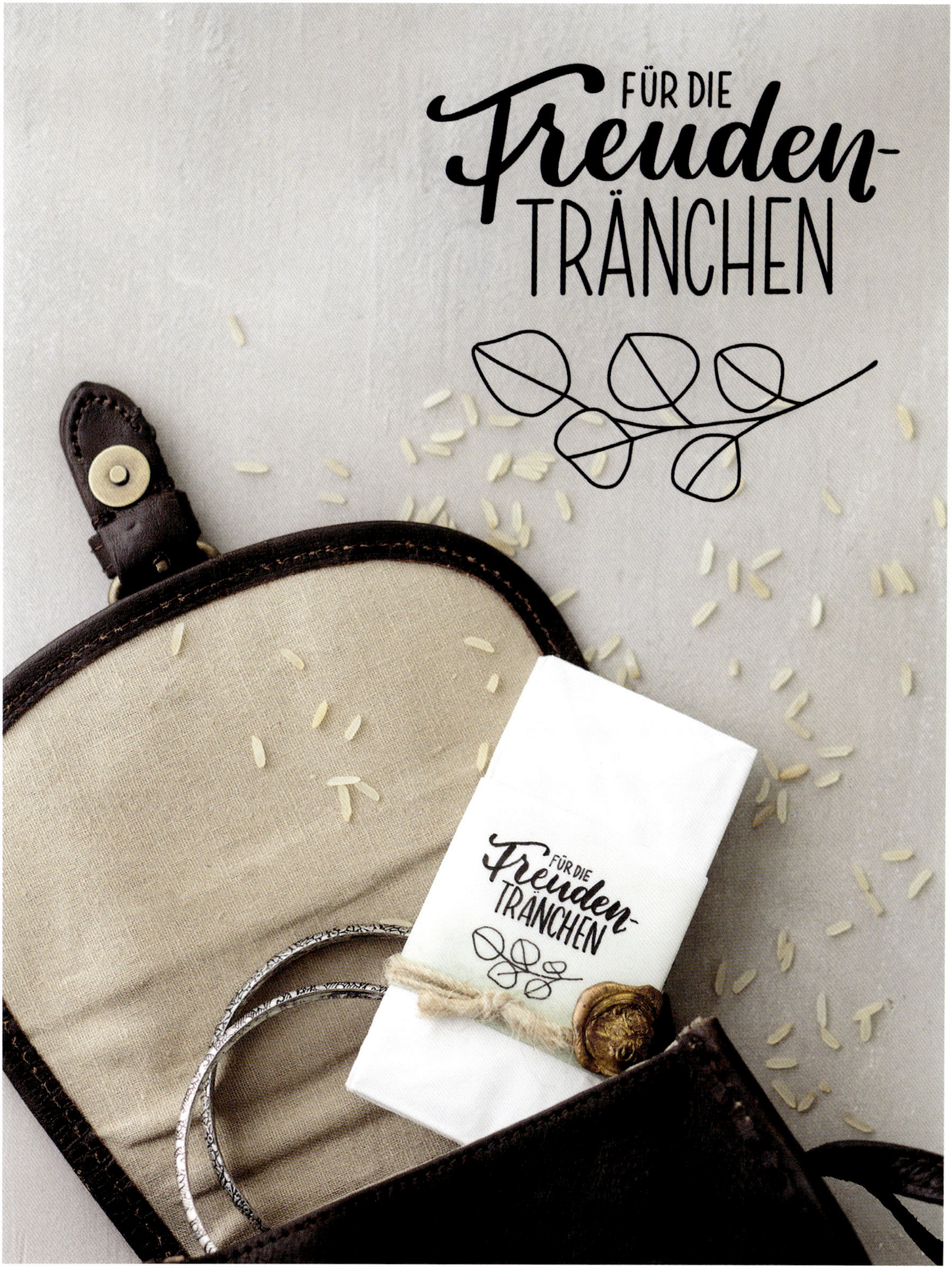
FÜR DIE
Freuden-
TRÄNCHEN
FÜR DIE
Freuden-
TRÄNCHEN

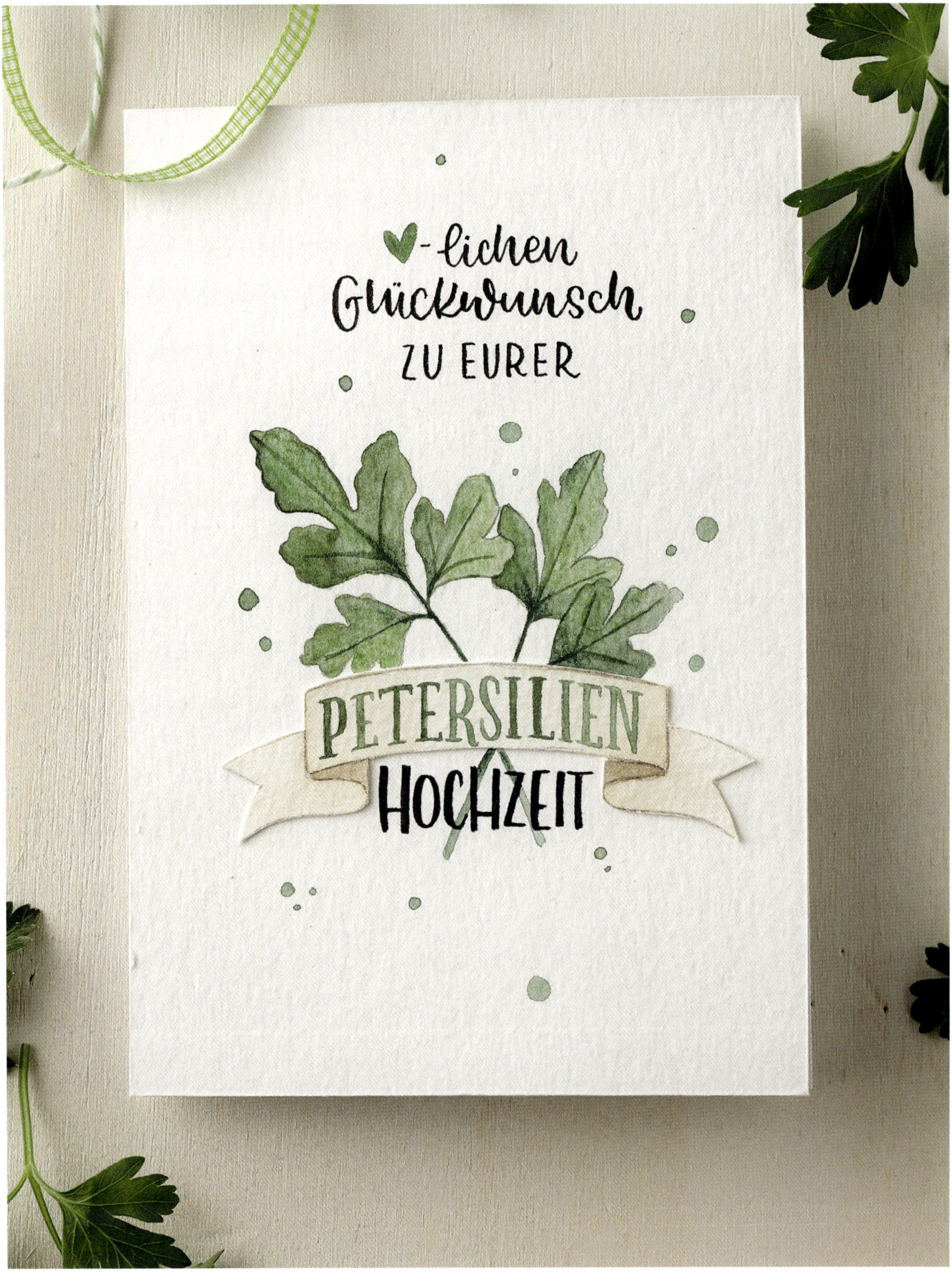
♥-lichen
Glückwunsch
ZU EURER
PETERSILIEN
HOCHZEIT

Papierhochzeit – 1 Jahr
Rosenhochzeit – 10 Jahre
Petersilienhochzeit – 12,5 Jahre
Porzellanhochzeit – 20 Jahre
Silberhochzeit – 25 Jahre
Perlenhochzeit – 30 Jahre
Rubinhochzeit – 40 Jahre
Goldene Hochzeit – 50 Jahre
Diamantene Hochzeit – 60 Jahre
Gnadenhochzeit – 70 Jahre
Kronjuwelenhochzeit – 75 Jahre
Eichenhochzeit – 80 Jahre
Himmelshochzeit – 100 Jahre

ALLES GUTE ZUM Hochzeitstag

Alles Liebe ZUM HOCHZEITSTAG

♡lichen Glückwunsch ZU EURER

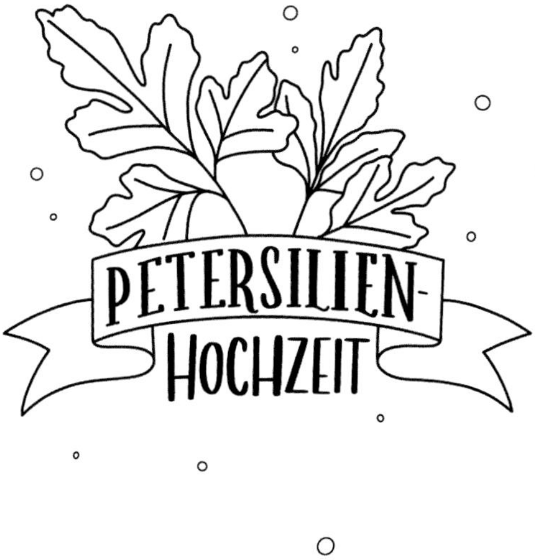

herzlichen Glückwunsch zum 25. Hochzeitstag

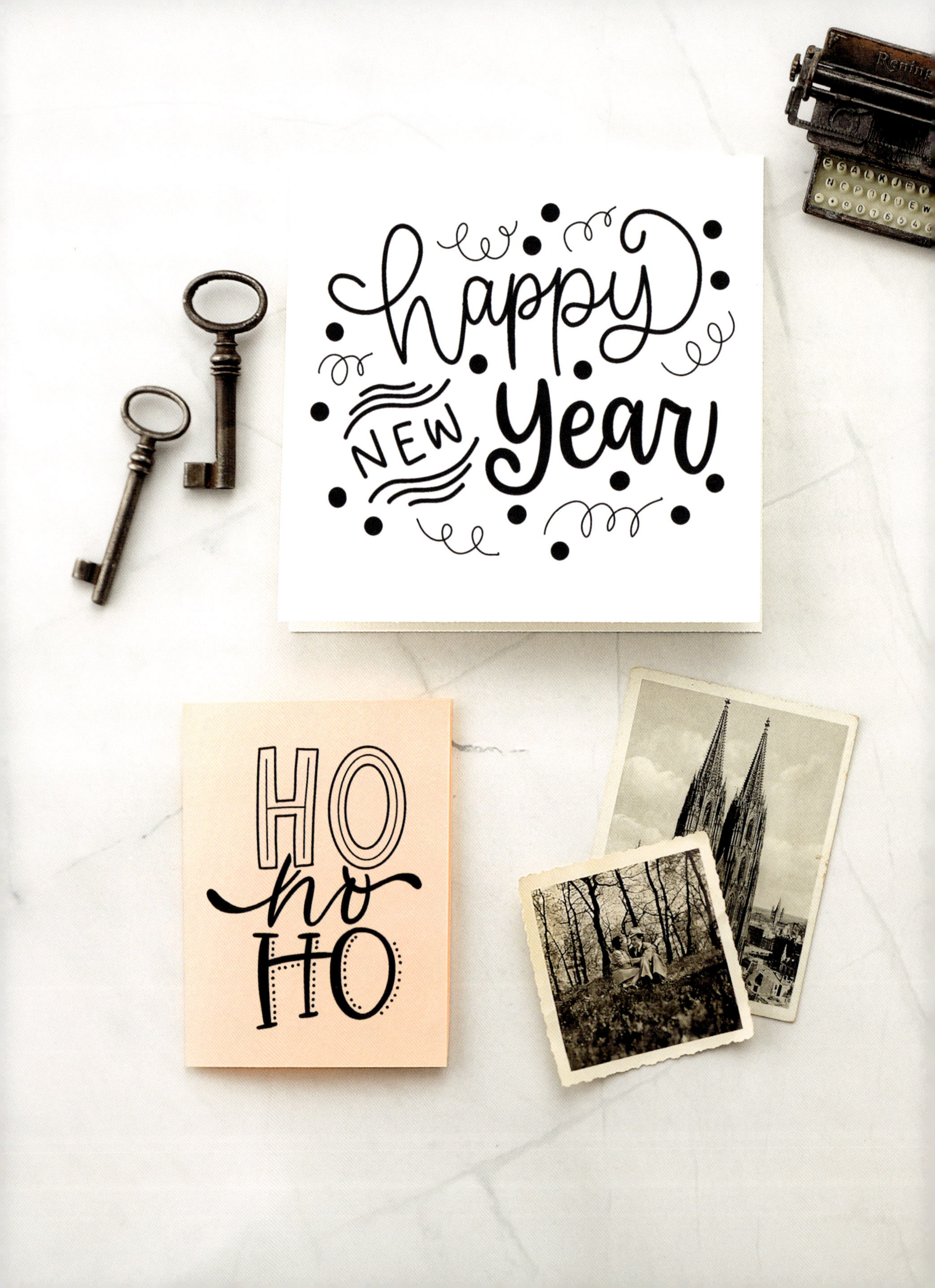
happy
NEW Year
HO
ho
HO

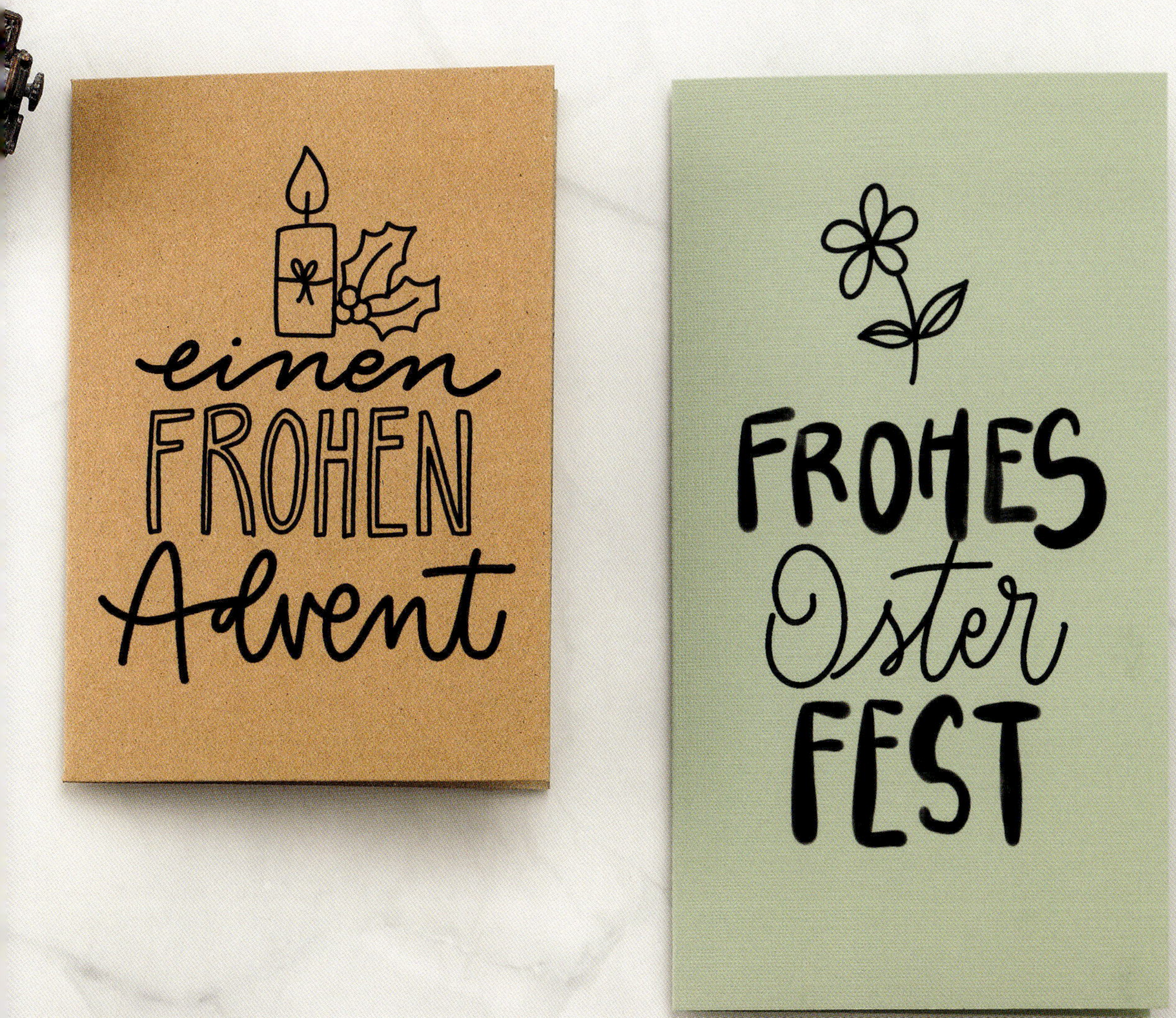

Rund ums Jahr

Weihnachten, Neues Jahr, Ostern, Valentinstag – übers Jahr gibt es viele Anlässe, bei denen wir feiern, uns mit Lieblingsmenschen treffen und uns beschenken können. Ob es die kleine Aufmerksamkeit oder die große Überraschung ist, mit individuell gestalteten Anhängern, Geschenkpapieren und Karten gibst du deinem Geschenk einen unverwechselbaren, ganz persönlichen Touch. Lass dich inspirieren – und dann nichts wie rein ins kreative Leben!

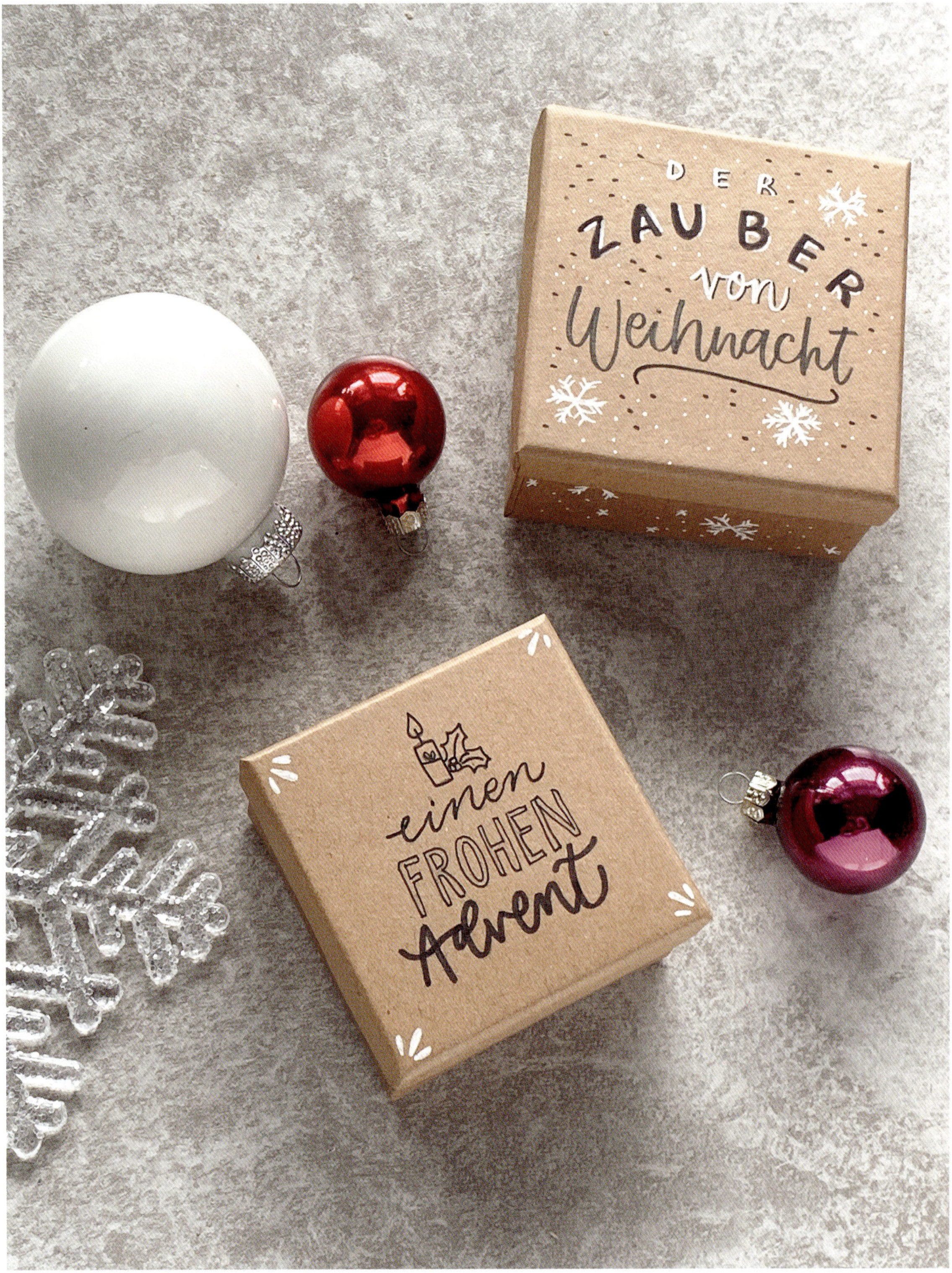
DER
ZAUBER
von
Weihnacht
einen
FROHEN
Advent

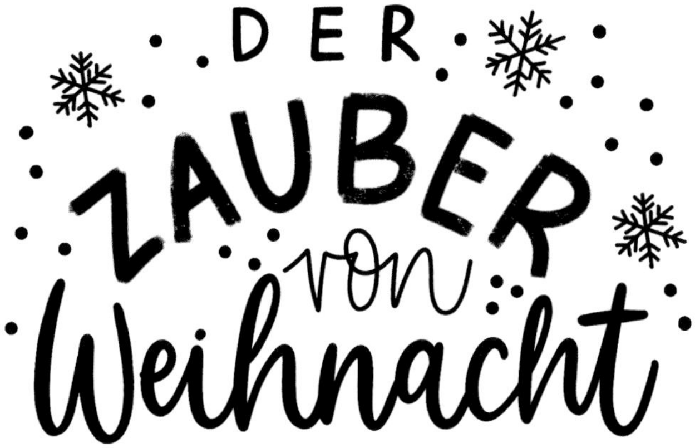
DER
ZAUBER
von
Weihnacht

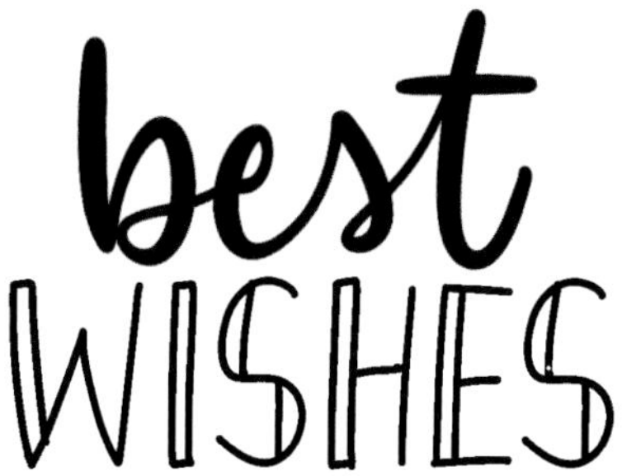
best
WISHES

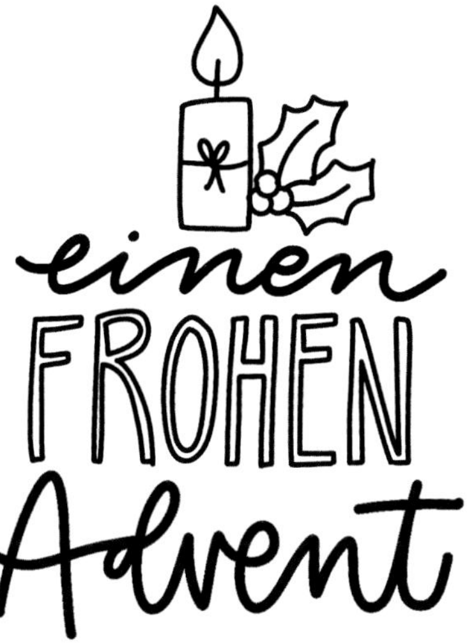
einen
FROHEN
Advent

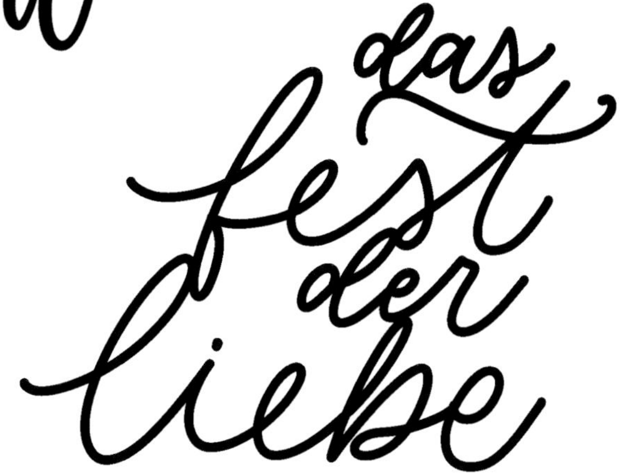
das
Fest
der
Liebe

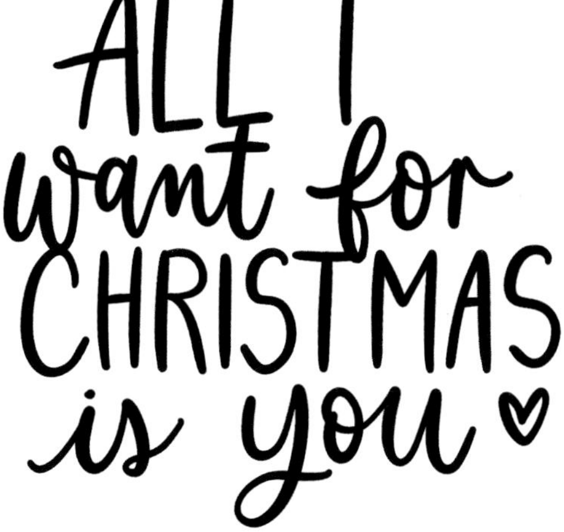
ALL I
want for
CHRISTMAS
is you

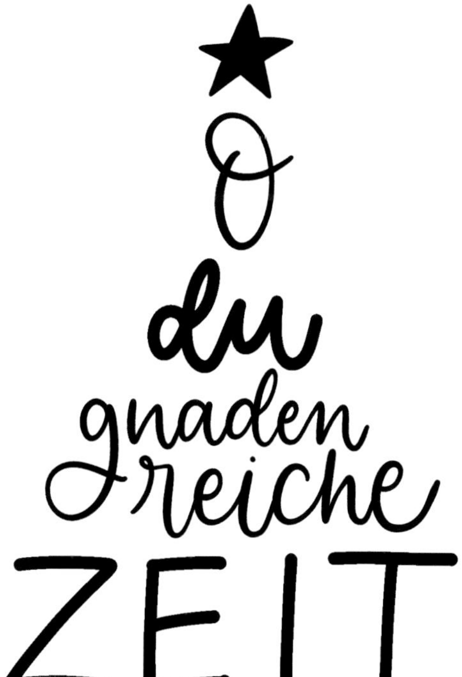
O
du
gnaden
reiche
ZEIT.

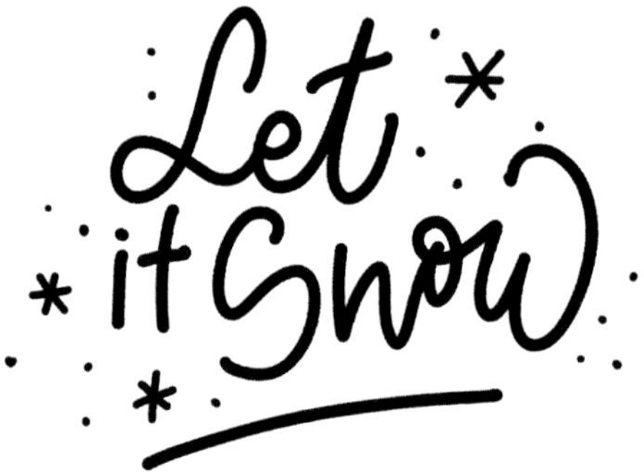
Let it Snow

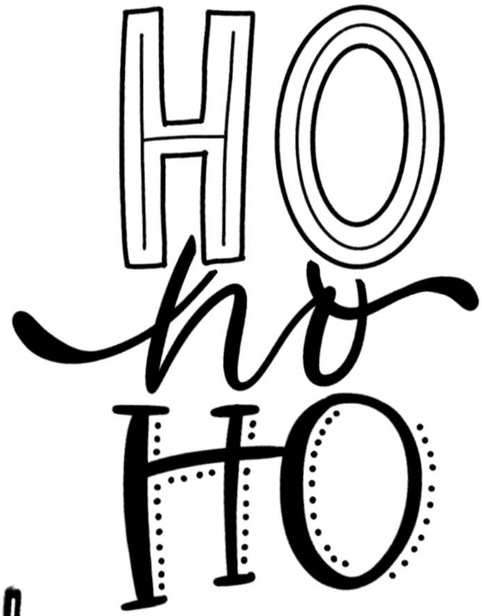
HO
ho
HO

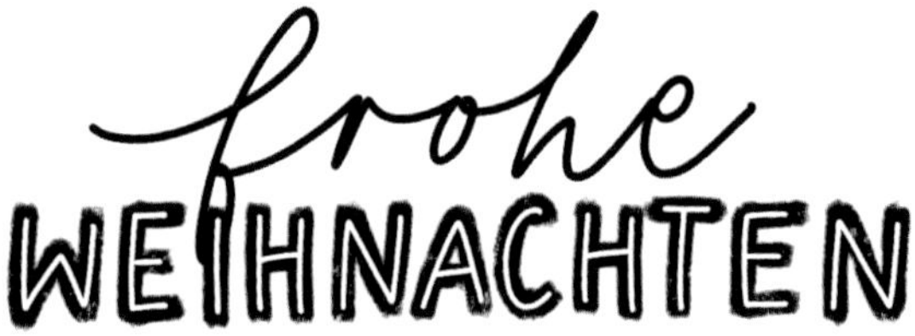
frohe
WEIHNACHTEN

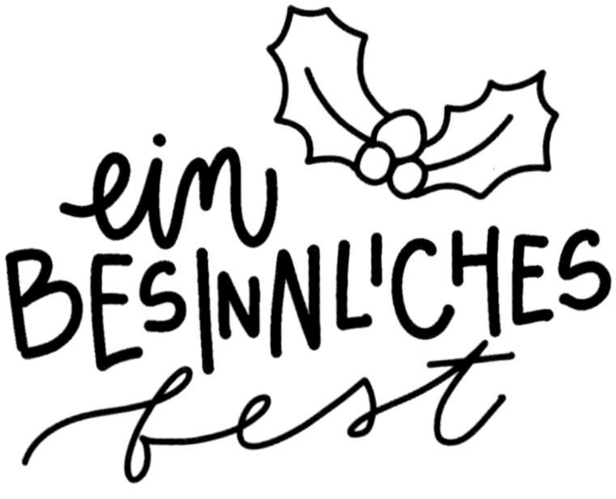
ein
BESINNLICHES
fest

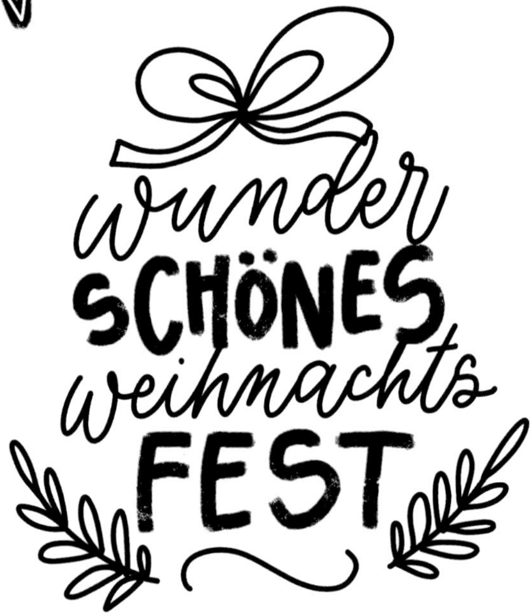
wunder
SCHÖNES
weihnachts
FEST

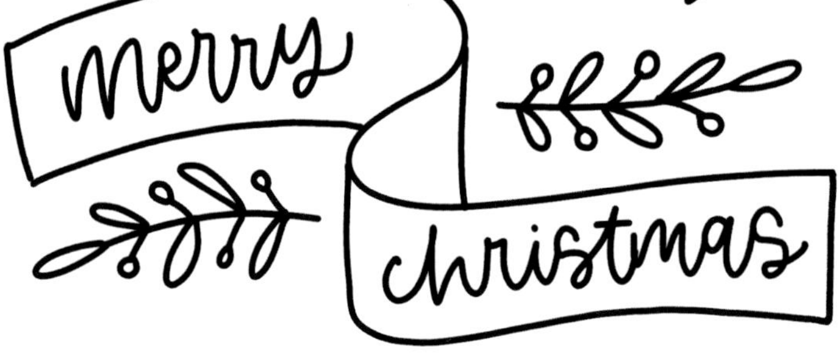
merry
christmas

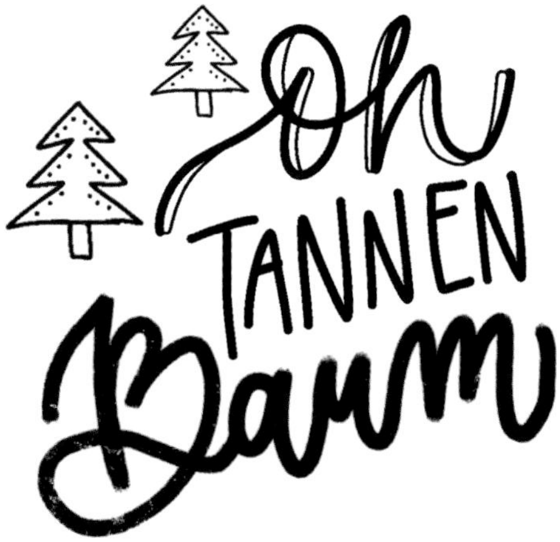
Oh
TANNEN
Baum

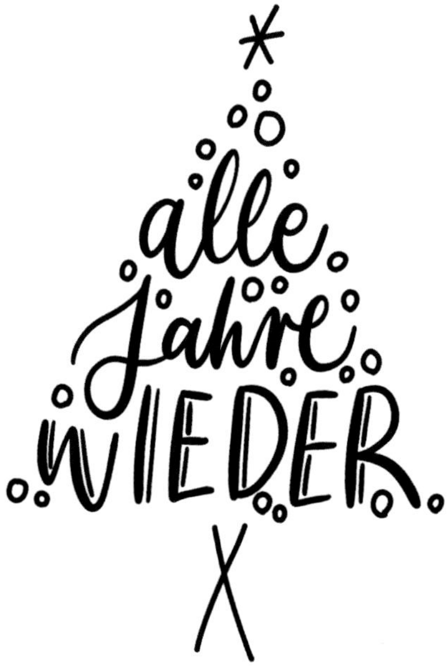
alle
Jahre
WIEDER

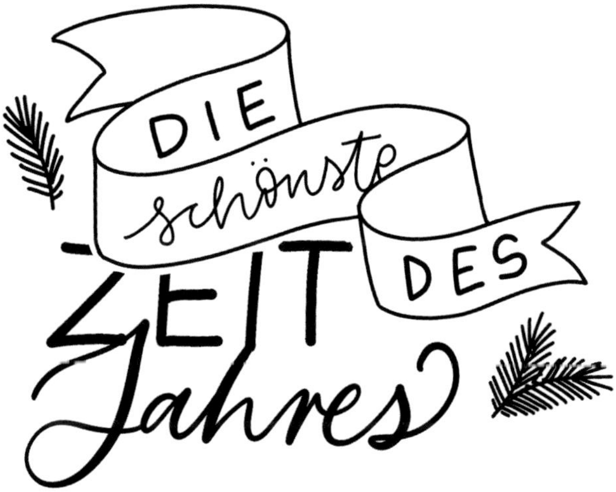
DIE
schönste
ZEIT DES
Jahres

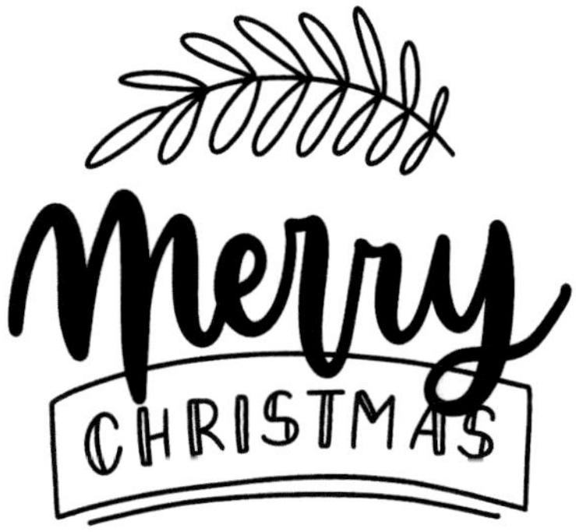
Merry
CHRISTMAS

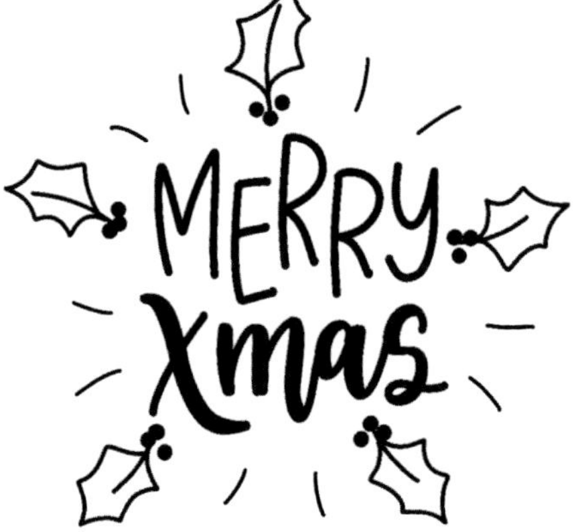
MERRY
Xmas

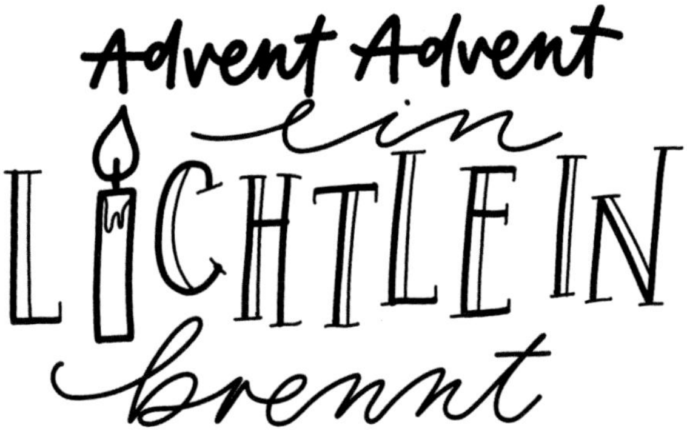
Advent Advent
ein
LICHTLEIN
brennt

Weihnachtliche Geschenkanhänger

An Heiligabend machen wir unseren Lieben gern eine Freude. Schön verpackt gehören bei den meisten kleine Geschenke dazu. Diese individuellen Geschenkanhänger pimpen dein nächstes Weihnachtsgeschenk mit Sicherheit auf.

MATERIAL

- Bunter Tonkarton
- Schere oder Stanzer
- Locher
- Bleistift
- Fineliner in Schwarz, 03 und 1,0 mm
- Gelroller in Weiß

SO GEHT'S

1. Zeichne auf deinem Tonkarton Tannenbäume und Sterne auf. Schneide diese mit der Schere aus. Natürlich kannst du auch entsprechende Stanzer verwenden.
2. Loche die Anhänger jeweils einmal am Rand.
3. Übertrage die weihnachtlichen Vorlagen auf die ausgeschnittenen Anhänger.
4. Zeichne nun mit Fineliner und Gelroller deine Buchstaben nach.
5. Füge kleine Details wie Punkte, Schatten und Striche hinzu.

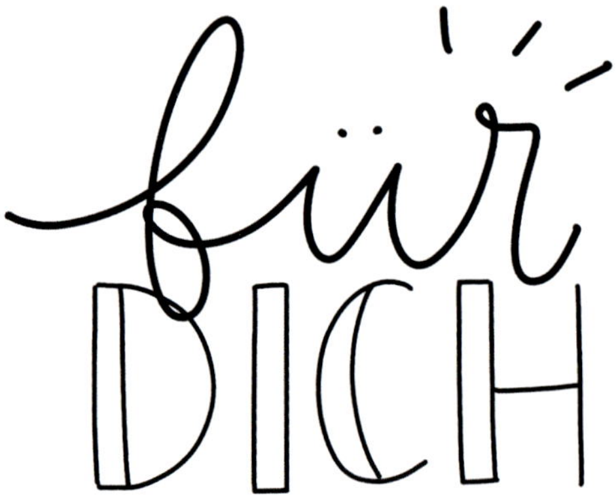

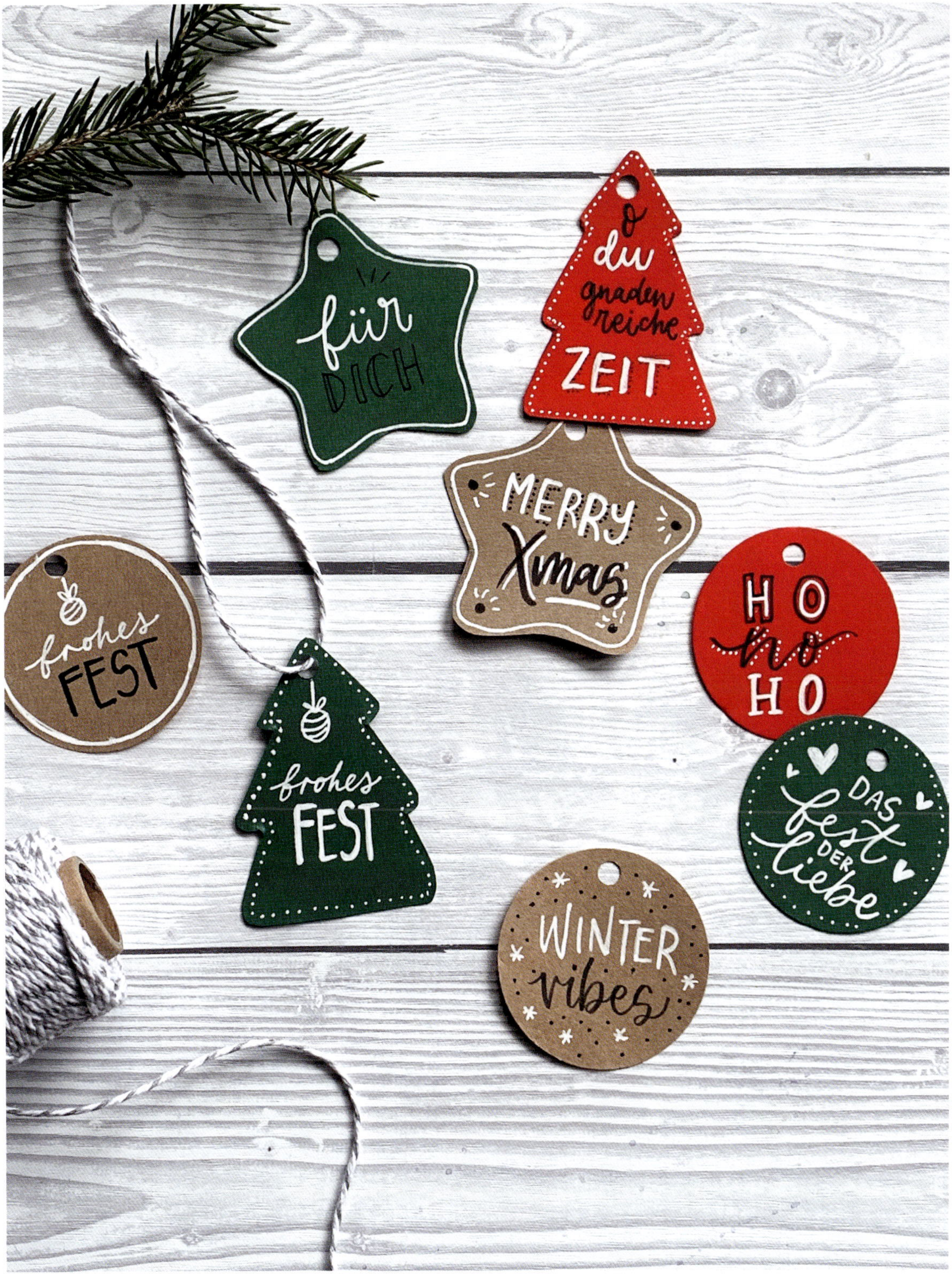
für DICH
o du gnadenreiche ZEIT
MERRY Xmas
frohes FEST
HO ho HO
frohes FEST
DAS fest DER liebe
WINTER vibes

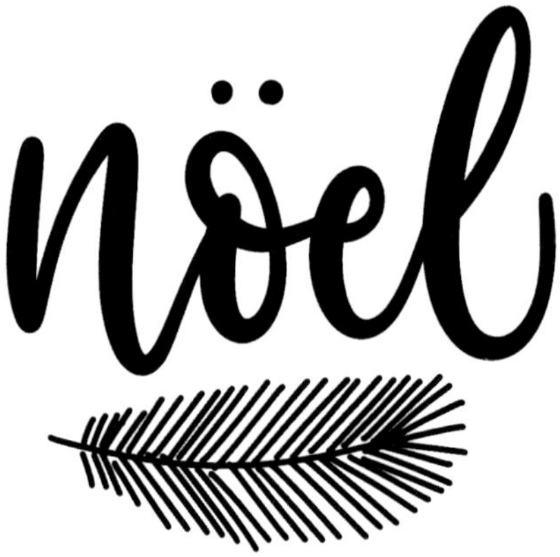
nöel

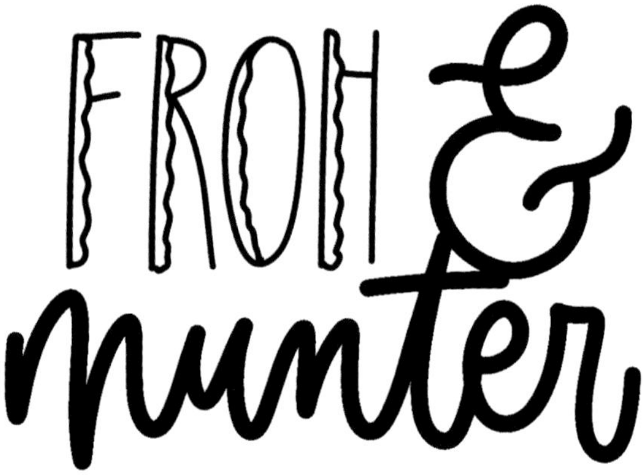
FROH &
munter

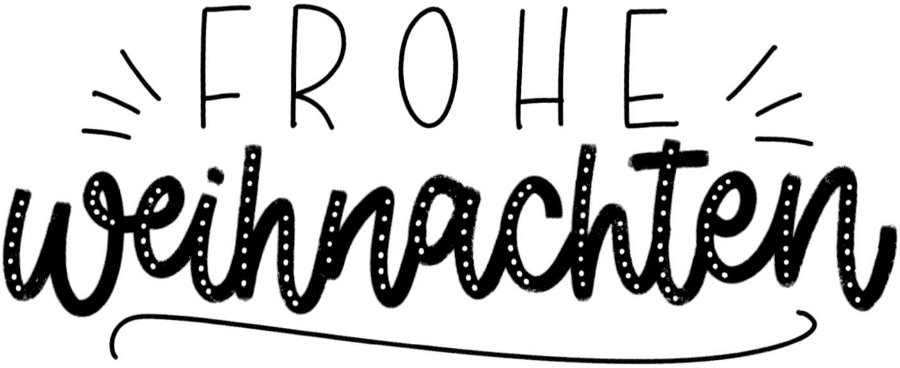
FROHE
weihnachten

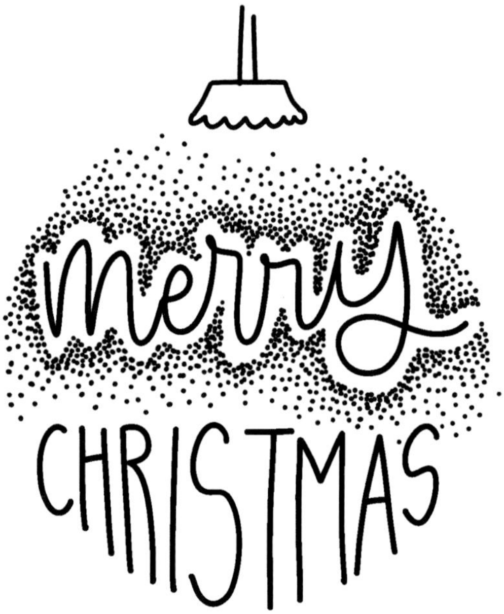
merry
CHRISTMAS

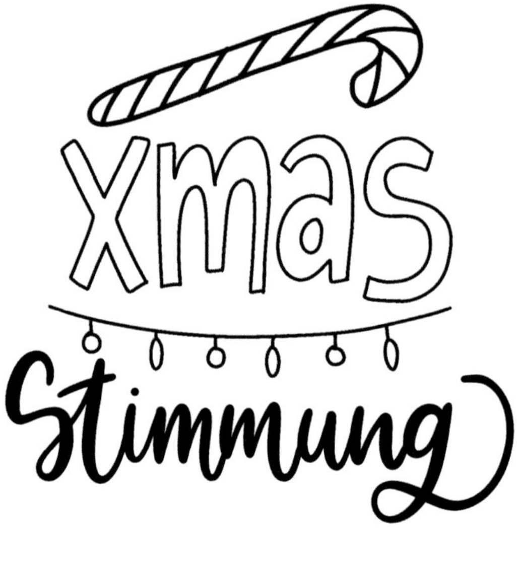
xmas
Stimmung

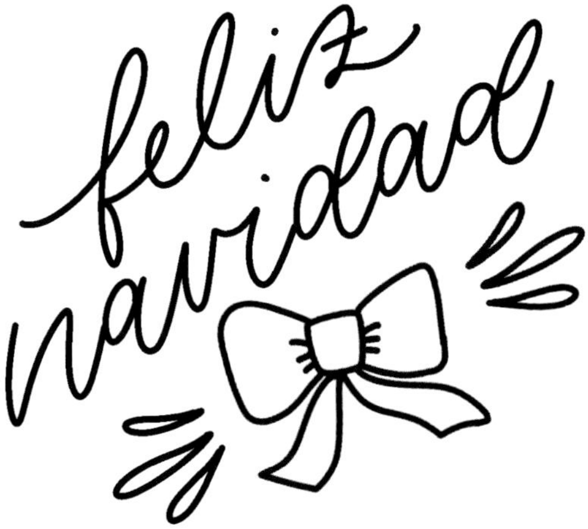
feliz navidad

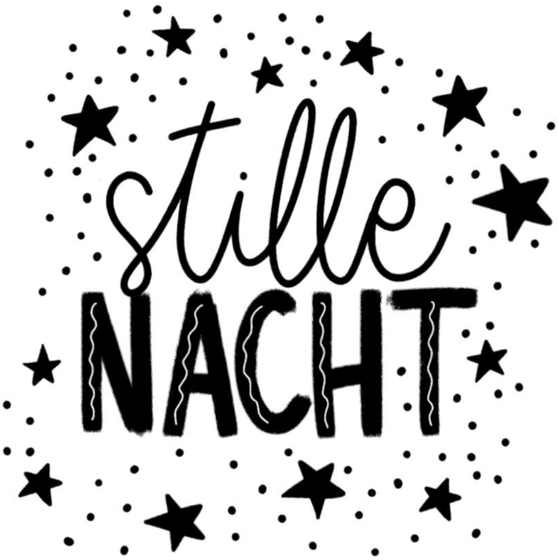
stille
NACHT

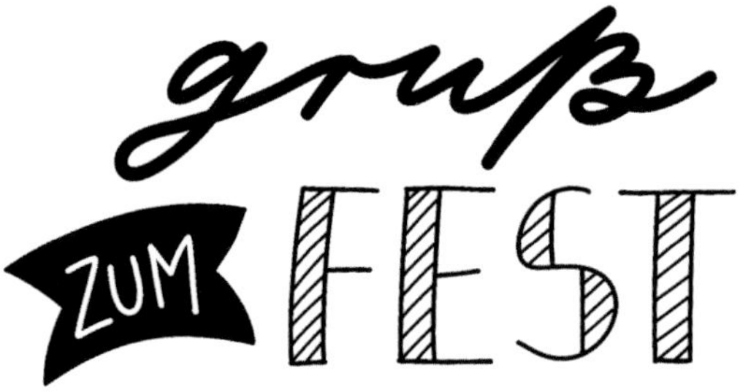
gruß
ZUM FEST

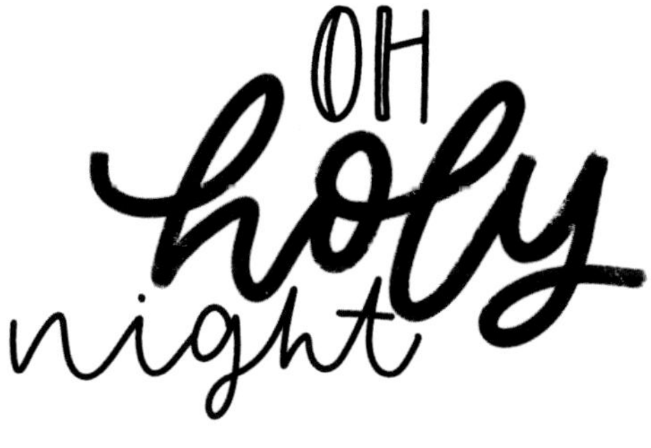
OH
holy
night

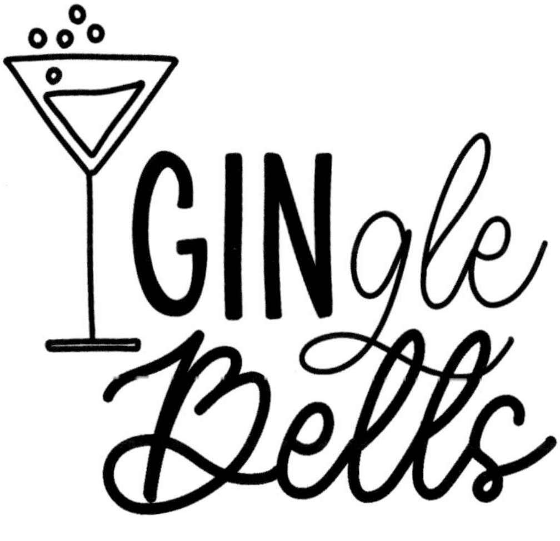
GINgle
Bells

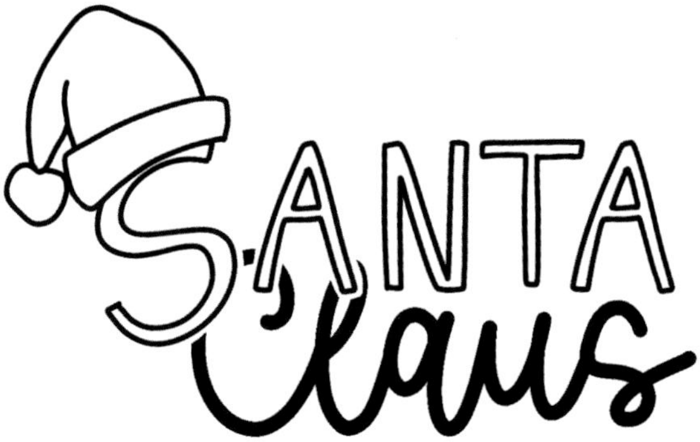
SANTA
Claus

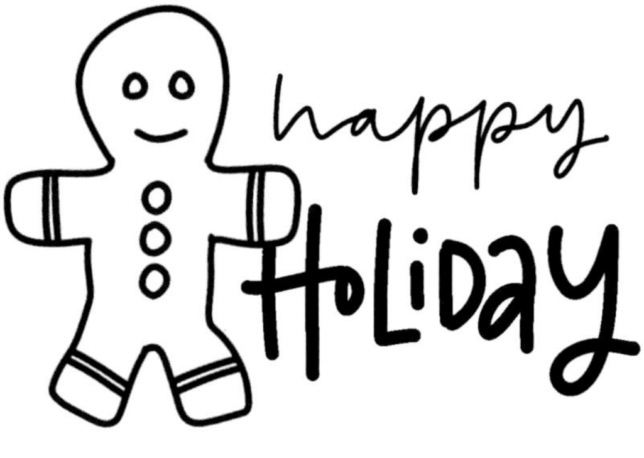
happy
HoLiDay

Geschenkpapier aus Packpapier

Du findest einfach nie das richtige Geschenkpapier? Hier gibt es eine schöne Möglichkeit, einfaches Packpapier selbst zu gestalten und deinen Freunden und Familie eine Freude zu bereiten.

MATERIAL

- Packpapier
- Bleistift und Radiergummi
- Acrylfarbe oder Tinte in Weiß und Schwarz
- Wasser
- Rundpinsel, Gr. 4
- Fineliner in Schwarz, 0,5 mm

VORLAGEN: SEITE 54, SEITE 63

SO GEHT'S

1. Schneide von der Packpapierrolle so viel Papier ab, damit du dein Geschenk darin einwickeln kannst. Platziere das abgetrennte Papier auf dem Untergrund vor dir. Sollte sich das Papier zusammenrollen, beschwere die Enden mit Gegenständen.

2. Übertrage mit einem Bleistift eine weihnachtliche Vorlage auf dein Papier. Drück dabei nicht zu fest auf, damit sich die Striche später rausradieren lassen.

3. Nutzt du Acrylfarbe, solltest du die Farbe zuerst mit Wasser verdünnen. Mit Tinte kannst du in der Regel ohne Verdünnung schreiben.

4. Schreibe nun mit deinem Pinsel die Wörter nach. Du kannst ein geschlossenes Lettering gestalten oder die Wörter so oft wiederholen, dass ein Endlosmotiv entsteht.

5. Ist dein Packpapier getrocknet, kannst du nun dein Geschenkt darin einwickeln.

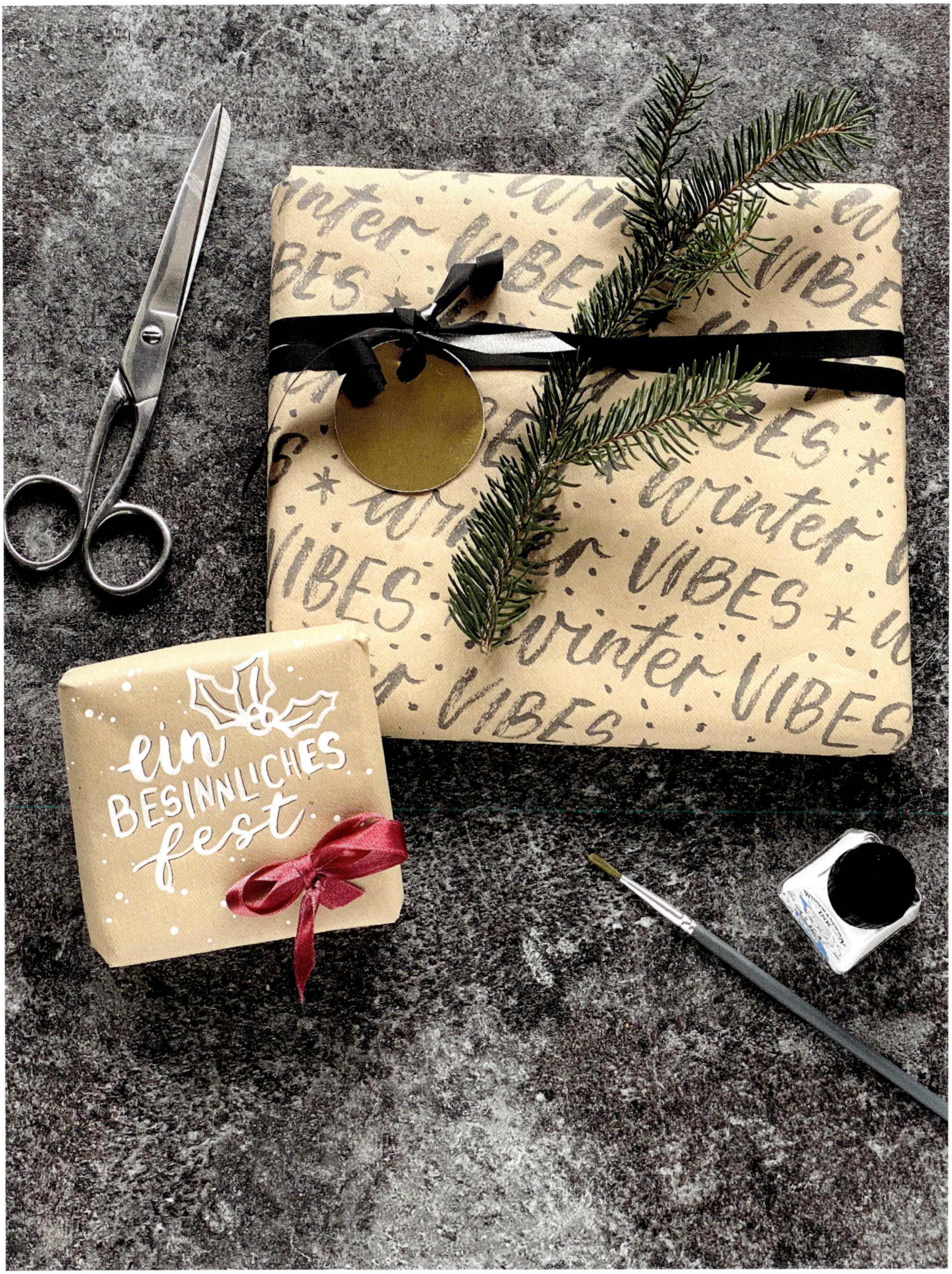
winter VIBES
ein BESINNLICHES fest

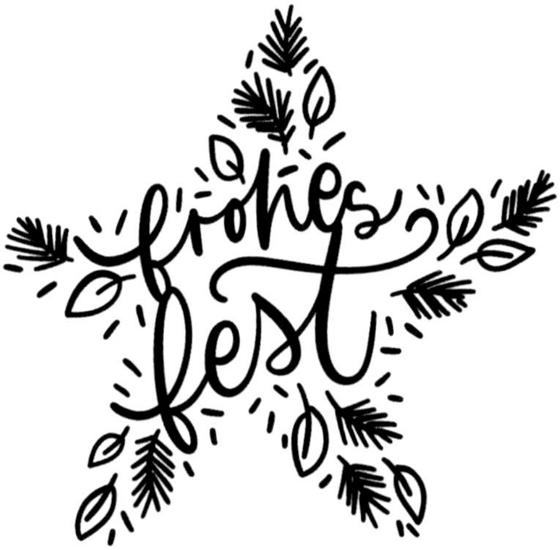
frohes
fest

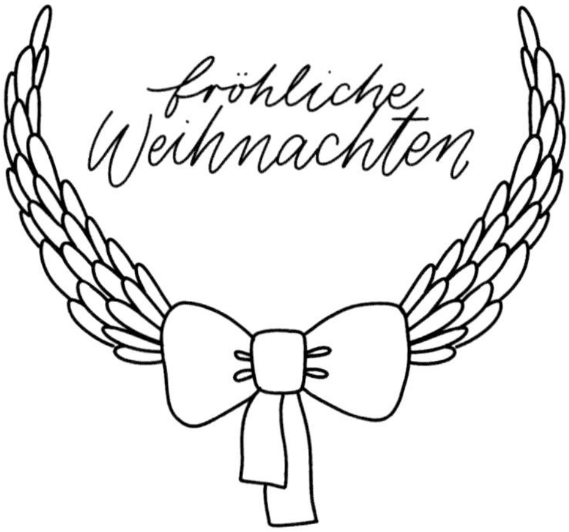
fröhliche
Weihnachten

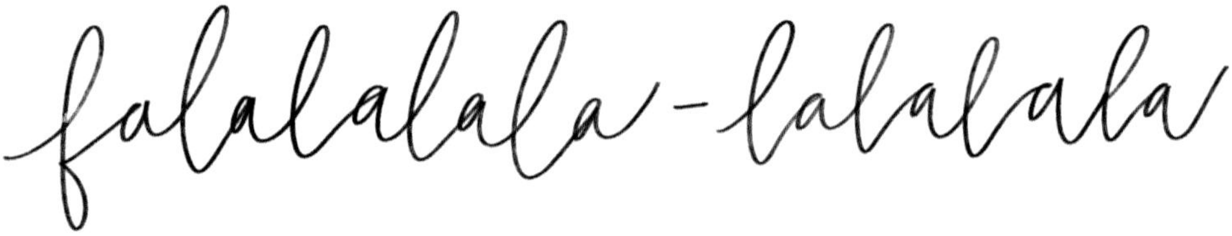
falalalala-lalalala

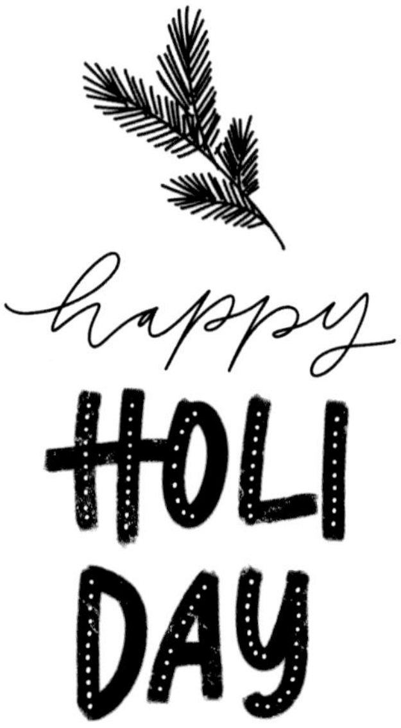
happy
HOLI
DAY

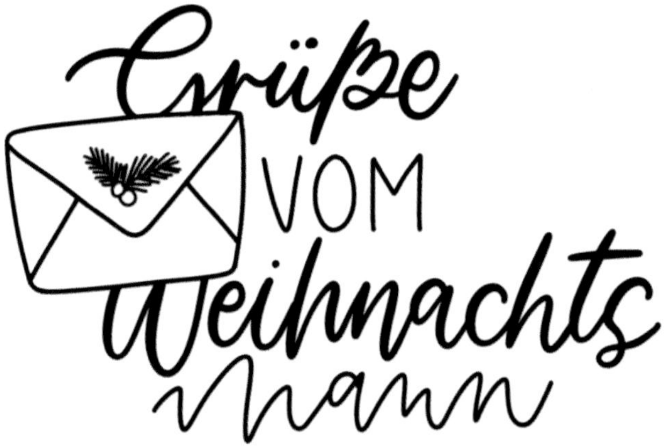
Grüße
VOM
Weihnachts
mann

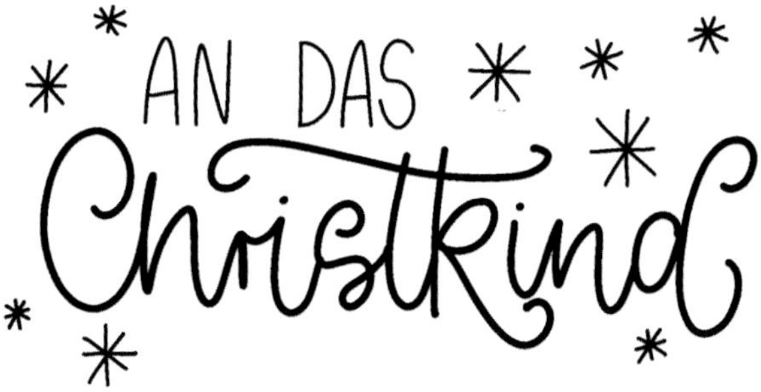
AN DAS
Christkind

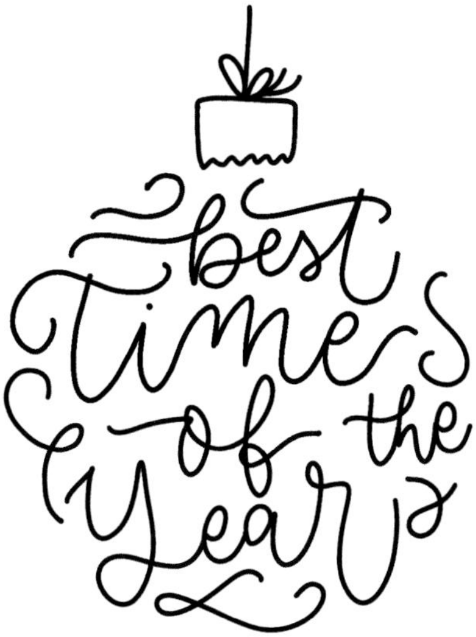
best
times
of the
year

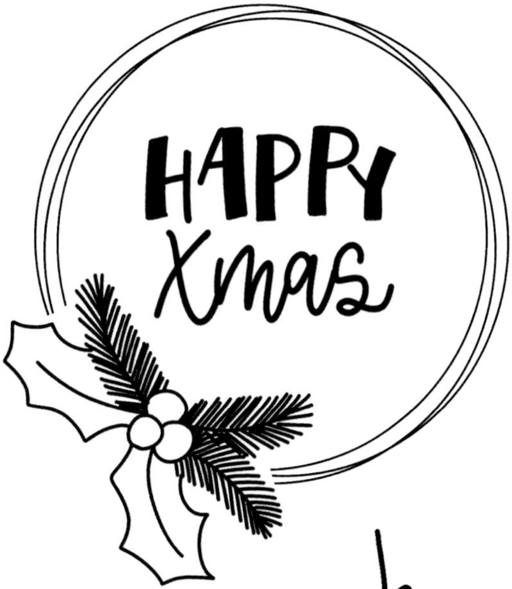
HAPPY
Xmas

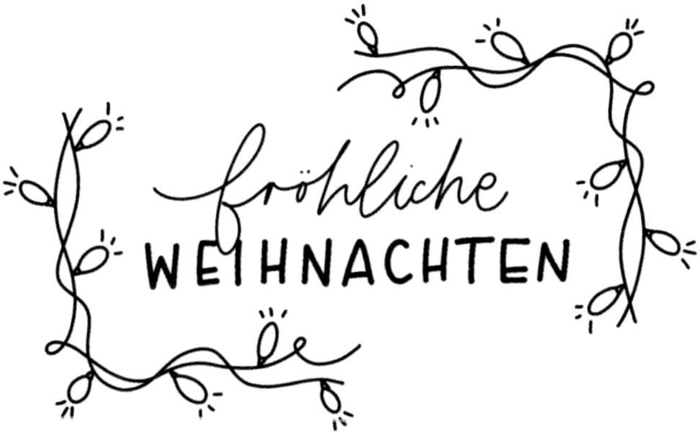
fröhliche
WEIHNACHTEN

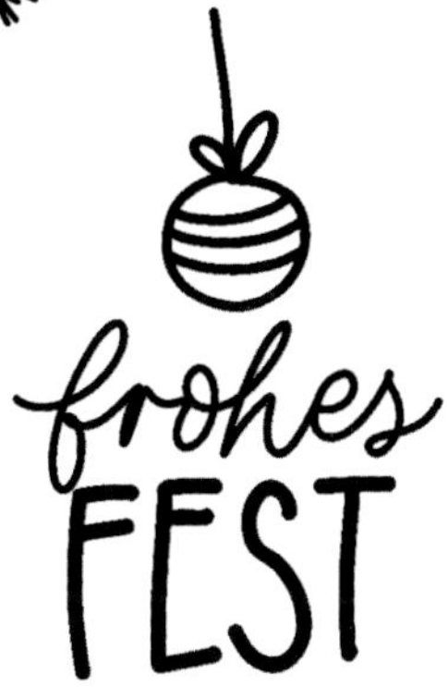
frohes
FEST

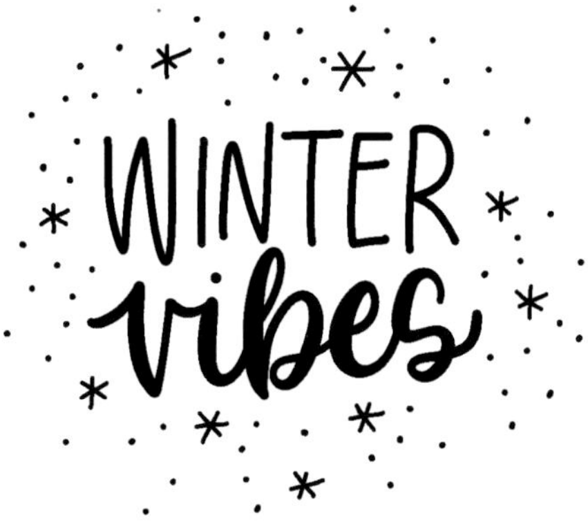
WINTER
vibes

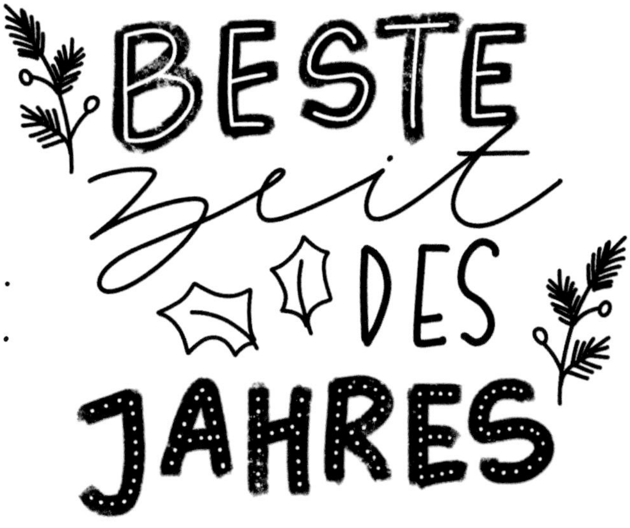
BESTE
zeit
DES
JAHRES

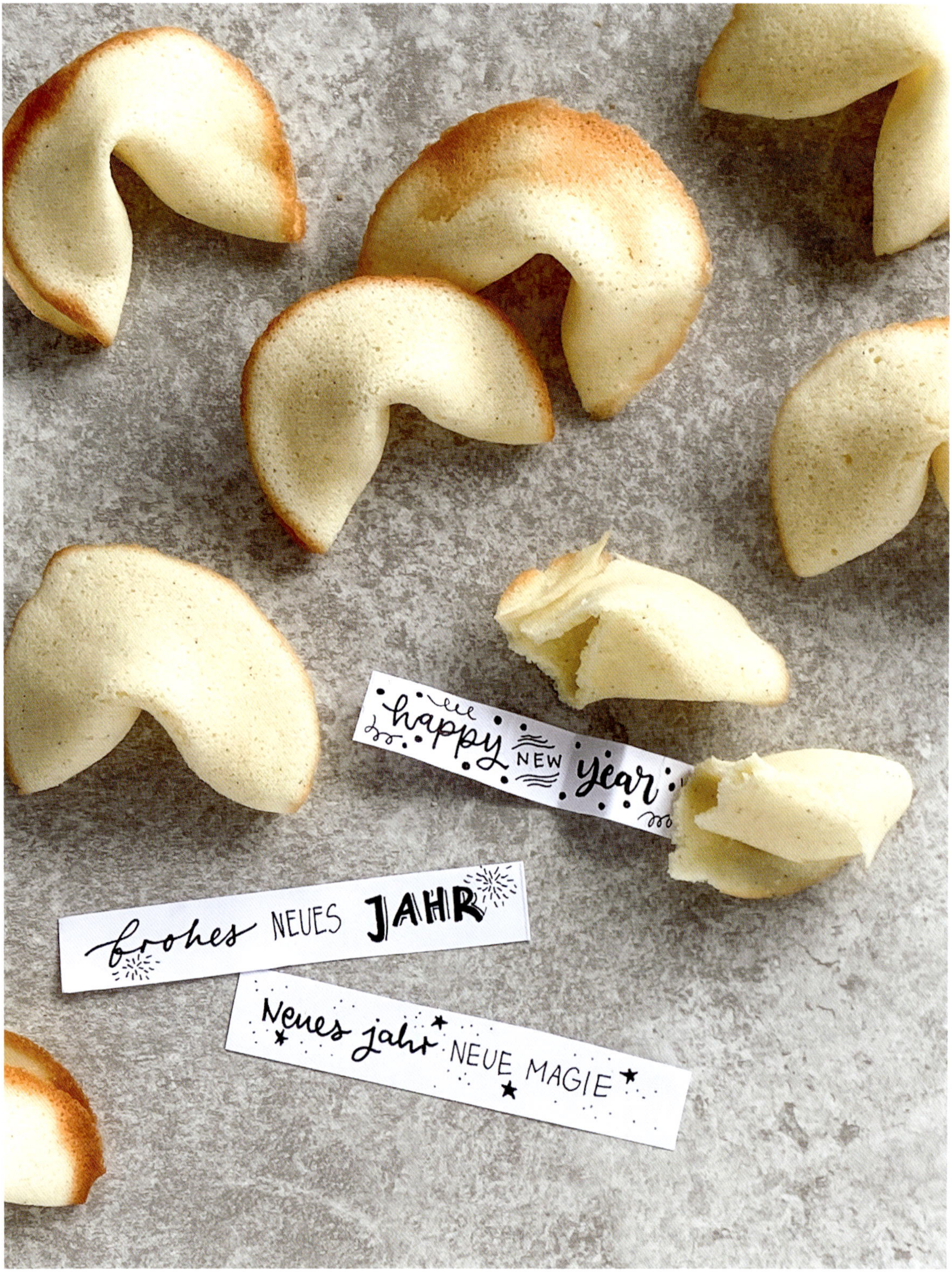
happy NEW year
frohes NEUES JAHR
Neues Jahr NEUE MAGIE

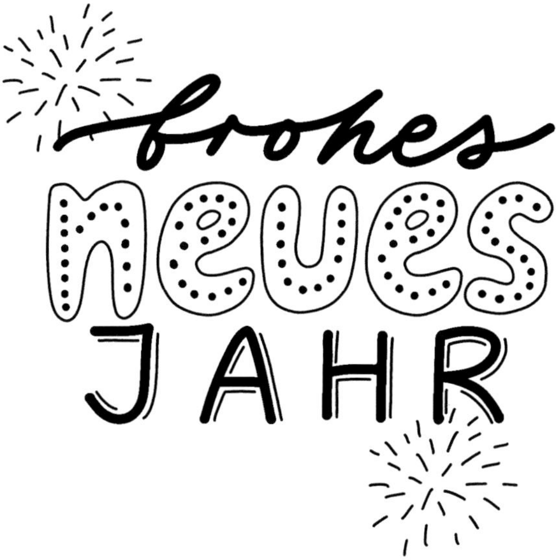
frohes
neues
JAHR

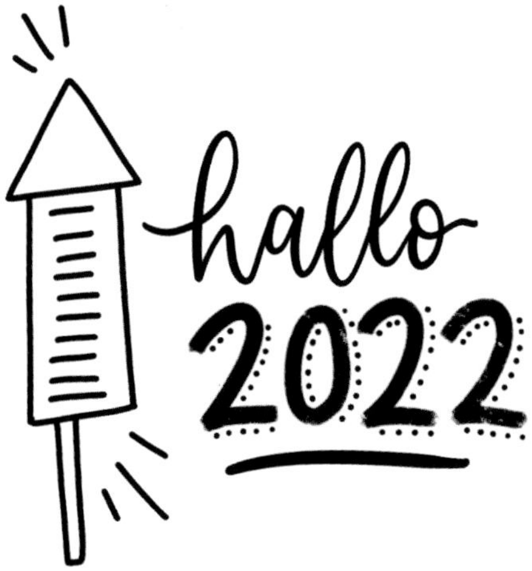
hallo
2022

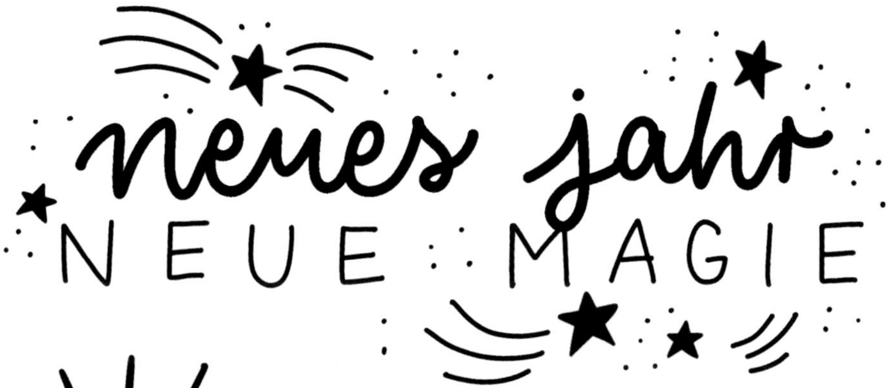
neues jahr
NEUE MAGIE

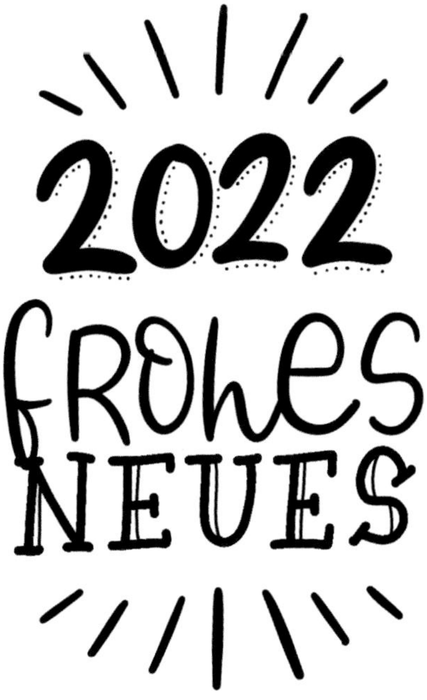
2022
FROHES
NEUES

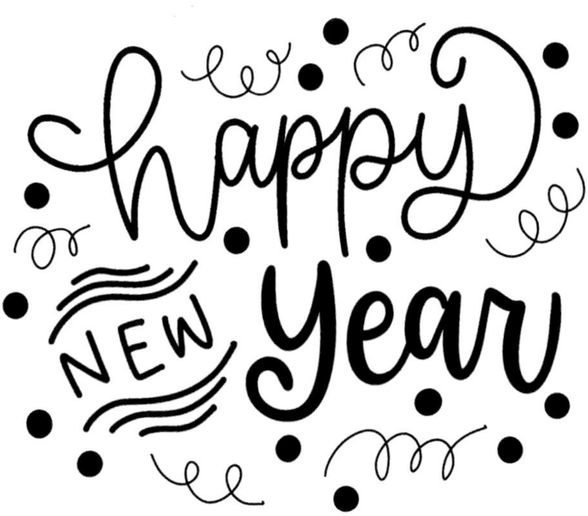
happy
NEW
Year

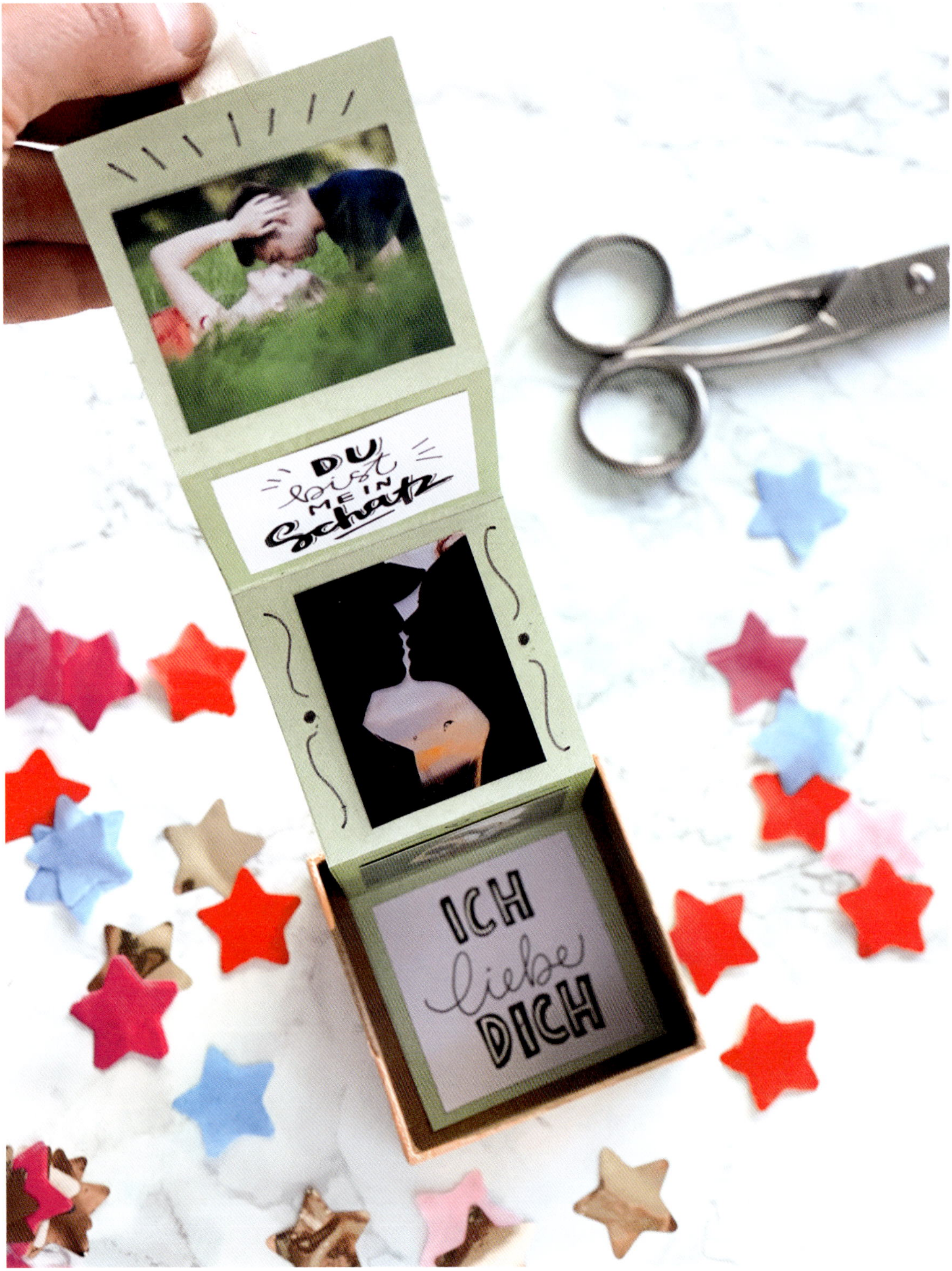
DU
bist
MEIN
Schatz
ICH
liebe
DICH

ICH liebe DICH

Du bist perfekt für mich

DU bist MEIN Schatz

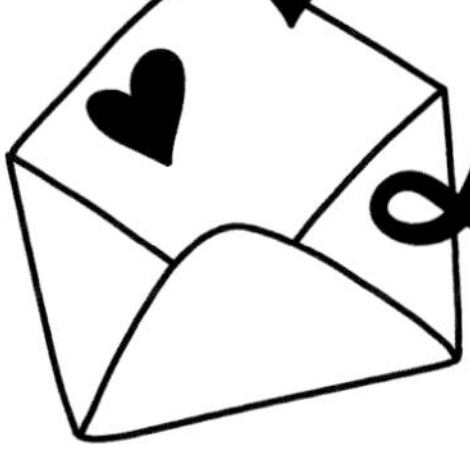

ganz VIEL Liebe

you & me

WILLST DU mein Valentin sein?

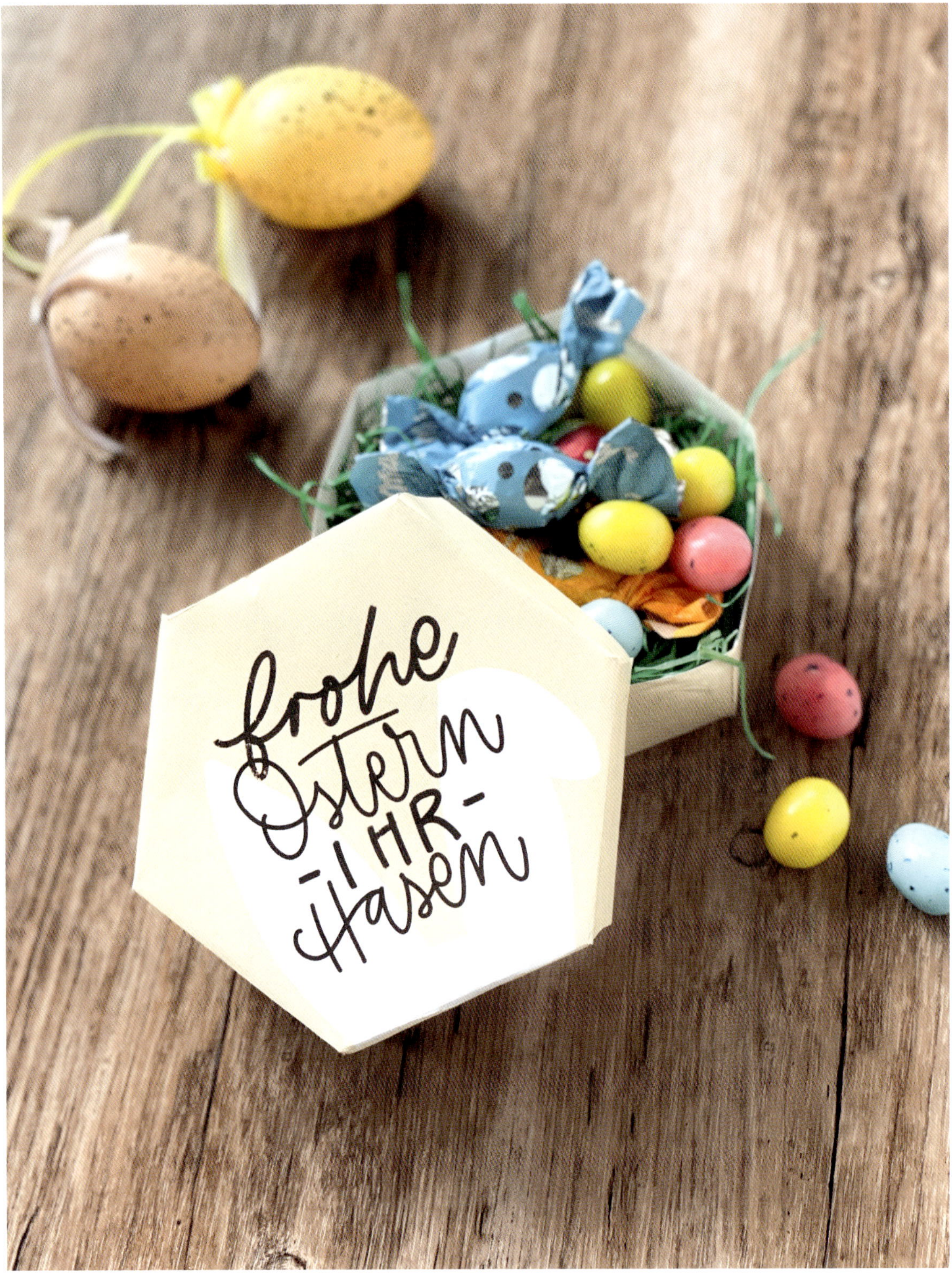
frohe
Ostern
-IHR-
Hasen

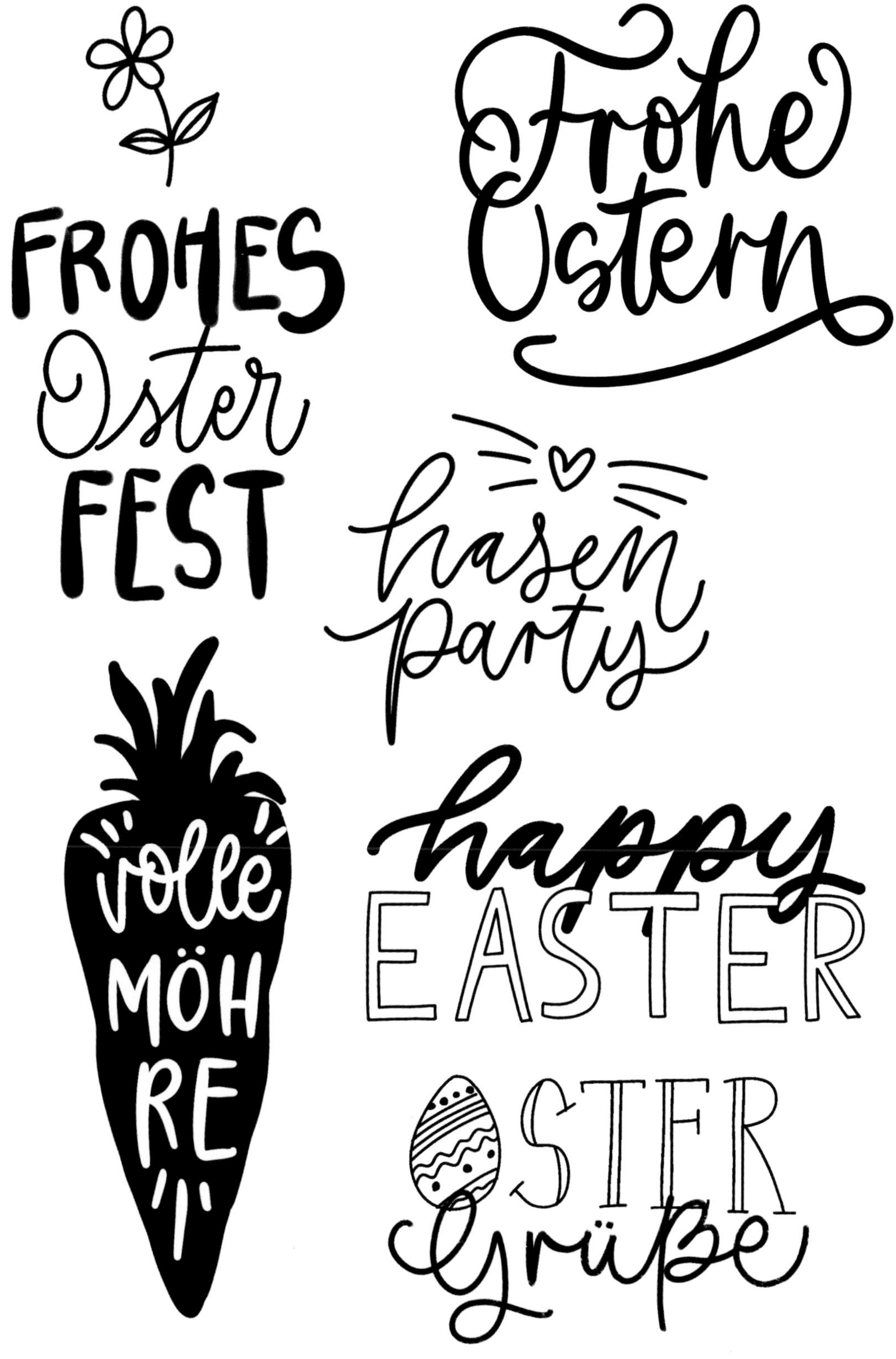
FROHES Oster FEST
Frohe Ostern
hasen party
volle MÖHRE
happy EASTER
OSTER grüße

Bunte Ostergrüße

Diese bunt gestalteten Ostereier sind ein richtiger Hingucker. Entweder du hängst dir die kunstvollen Eier als Deko in dein Heim oder pimpst dein Ostergeschenk damit auf.

MATERIAL

- Hühnereier
- Acrylspray oder -farbe
- Trinkglas
- Bleistift
- Acrylmarker
- Holzspieß

VORLAGE: SEITE 72

SO GEHT'S

1. Puste vorsichtig Hühnereier aus und stecke sie auf einen dünnen Holzspieß.

2. Grundiere deine ausgepusteten Hühnereier in einer Farbe deiner Wahl. Nutze dafür Acrylfarbe oder ein Acrylspray und halte sie dabei am Holzspieß fest. Stelle die Eier mit Abstand zueinander auf dem Holzspieß in ein Glas, damit sie ca. 1 Stunde trocknen können.

3. Skizziere dir erst mit einem Bleistift deinen Schriftzug mit Elementen auf dein buntes Ei.

4. Mit einem Acrylmarker kannst du nun deine Bleistiftstriche nachzeichnen. Stelle sie wieder auf einem Holzspieß in ein Glas, um die Farbe für eine weitere Stunde gut trocknen zu lassen.

TIPP

Hast du keine Acrylmarker zuhause, kannst du deine Vorlage auch mit einem schmalen Rundpinsel und Acrylfarbe nachziehen.

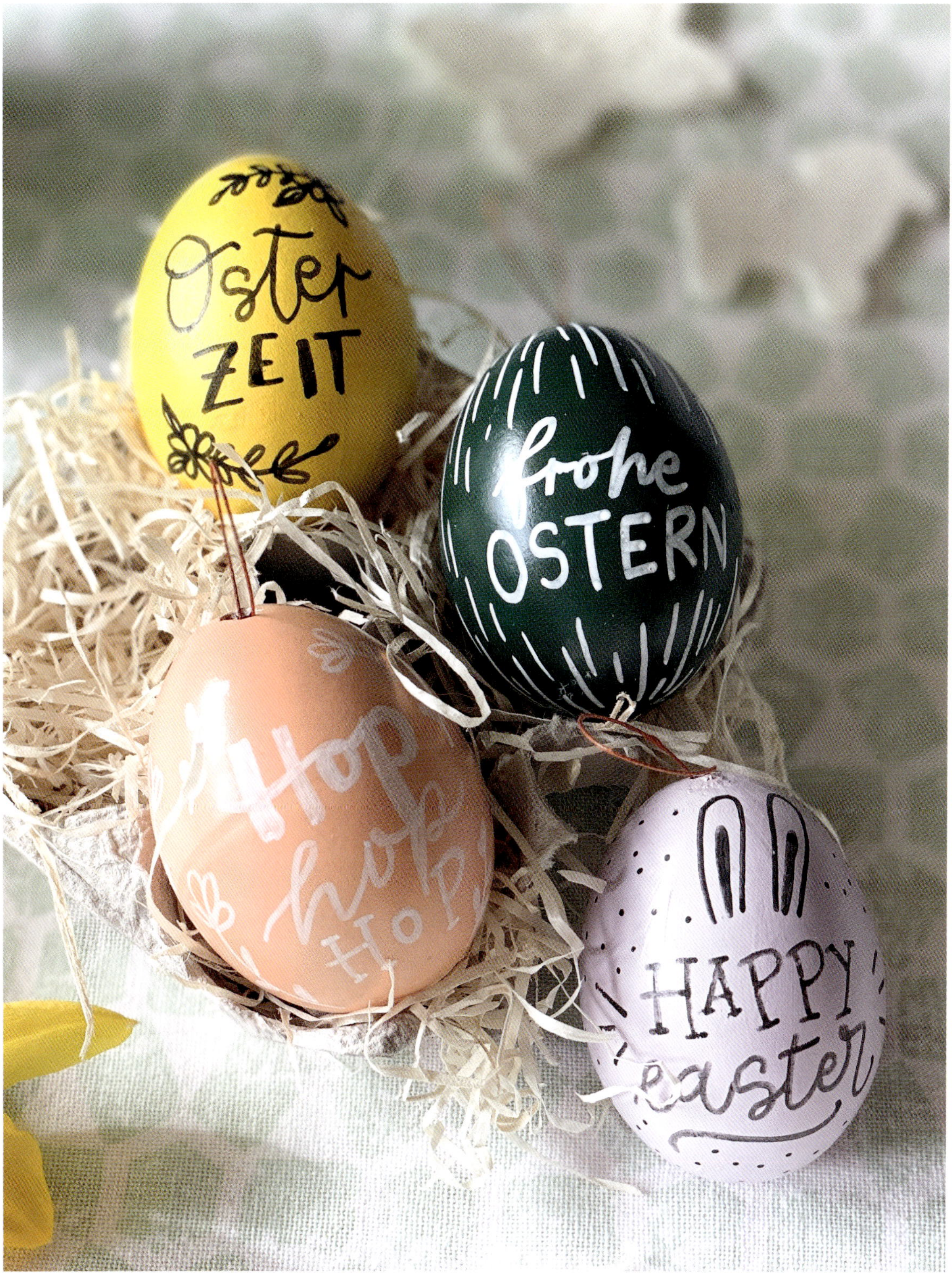
Oster
ZEIT
frohe
OSTERN
Hop
hop
HOP
HAPPY
easter

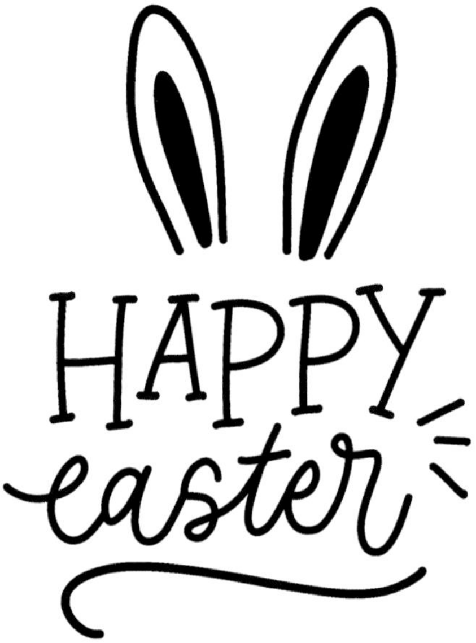
HAPPY
easter

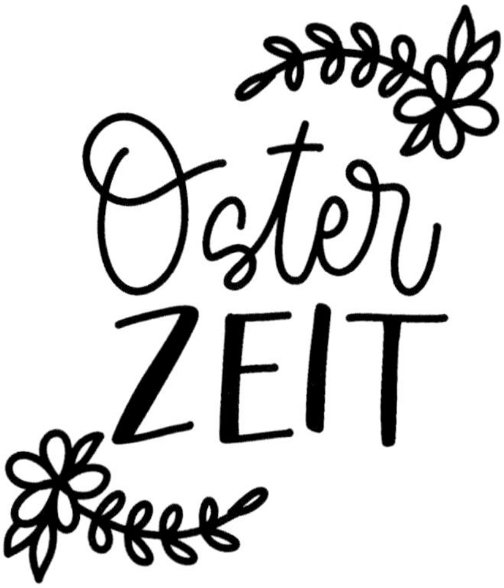
Oster
ZEIT

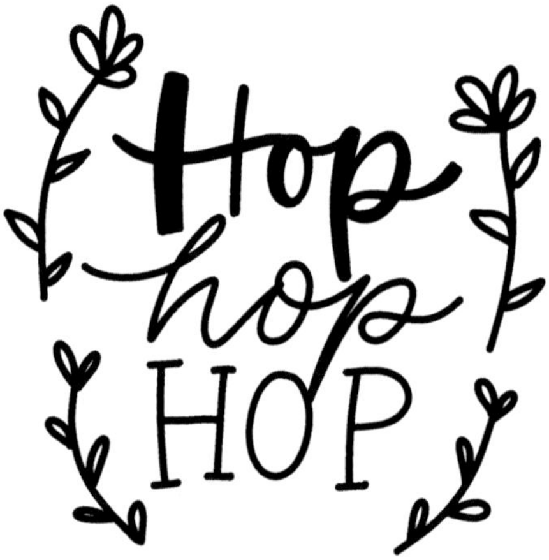
Hop
hop
HOP

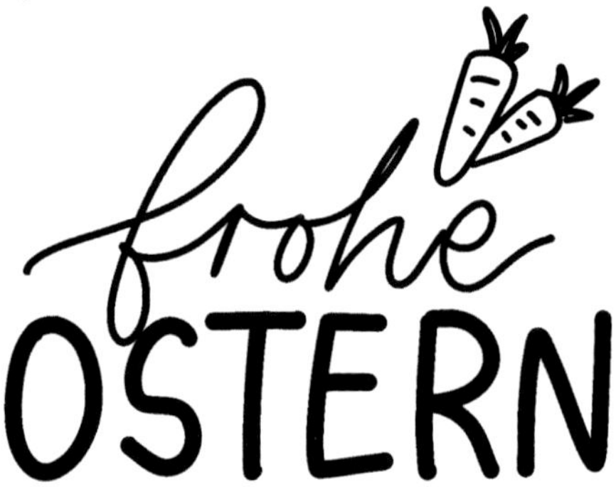
frohe
OSTERN

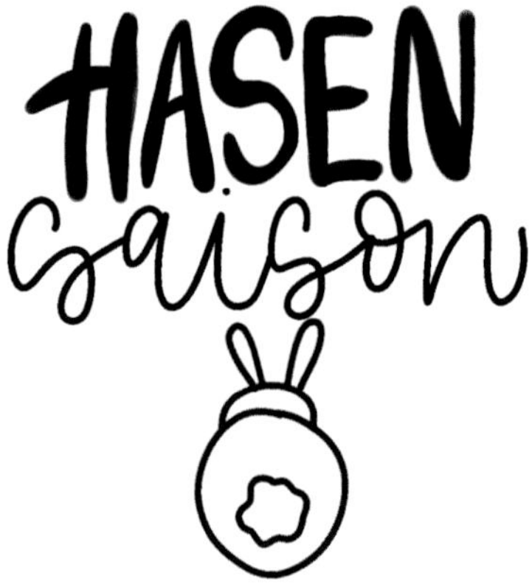
HASEN
saison

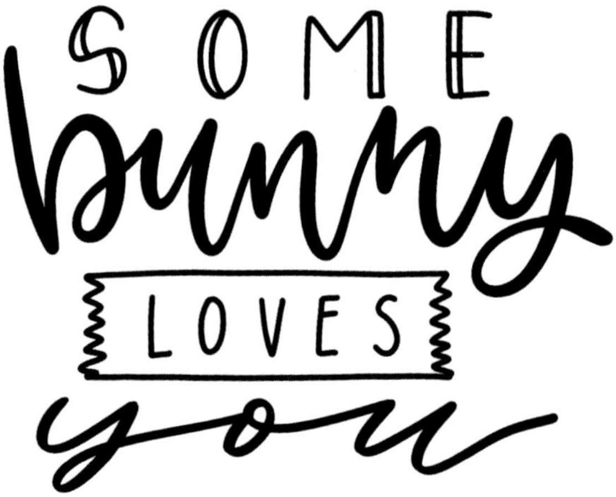
SOME
bunny
LOVES
you

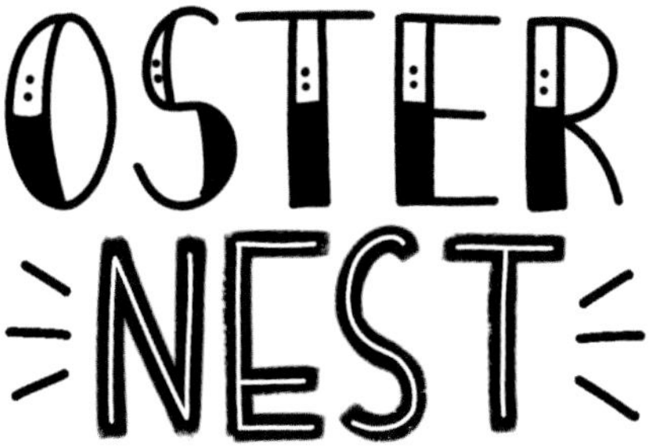
OSTER
NEST

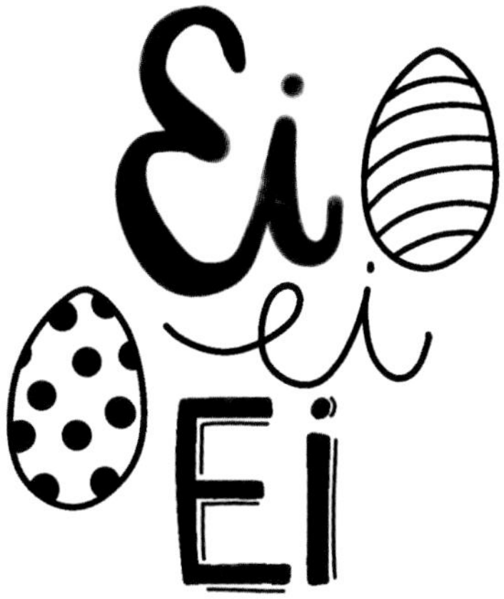
Ei
ei
Ei

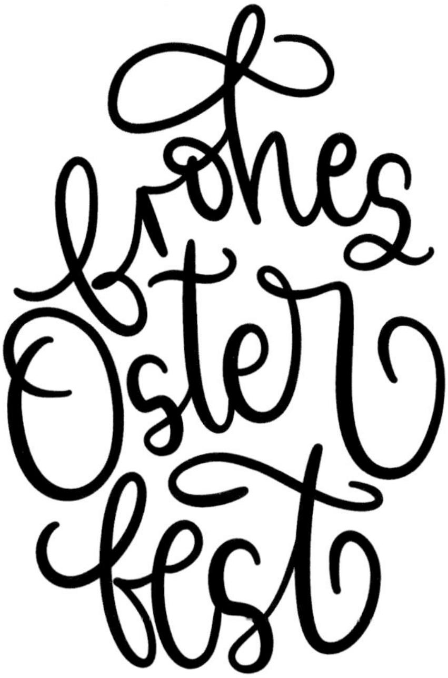
frohes
Osterfest

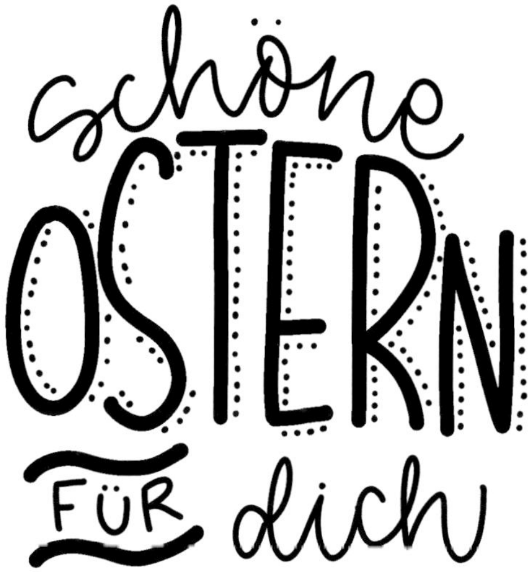
schöne
OSTERN
FÜR dich

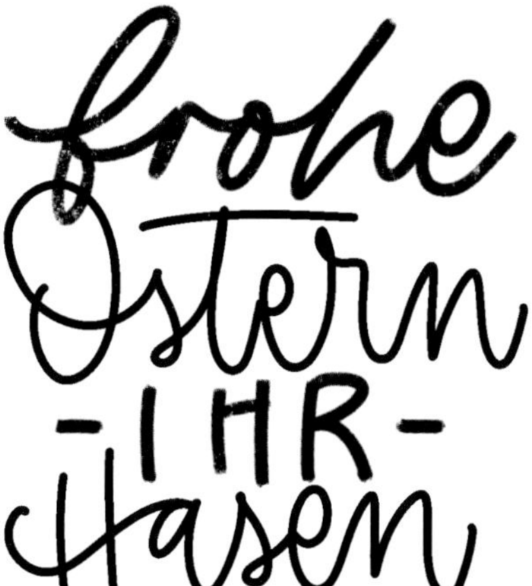
frohe
Ostern
-IHR-
Hasen

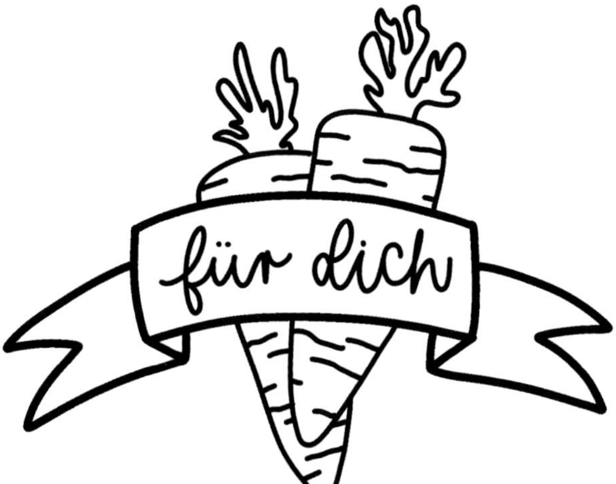
für dich

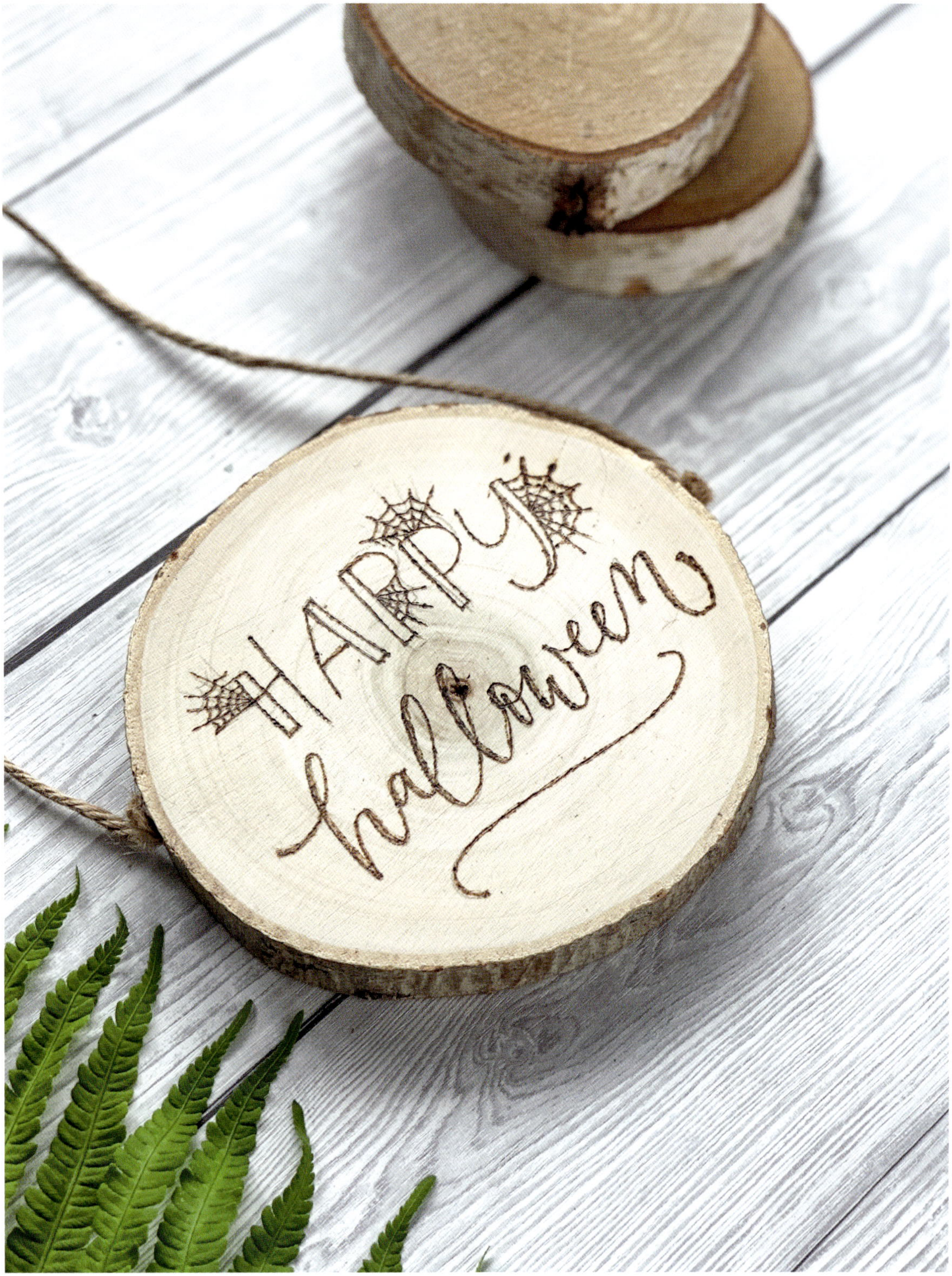
HAPPY
halloween

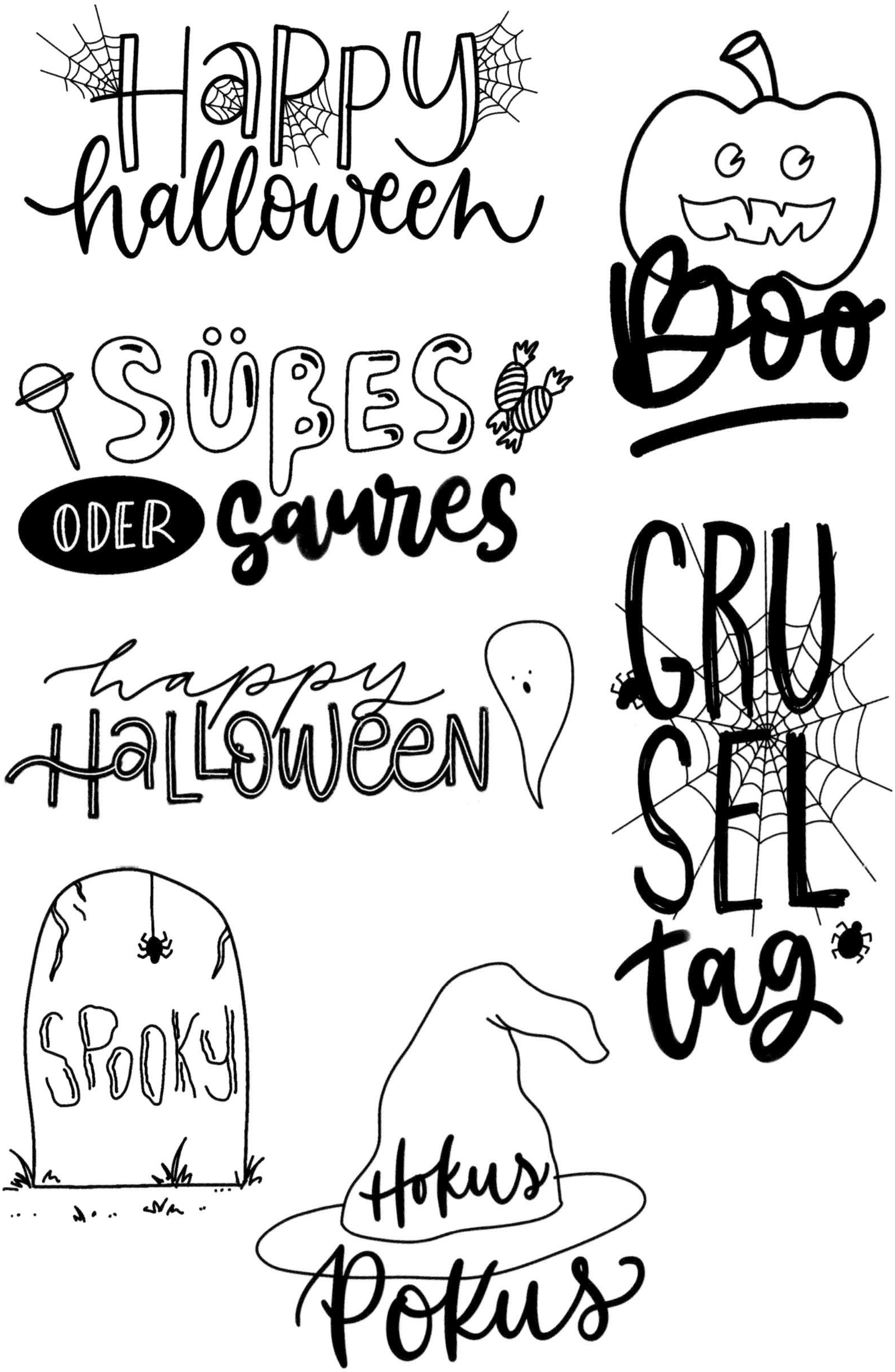
Happy halloween
Boo
Süßes oder saures
happy Halloween
GRU SEL tag
Spooky
Hokus Pokus

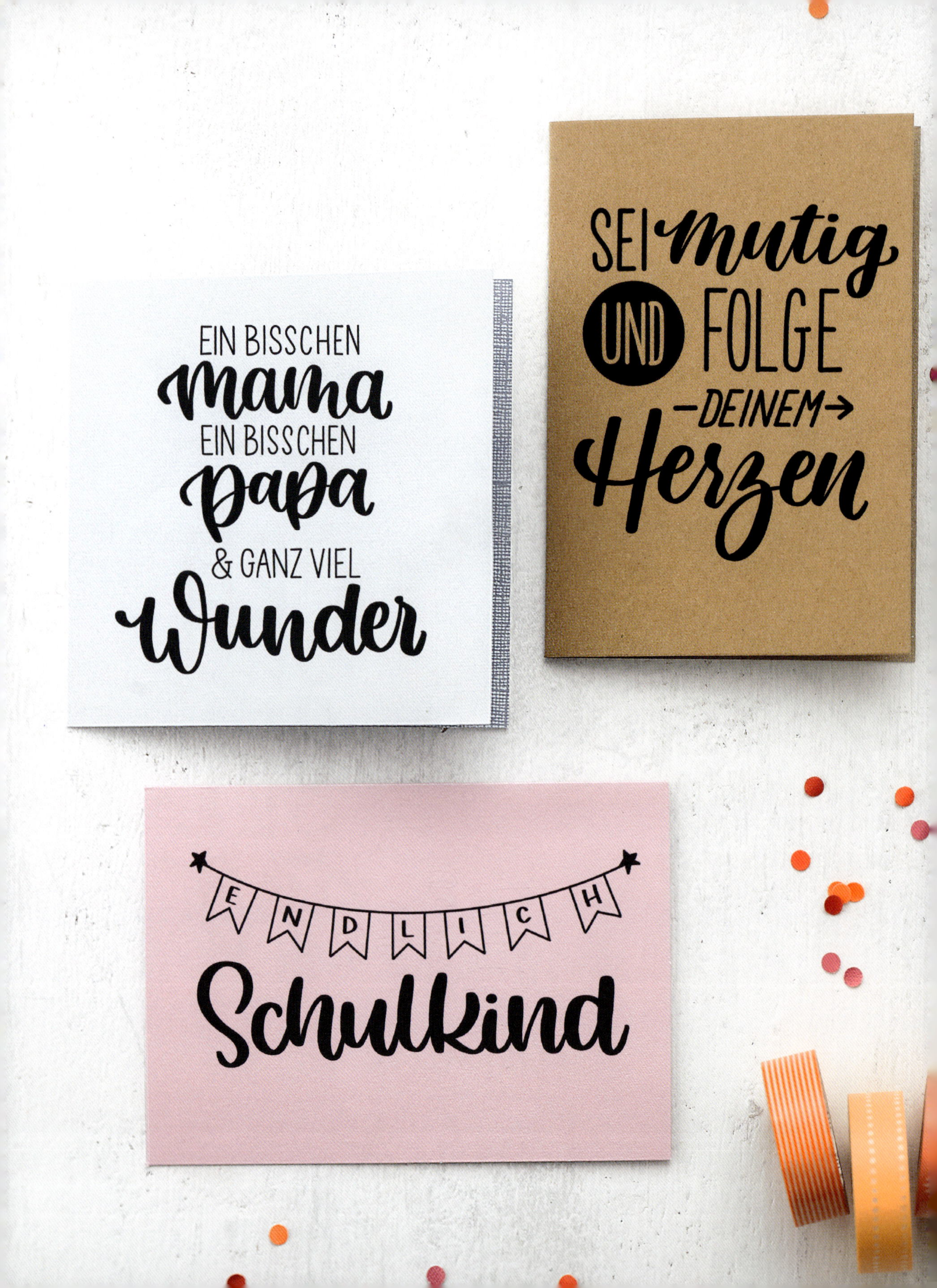
EIN BISSCHEN
Mama
EIN BISSCHEN
Papa
& GANZ VIEL
Wunder
SEI mutig
UND FOLGE
DEINEM
Herzen
ENDLICH
Schulkind

Familienfeste

Die Geburt eines Babys ist immer etwas Besonderes, macht sie doch aus zwei Menschen eine Familie oder sorgt dafür, dass die Familie größer wird. Wer die kleinen Herzensbrecher auf ihrem Weg ins und durchs Leben begleiten möchte, kann aus vielen liebevollen Ideen – von der Taufkerze über den Baby-Body bis hin zu Glückwünschen zu Einschulung, Kommunion oder Konfirmation – die schönsten auswählen und sich ans Werk machen. Und wer ein Geschenk für Mama und Papa sucht, wird ebenfalls fündig!

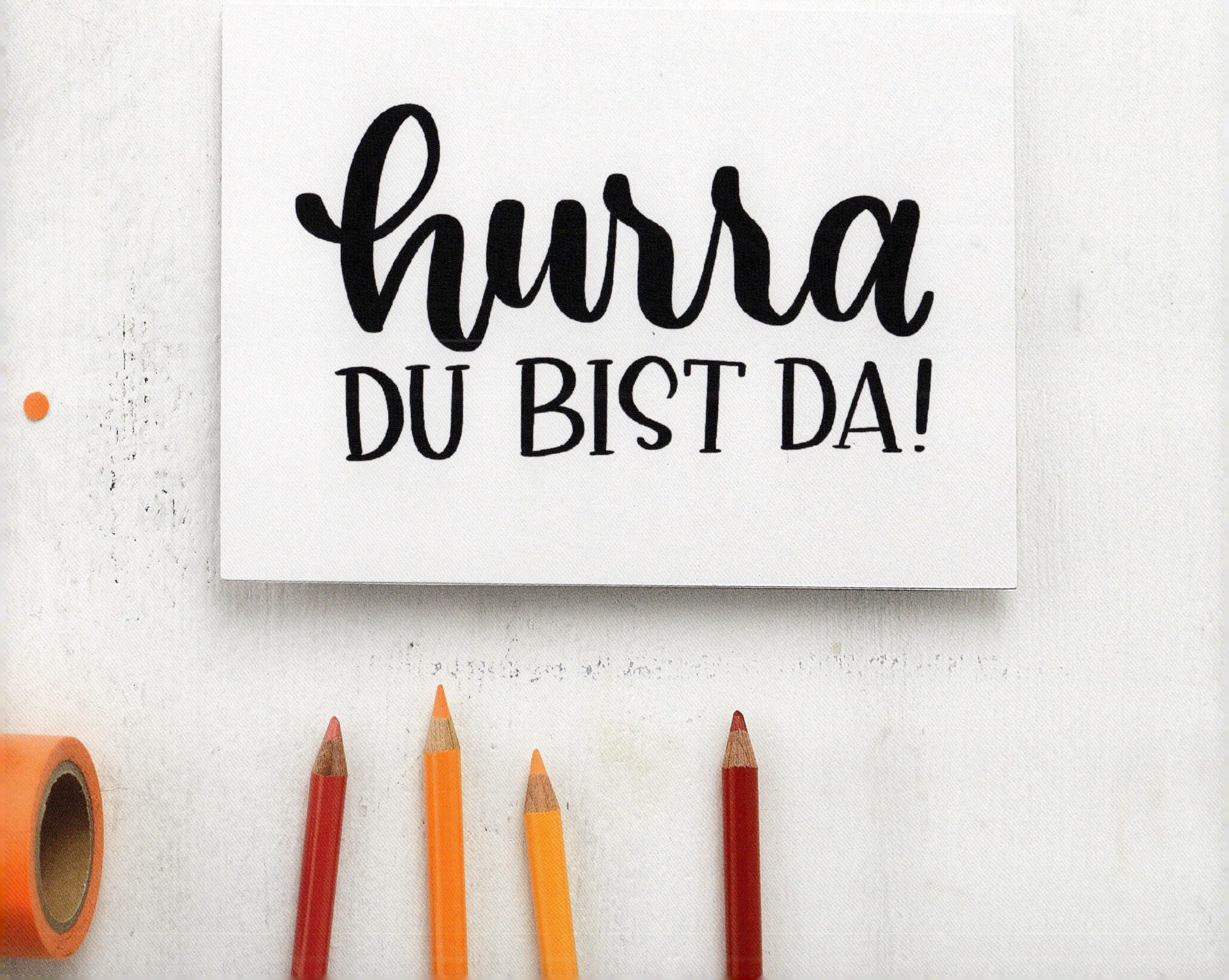

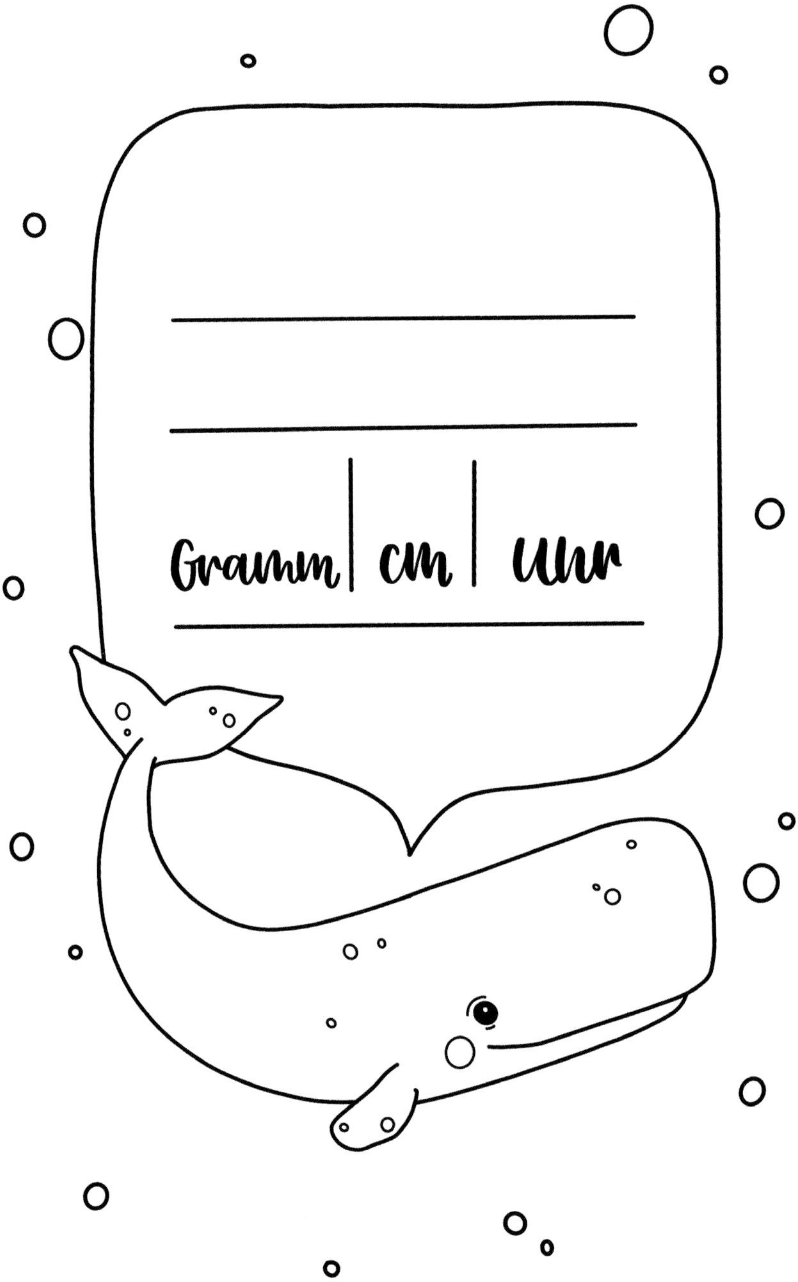
Gramm
cm
Uhr

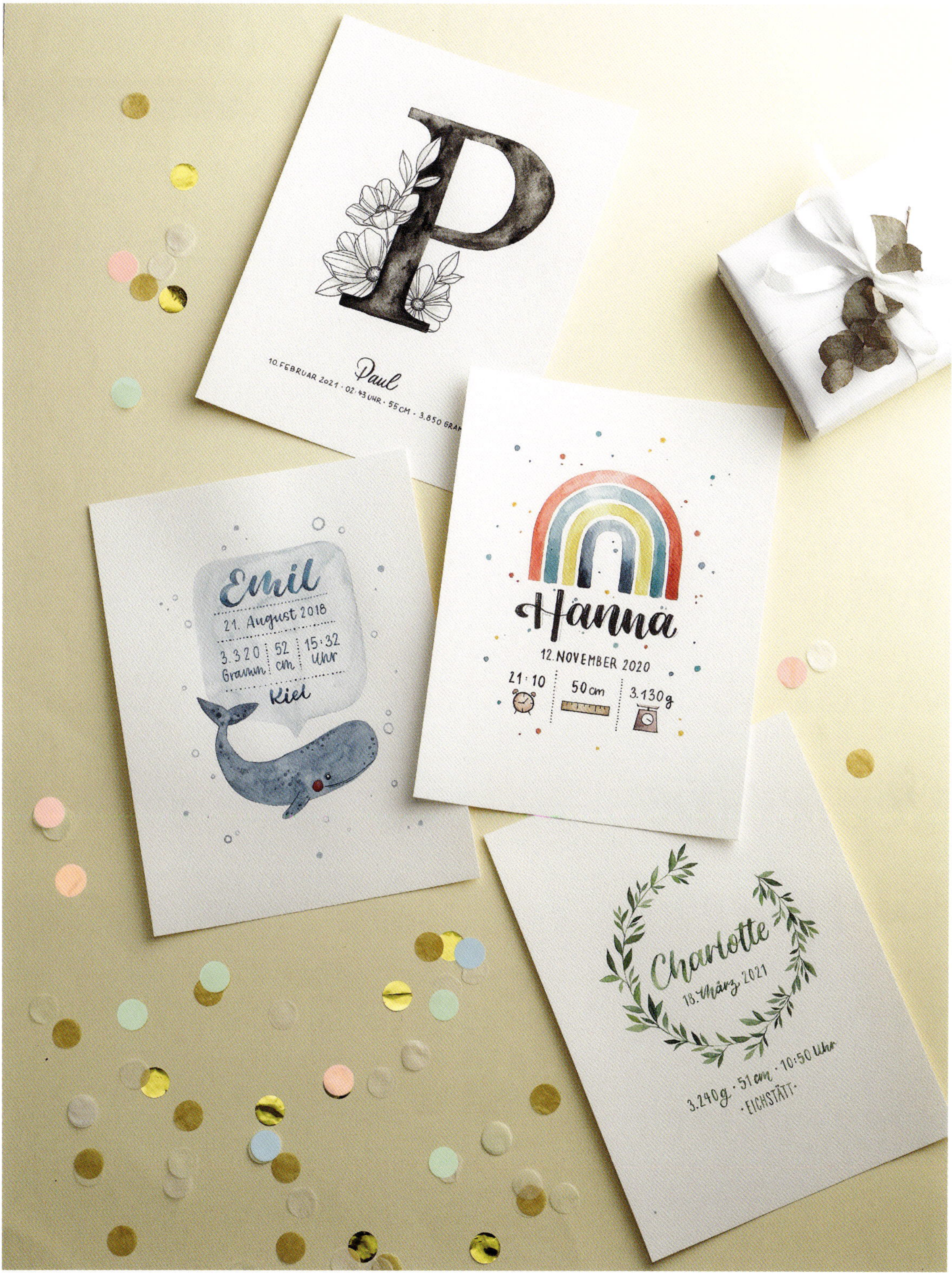
Paul
10. FEBRUAR 2021 · 02:43 UHR · 55 CM · 3.850 GRAMM
Emil
21. August 2018
3.320 Gramm
52 cm
15:32 Uhr
Kiel
Hanna
12. NOVEMBER 2020
21:10
50 cm
3.130 g
Charlotte
18. März 2021
3.240 g · 51 cm · 10:50 Uhr
· EICHSTÄTT ·

Januar
Februar
März
April
Mai
Juni
Juli
August
September
Oktober
November
Dezember

1 2 3 4 5 6 7 8 9 0

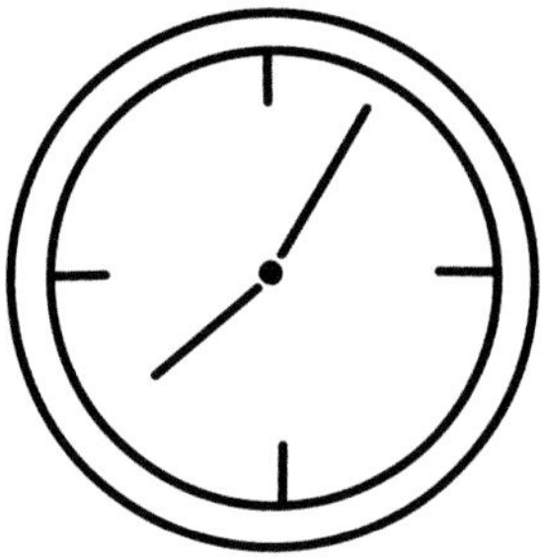

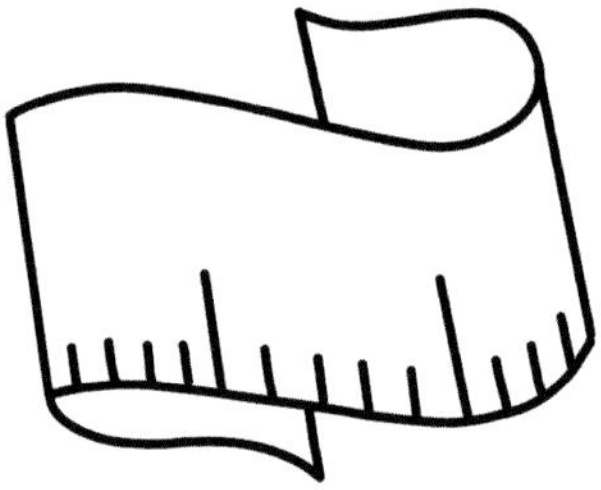

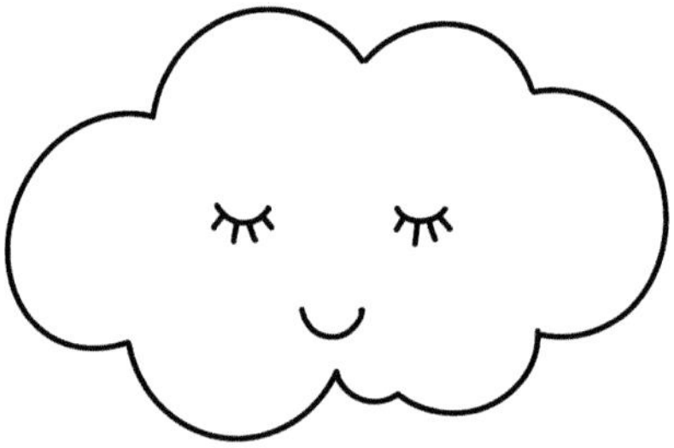

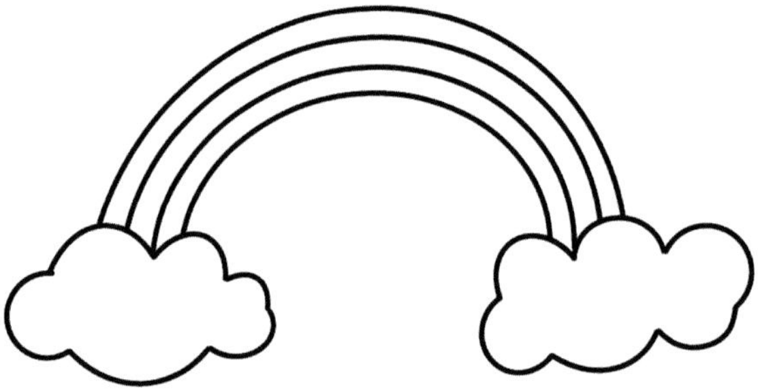

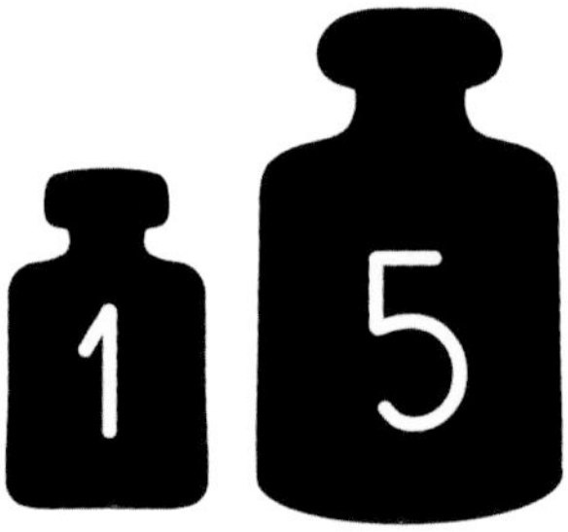

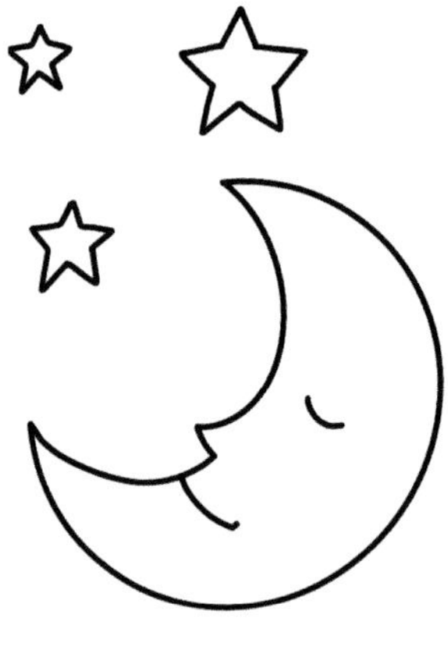

IT'S A
Boy

IT'S A
Girl

Schön, dass Du da bist!

EIN BISSCHEN
Mama
EIN BISSCHEN
Papa
& GANZ VIEL
Wunder

Willkommen auf der Welt

Babybody

Ein Babybody ist ein beliebtes Geschenk für junge Eltern. Dieser selbstgestaltete Body kommt nicht nur besonders gut an, sondern wird auch später zum schönen Erinnerungsstück.

MATERIAL

- Babybody aus Baumwolle
- Stoffmalstift oder Stoffmalfarbe
- Bügeleisen zum Fixieren
- Bleistift
- Fester Pappkarton

TIPP

Trefft euch zu einer Baby-Party und malt gemeinsam ein paar Babybodies an.

SO GEHT'S

1. Übertrage dein Motiv vorsichtig mit Bleistift auf den Body.
2. Bevor es ans Ausmalen geht, steckst du den Pappkarton in den Body. So hast du einen festen Untergrund zum Malen und nichts kann durchdrücken.
3. Male nun dein Motiv aus. Ganz egal ob mit Stiften oder Farbe und Pinsel.
4. Lass alles gut trocknen und fixiere dann die Farbe laut Anleitung auf der Stoffmalfarbe.

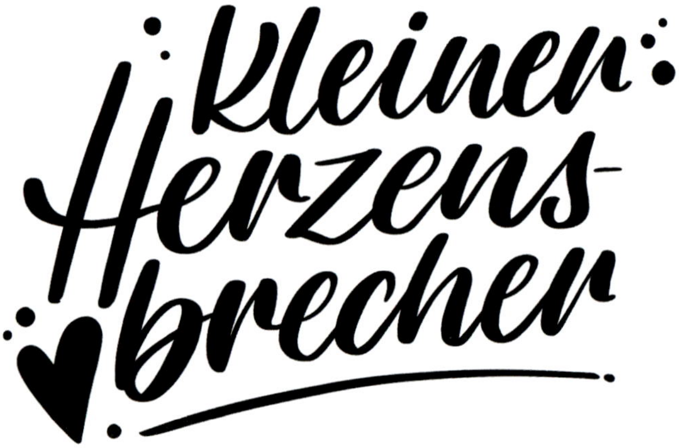

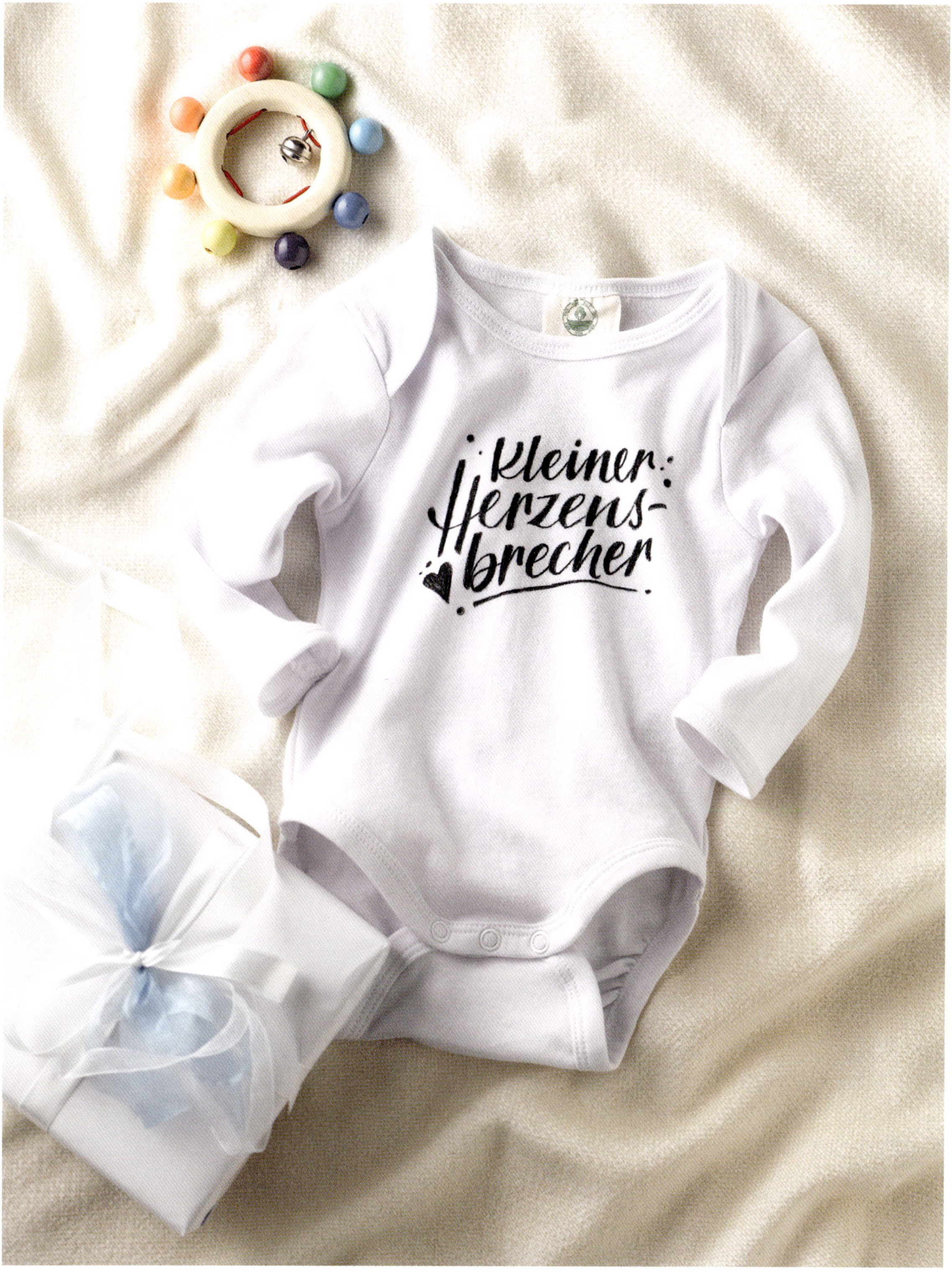
Kleiner
Herzens-
brecher

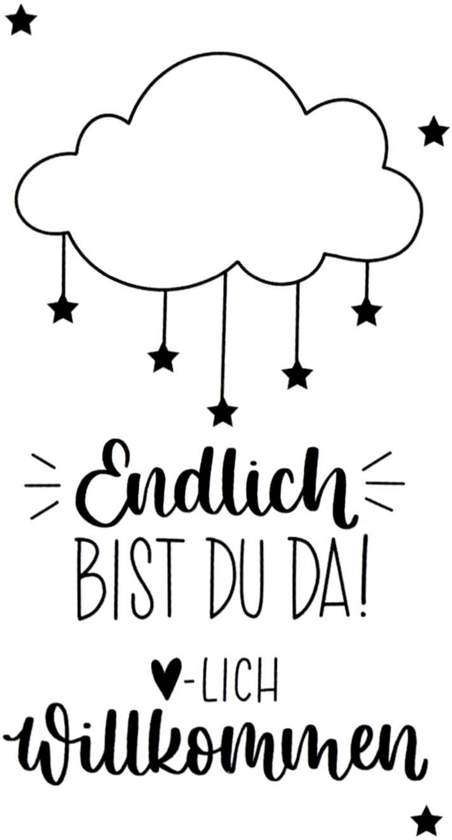
Endlich
BIST DU DA!
♥-LICH
Willkommen

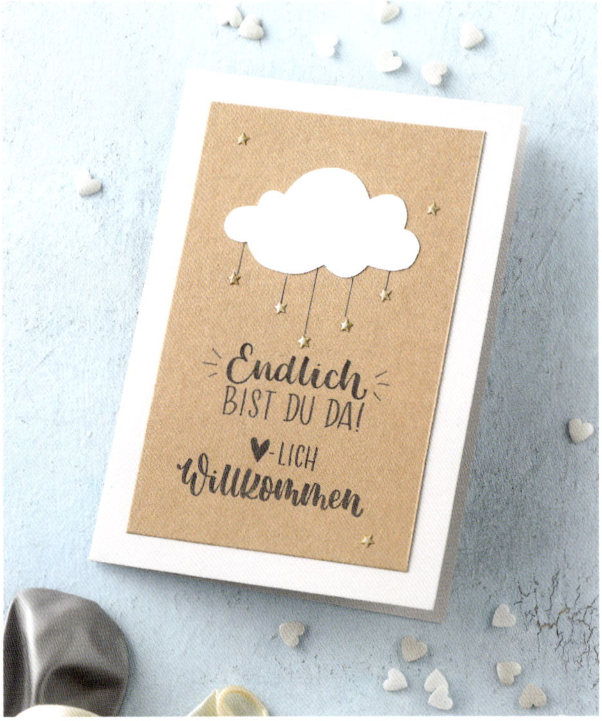
Endlich
BIST DU DA!
♥-LICH
Willkommen

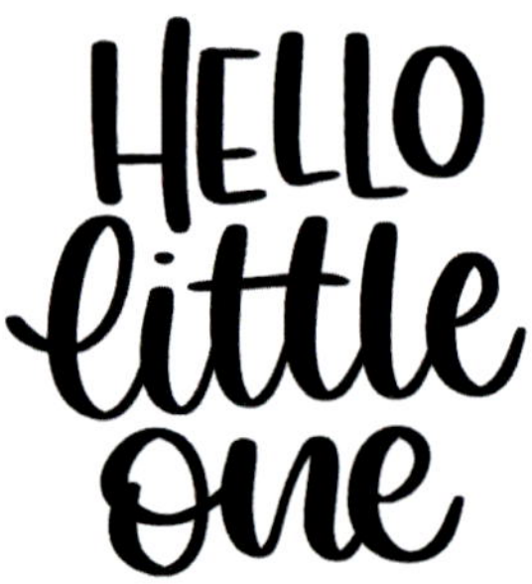
HELLO
little
one

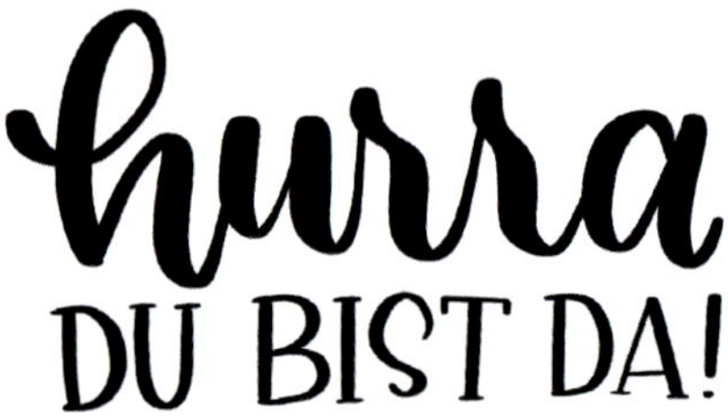
hurra
DU BIST DA!

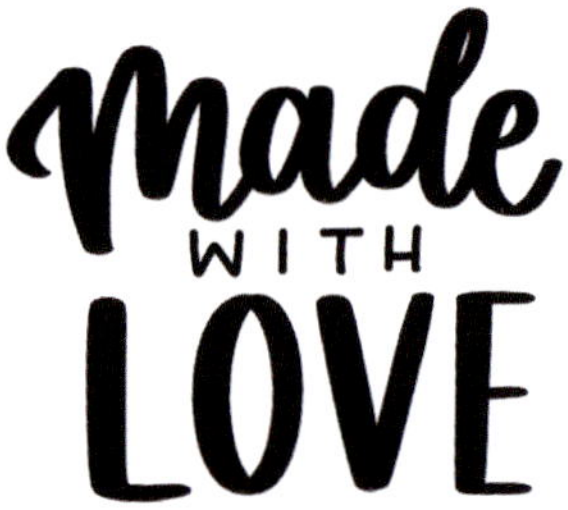
Made
WITH
LOVE

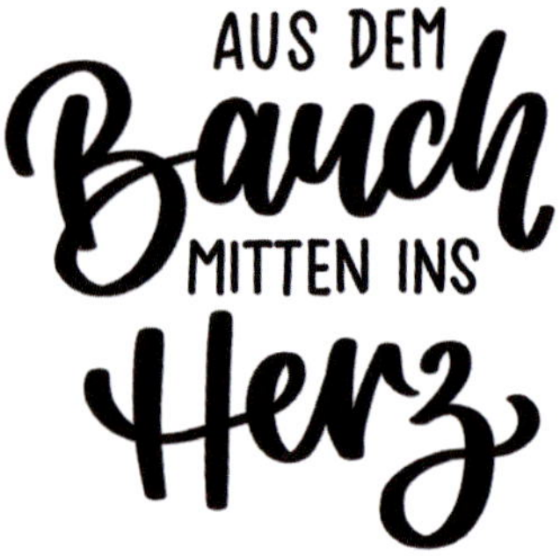
AUS DEM
Bauch
MITTEN INS
Herz

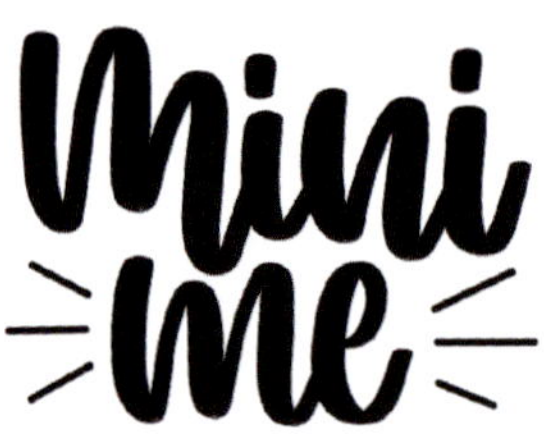
mini
me

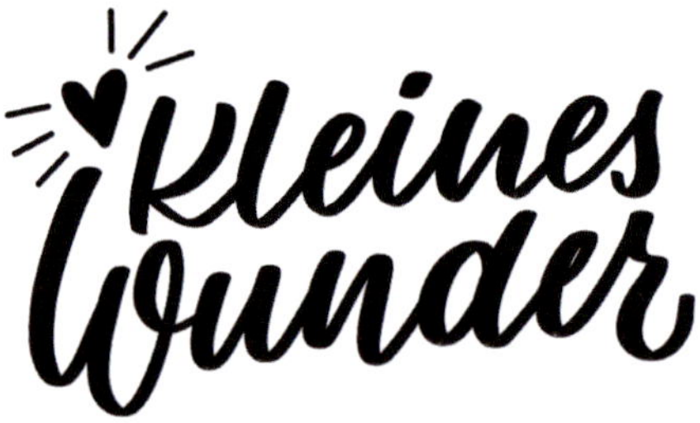
Kleines
Wunder

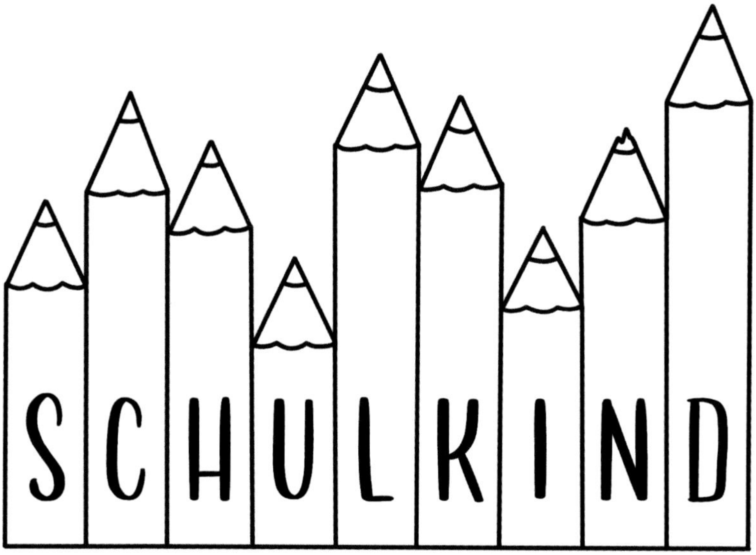

ICH
komme
in die
SCHULE

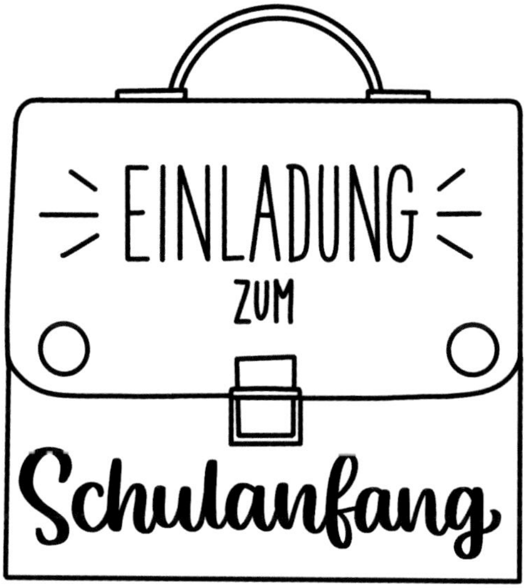

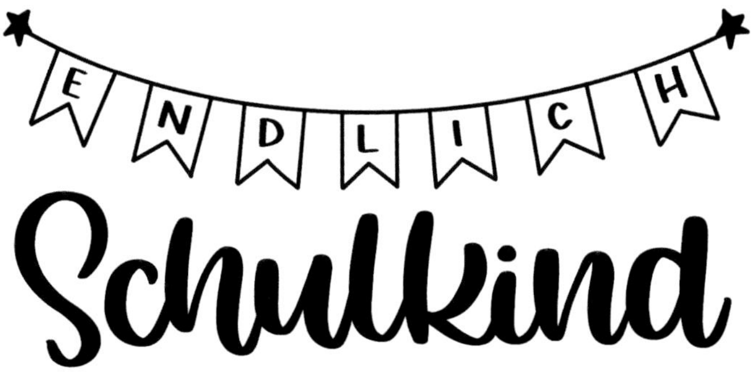

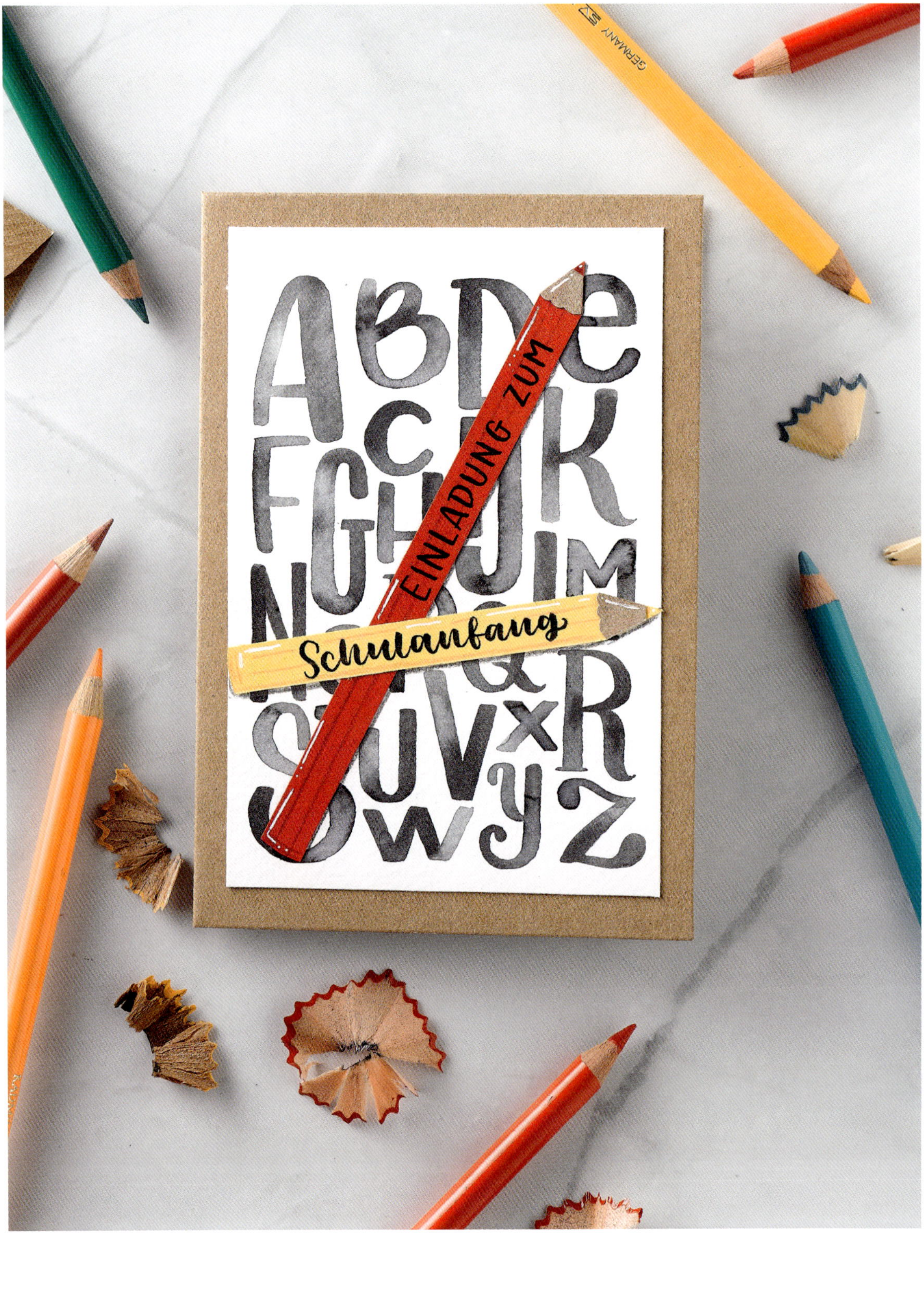
EINLADUNG ZUM
Schulanfang

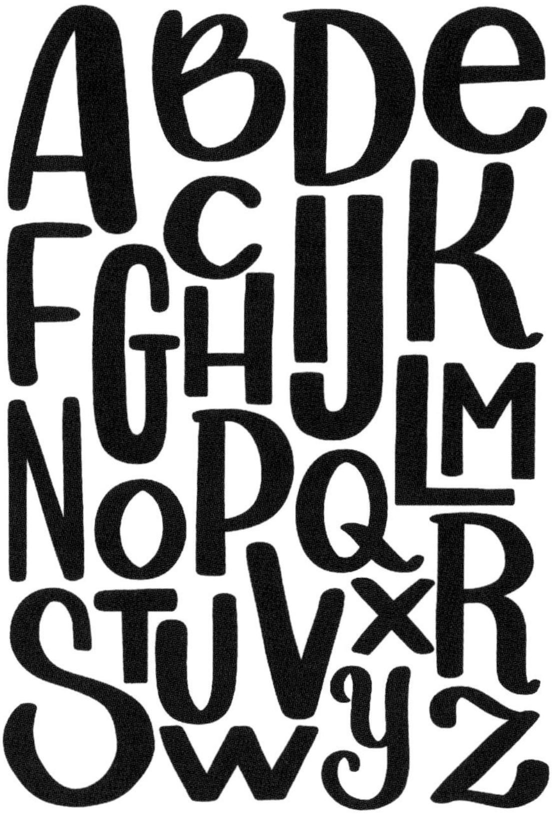

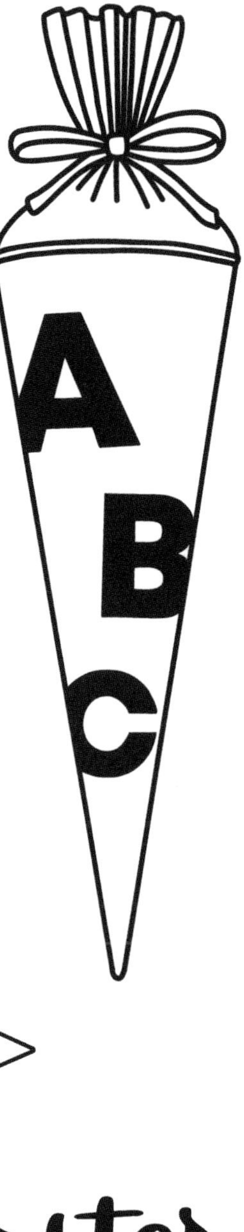

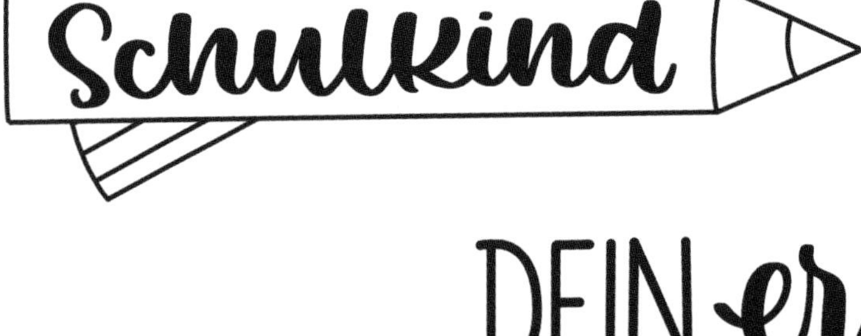

DEIN erster
Schultag

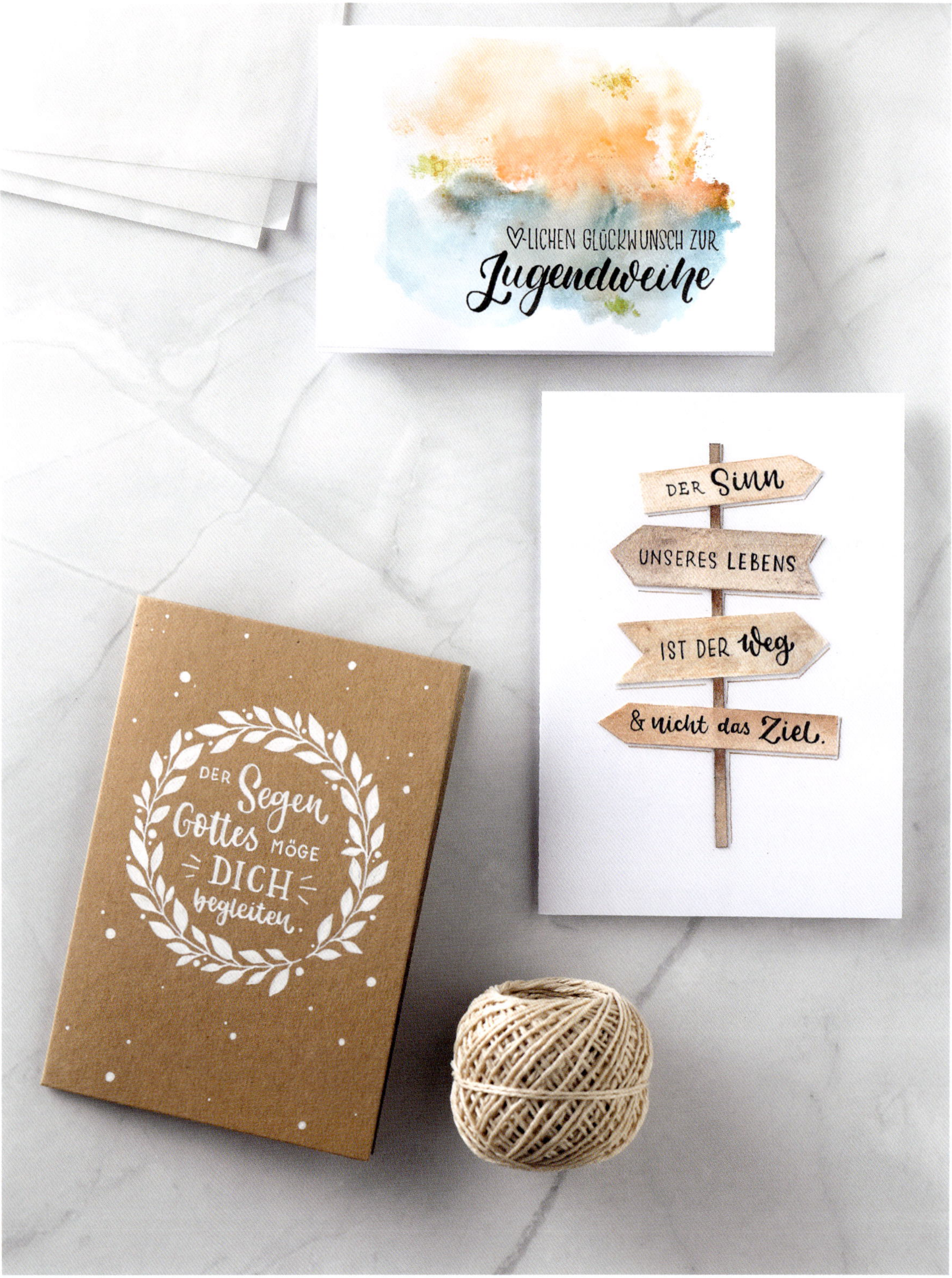
♡-LICHEN GLÜCKWUNSCH ZUR
Jugendweihe
DER Sinn
UNSERES LEBENS
IST DER Weg
& nicht das Ziel.
DER Segen
Gottes MÖGE
DICH
begleiten.

Willkommen
IN DER ERWACHSENENWELT

SEI mutig UND FOLGE
– DEINEM →
Herzen

ALLES LIEBE
ZUR
Jugendweihe

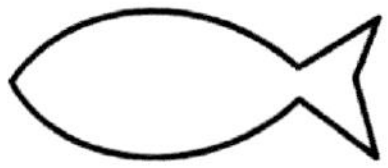

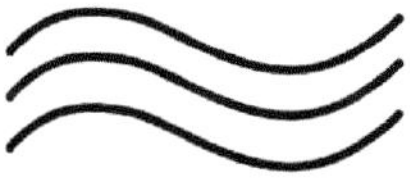

ZU deinem
BESONDEREN
Tag

Gottes
Segen
ZUR

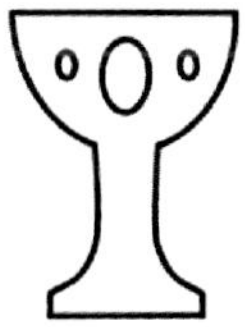

Taufe

Konfirmation

Kommunion

Firmung

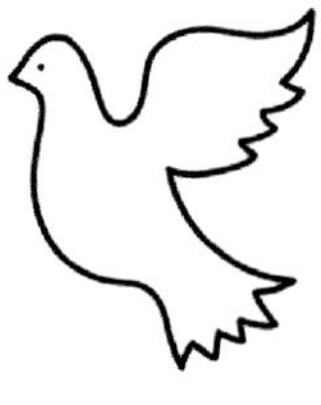

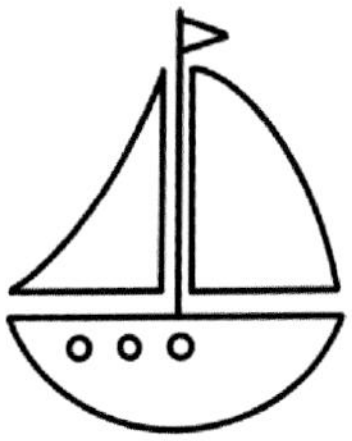

Taufkerze

Du suchst nach einem einzigartigen Geschenk für eine Taufe? Deine selbstgeletterte Taufkerze ist garantiert einzigartig und wird einen besonderen Platz bekommen.

MATERIAL

- Stumpenkerze
- Seidenpapier
- Buntstifte
- Schere
- Backpapier
- Heißluftföhn

VORLAGEN: SEITE 89, SEITE 92

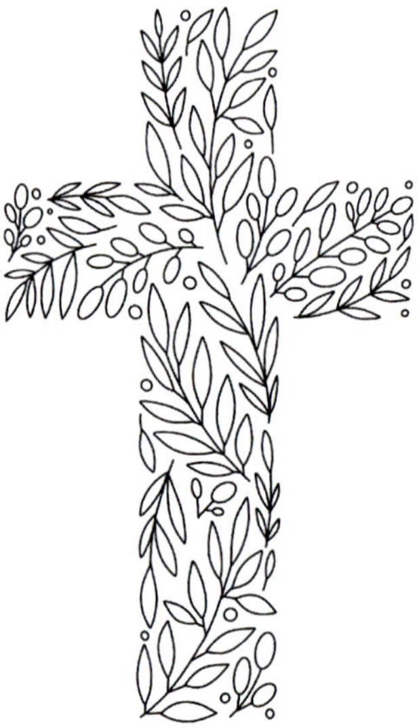

SO GEHT'S

1. Male dein Motiv vorsichtig auf das Seidenpapier. Male am besten auf die glatte Seite des Papiers. Teste vorher auf einem Seidenpapier-Rest, wie sehr du mit den Stiften aufdrücken kannst.
2. Schneide nun das Motiv aus. Lass um das Motiv etwas Rand stehen.
3. Positioniere es nun auf der Kerze und umwickle nun alles fest mit Backpapier. Achte darauf, dass das Seidenpapier nicht verrutscht.
4. Föhne mit dem Heißluftföhn entlang deines Seidenpapier-Motivs. Achte darauf, dass du nicht zu lange auf die gleiche Stelle föhnst, da das Wachs sonst zu weich wird und die Kerze sich verformt.
5. Nach kurzer Zeit kannst du beobachten, wie das Wachs weich wird und mit deiner Zeichnung verschmilzt. Es sollte am Ende eine dünne Schicht Wachs auf deinem Bild sein.
6. Ziehe das Backpapier vorsichtig ab. Sollten dabei Wachsreste hängen bleiben, föhne kurz heiß nach.

HINWEIS

Die Kerze ist eher zu dekorativen Zwecken geeignet. Wenn du die Kerze brennen lassen willst, sei immer dabei!

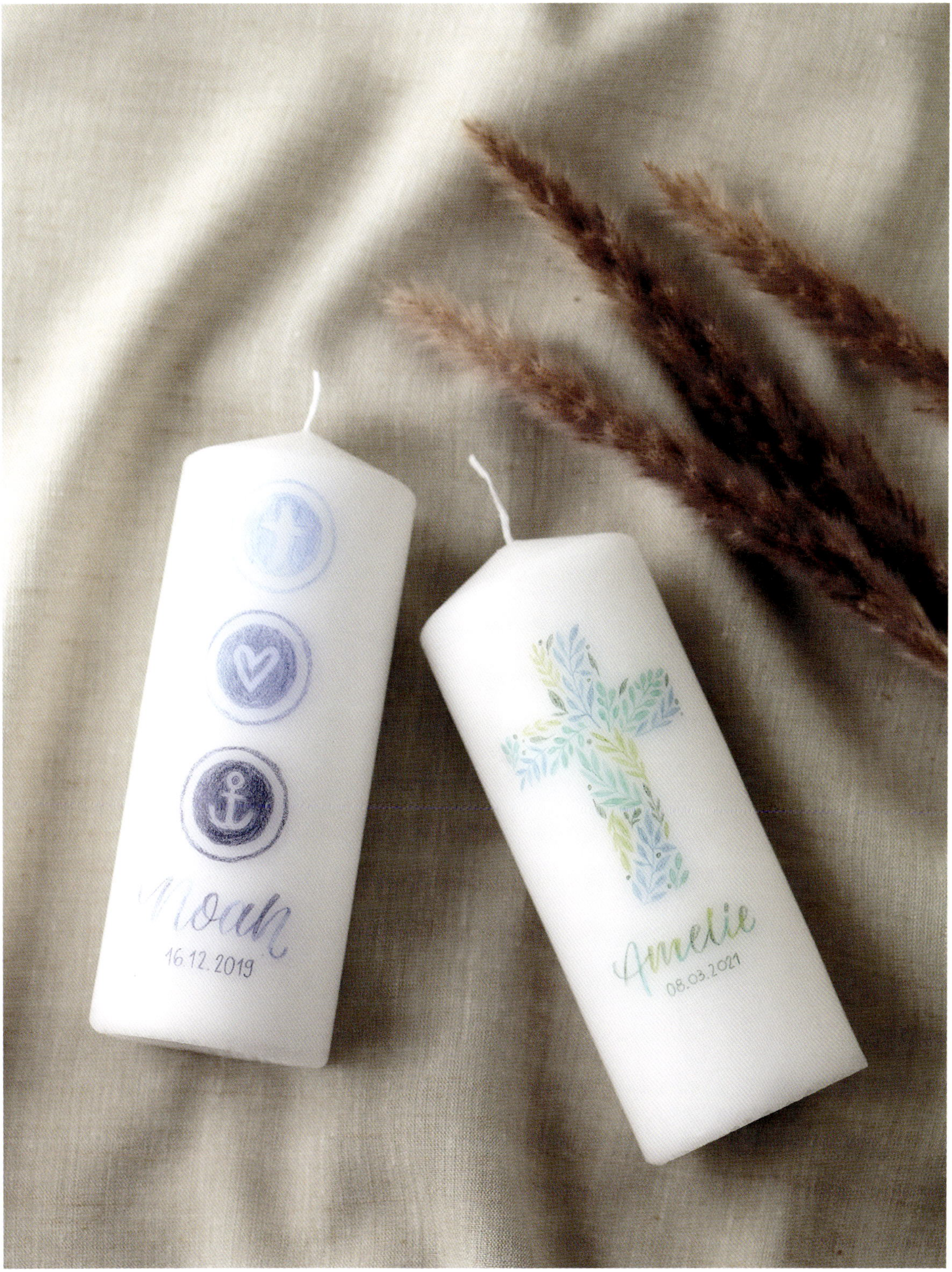
Noah
16.12.2019
Amelie
08.03.2021

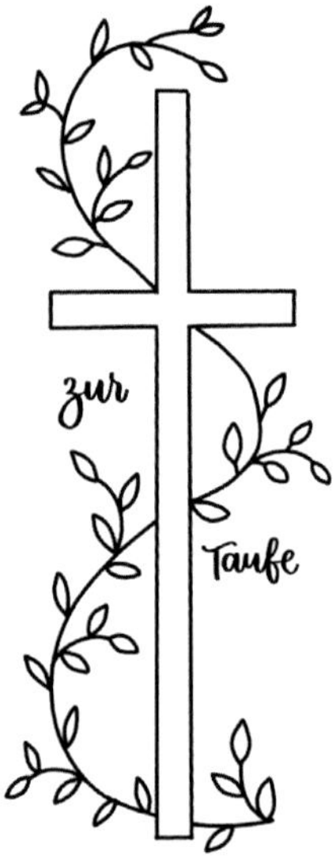
zur
Taufe

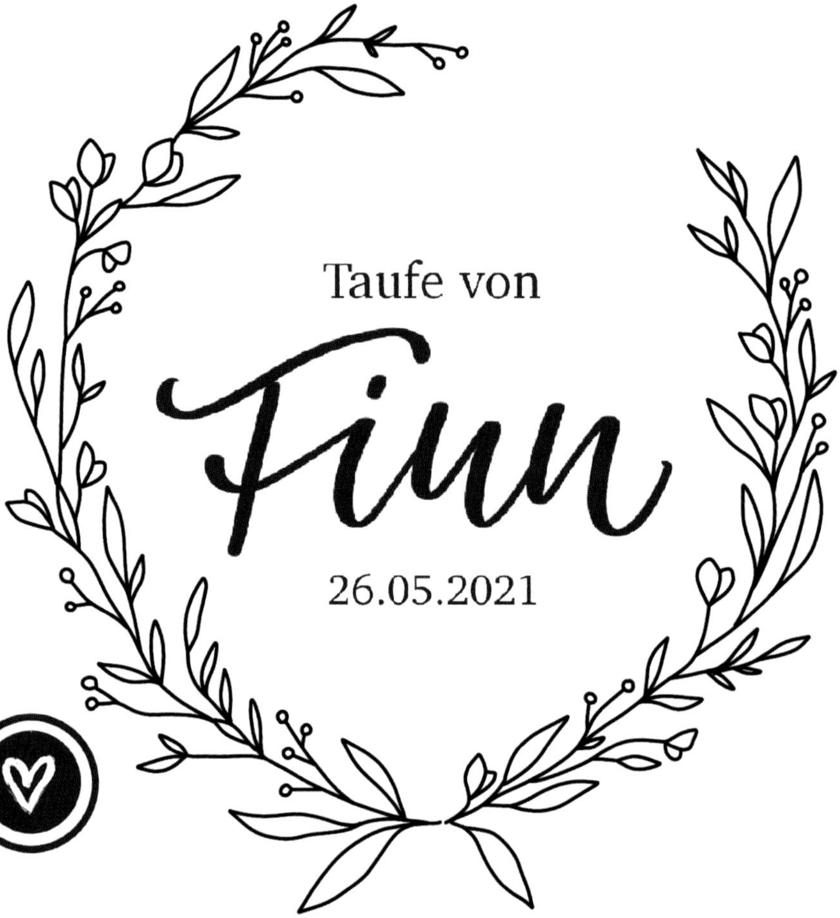
Taufe von
Finn
26.05.2021

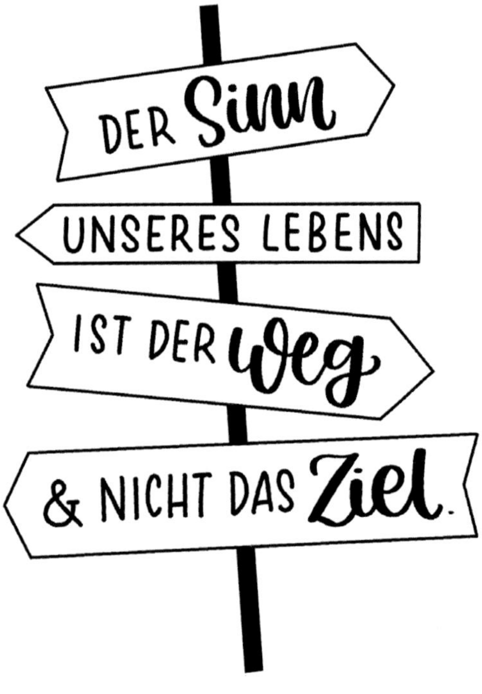
DER Sinn
UNSERES LEBENS
IST DER Weg
& NICHT DAS Ziel.

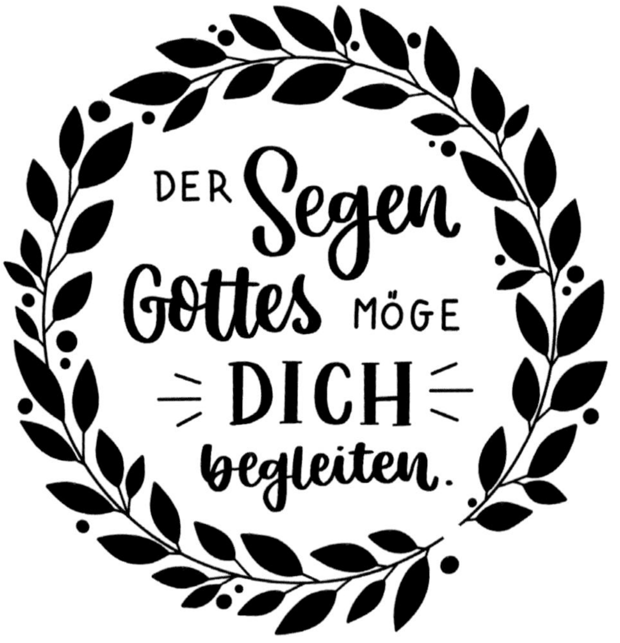
DER Segen
Gottes MÖGE
DICH
begleiten.

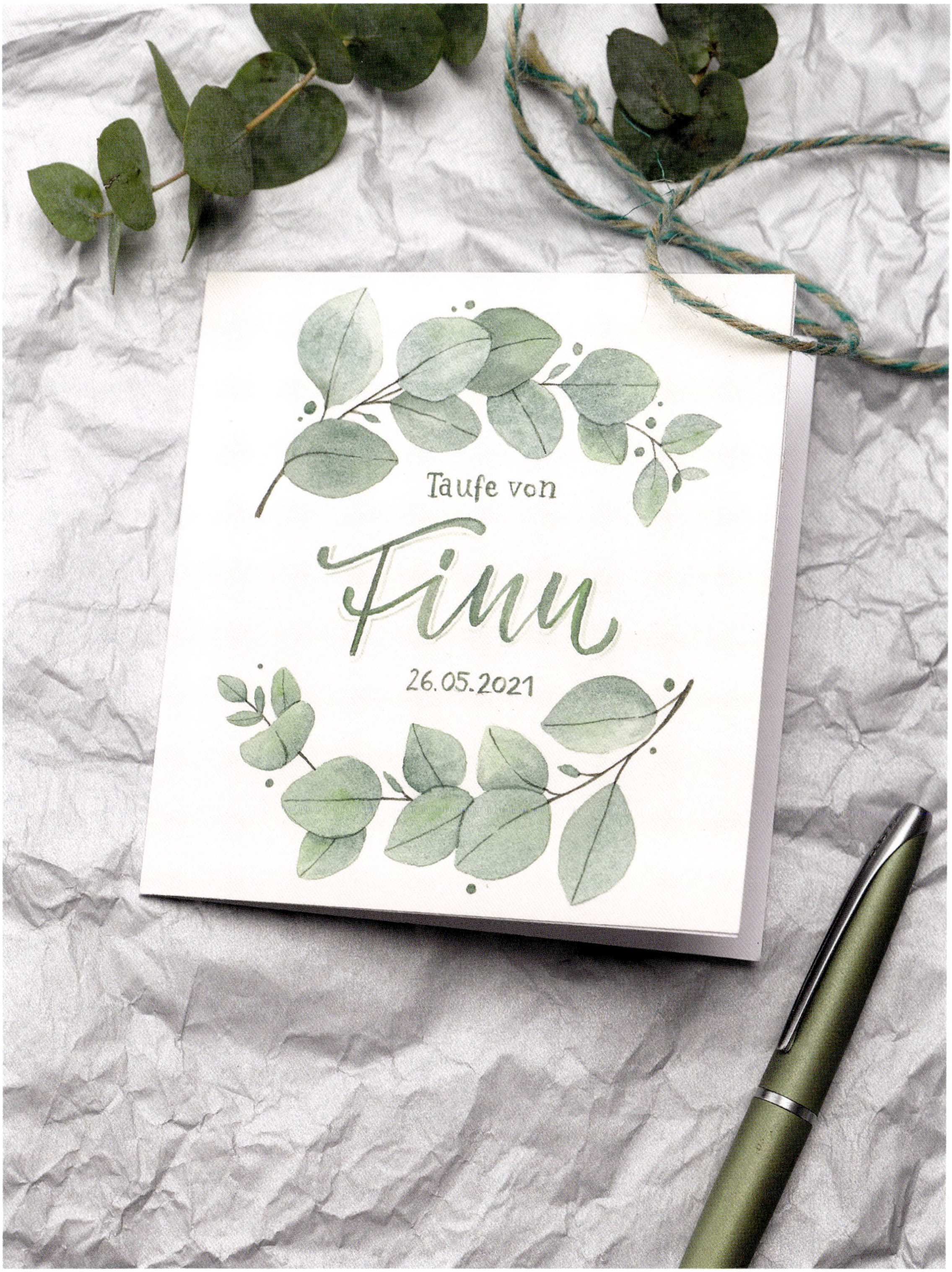
Taufe von
Finn
26.05.2021

Tasse Vatertag/Muttertag

Klar, ein auswendig gelerntes Gedicht gehört zum Mutter- oder Vatertag einfach dazu. Genauso schön sind aber selbstgebastelte Geschenke von den Kleinen, wie zum Beispiel diese Tassen.

MATERIAL

- Tasse aus Porzellan oder Emaille
- Porzellan-Malstifte
- Backofen
- Bleistift

VORLAGEN: SEITE 96/97

SO GEHT'S

1. Bevor du das Motiv auf die Tasse malst, reinigst du die Tasse gründlich mit Spülmittel oder in der Spülmaschine, bis sie frei von Staub und Fettresten ist.
2. Übertrage das Motiv auf die Tasse. Dafür schraffierst du die Rückseite des Papiers deiner Vorlage und fixierst es auf der Tasse. Fahre nun auf der Vorderseite die Konturen nach.
3. Male dann das Motiv mit den Porzellan-Malstiften auf die Tasse.
4. Die Farbe auf den Tassen fixierst du im Backofen. Halte dich dabei an die Vorgaben, die du auf deinen Stiften findest.

TIPP

Zwar halten die Motive auch ein paar Gänge in der Spülmaschine aus, aber damit Mama oder Papa länger Freude an der Tasse haben, sollte sie besser mit der Hand gespült werden.

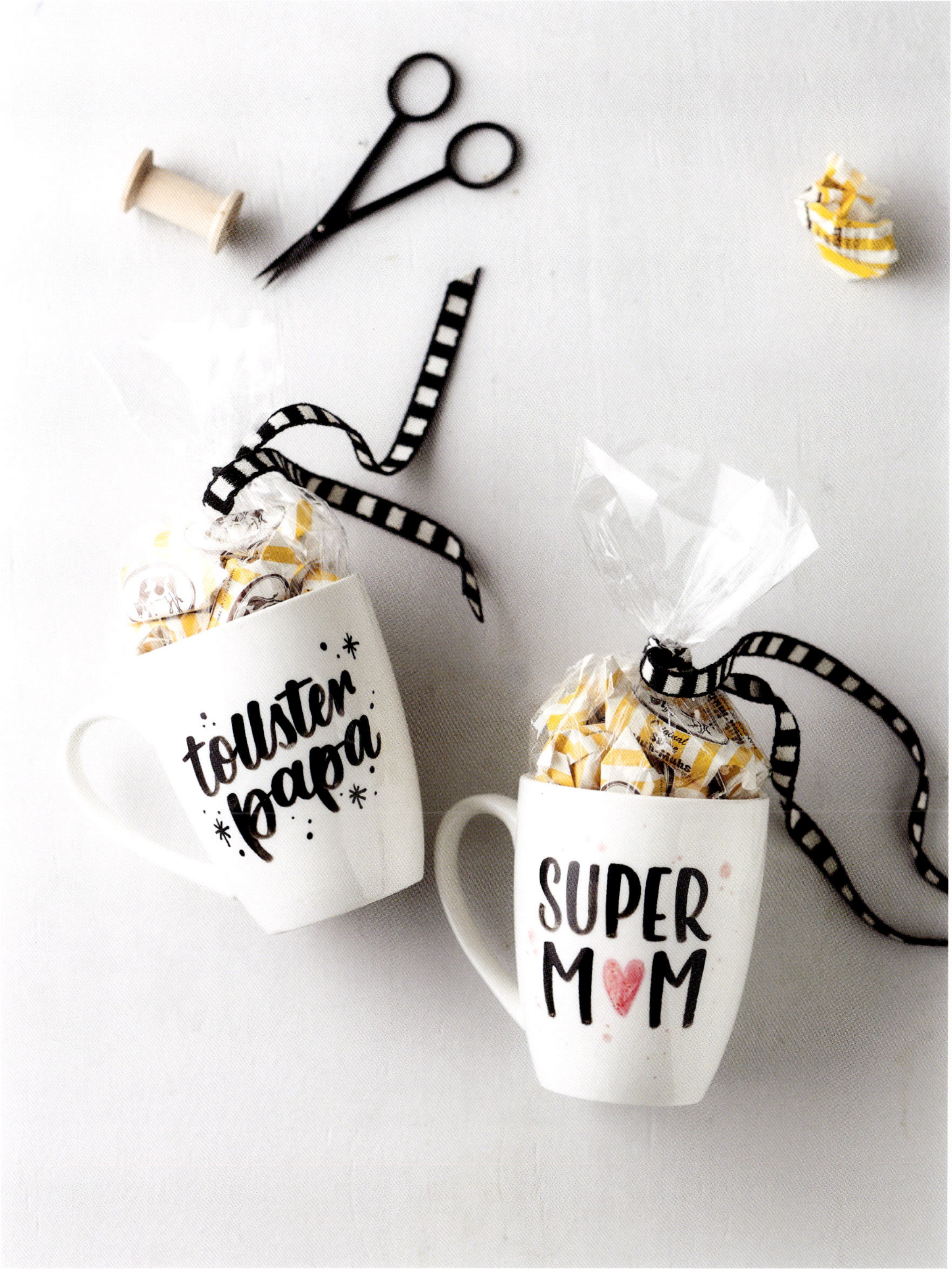
tollster papa
SUPER MOM

Ich hab dich lieb

Weltbeste Mama

MOM WOW

Super Mama

Schön, dass es dich gibt

meine Heldin

SUPER MOM

ALLES LIEBE ZUM Muttertag

Papa du bist mein Held

tollster papa

Super Papa

weltliebster PAPA

Lieblingsmensch

Alles Gute zum Vatertag

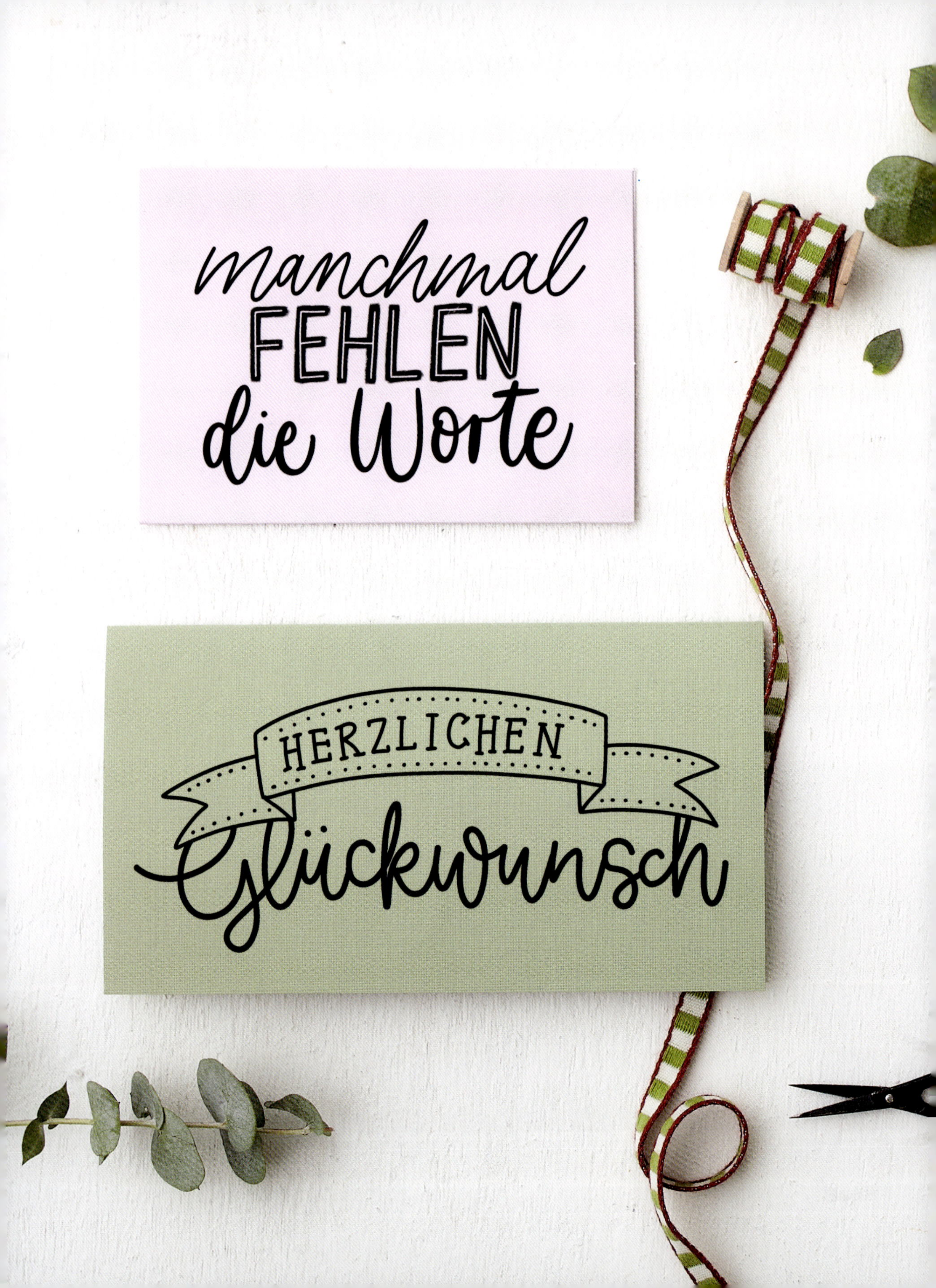
manchmal
FEHLEN
die Worte
HERZLICHEN
Glückwunsch

Gute Wünsche & Sprüche

Die netten Nachbarn ziehen in eine andere Stadt, der Neffe hat die Führerscheinprüfung bestanden, für die beste Freundin heißt es Daumendrücken beim Bewerbungsgespräch – es gibt so viele Gelegenheiten, bei denen wir Menschen, die uns am Herzen liegen, Glück wünschen, Zuspruch spenden oder unsere Anteilnahme ausdrücken können. Kleine Grüße kommen immer gut an, erst recht, wenn sie selbst geschrieben und kreativ in Szene gesetzt sind. Hier findest du jede Menge Anregungen dazu!

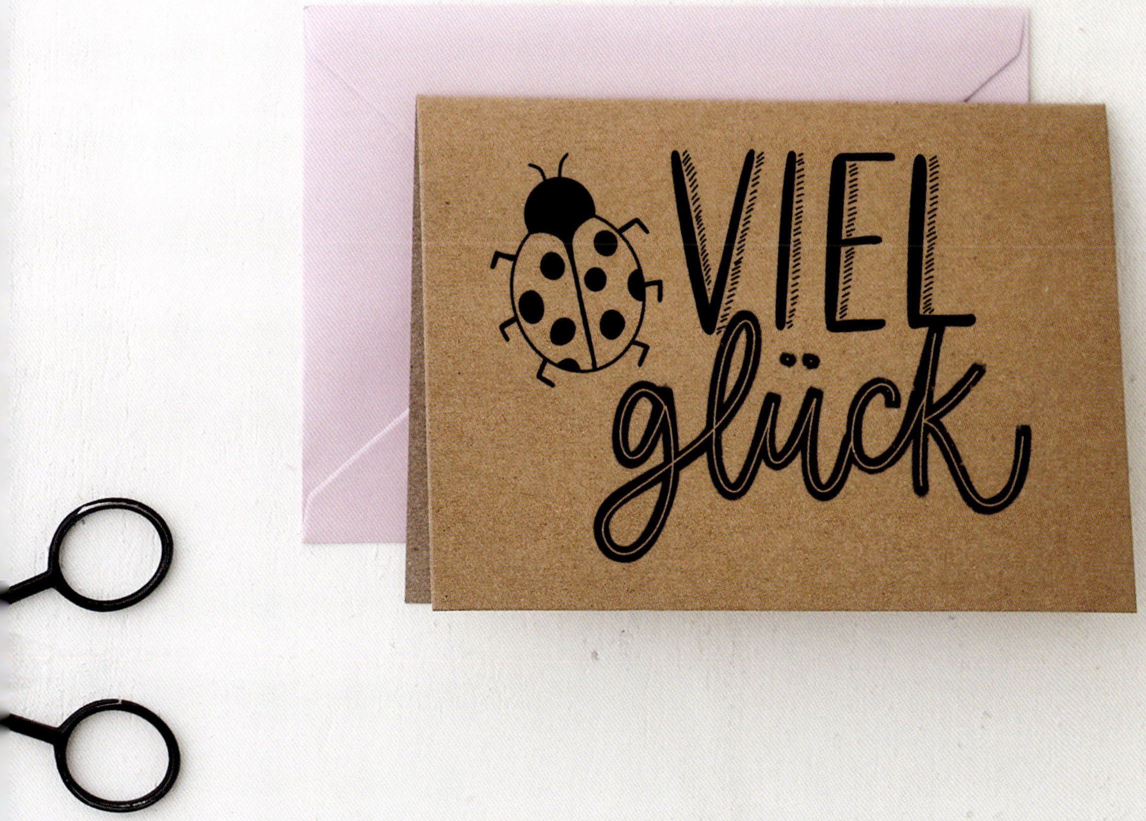

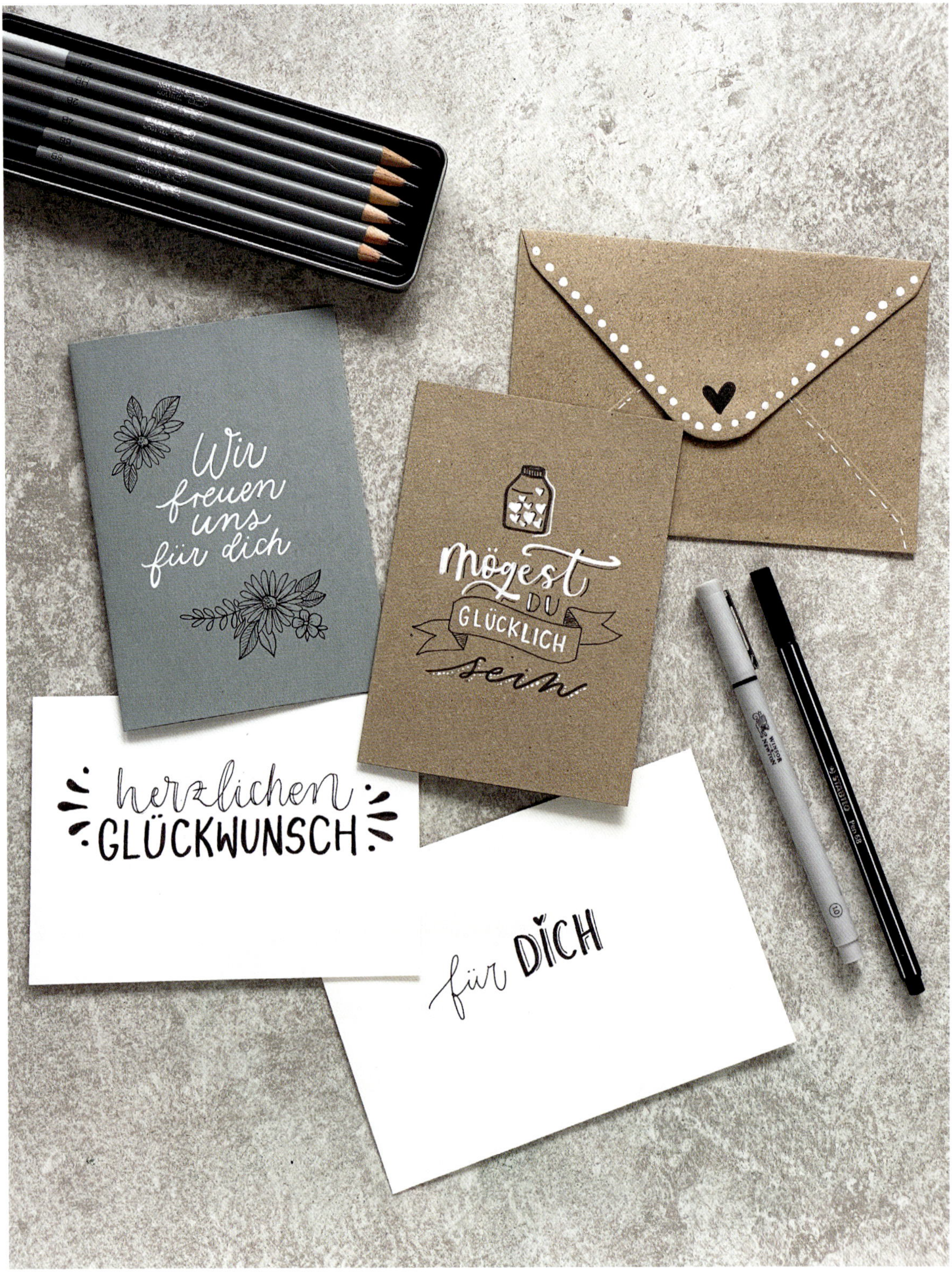
Wir freuen uns für dich
mögest du glücklich sein
herzlichen GLÜCKWUNSCH
für DICH

herzlichen GLÜCKWUNSCH

Glückwunsch

YEAH!

Alles GUTE für dich

ALLES LIEBE von mir

ICH drück DICH

YIPPIE

Super!

HERZLICHEN Glückwunsch

BESTE WÜNSCHE für dich

Wir freuen uns für dich

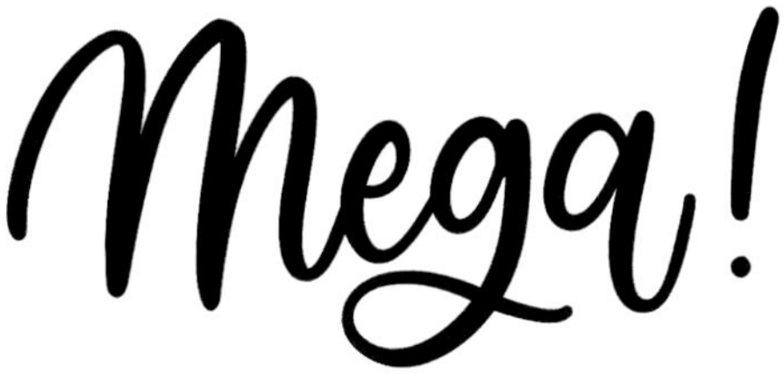
Mega!

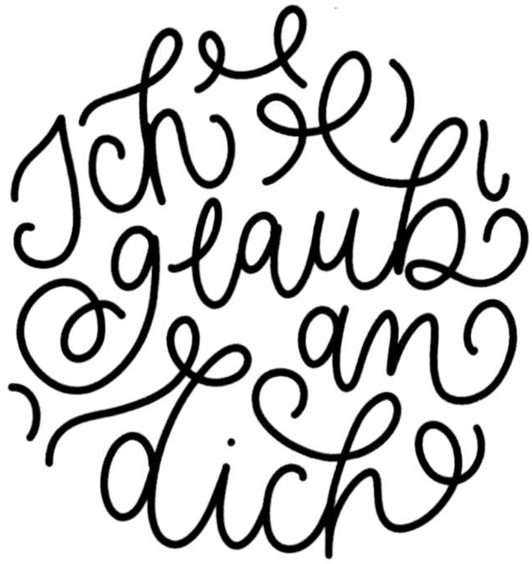
Ich glaub an dich

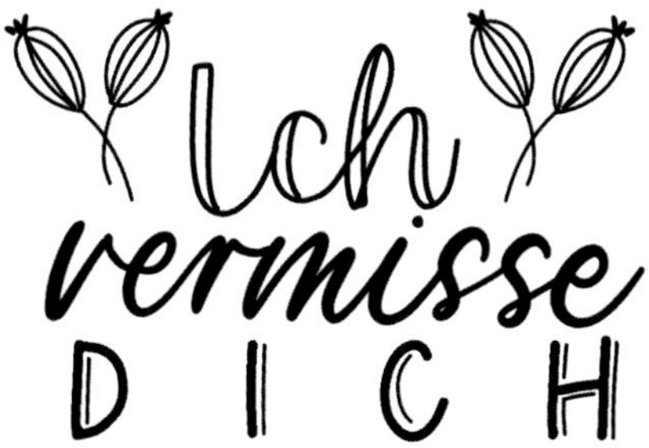
Ich vermisse DICH

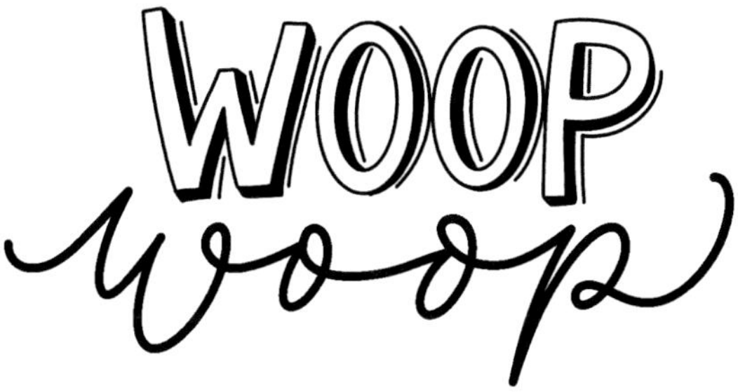
WOOP woop

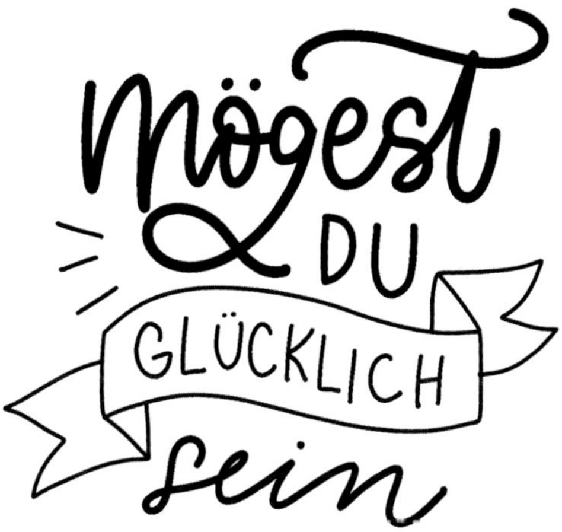
mögest DU GLÜCKLICH sein

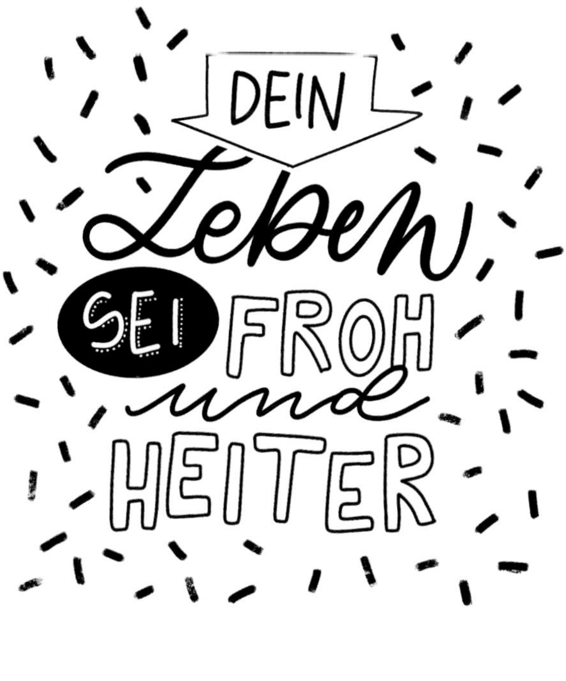
DEIN Leben SEI FROH und HEITER

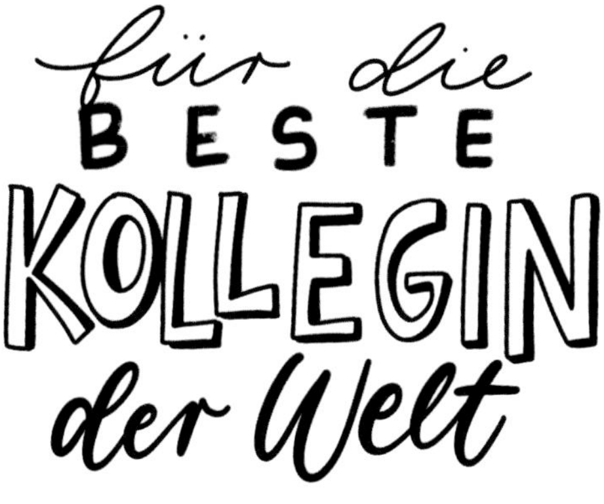
für die BESTE KOLLEGIN der Welt

Wundertüte mit Glückwünschen

Wundertüten sind nicht nur bei den Kleinsten absolut beliebt – auch die Großen erfreuen sich an kleinen Aufmerksamkeiten. Mit einem schön gestalteten Mitbringsel kann man nicht nur seine Glückwünsche zum Ausdruck bringen, sondern auch wahre Freundschaften pflegen.

MATERIAL

- Brot-Tüte
- Buntes Tonpapier
- Lineal
- Schere
- Bleistift
- Gelroller in Weiß
- Fineliner 1,0 und 0,3 mm
- Mehrzweckklammer

VORLAGEN: SEITE 101

SO GEHT'S

1. Miss die Brot-Tüte mit einem Lineal aus und wähle ein Maß, das entsprechend kleiner ist als deine Tüte. Übertrage das Maß auf dein farbiges Papier.
2. Schneide das Papier zurecht und übertrage deine Vorlage mit einem Bleistift.
3. Mit einem Fineliner, farbigen Brush Pens und Gelrollern kannst du nun dein Lettering nachfahren.
4. Füge noch Details wie Schatten hinzu.
5. Befülle deine Wundertüte und platziere dein gestaltetes Papier an der Öffnung. Verschließe die Tüte mit einer Mehrzweckklammer.

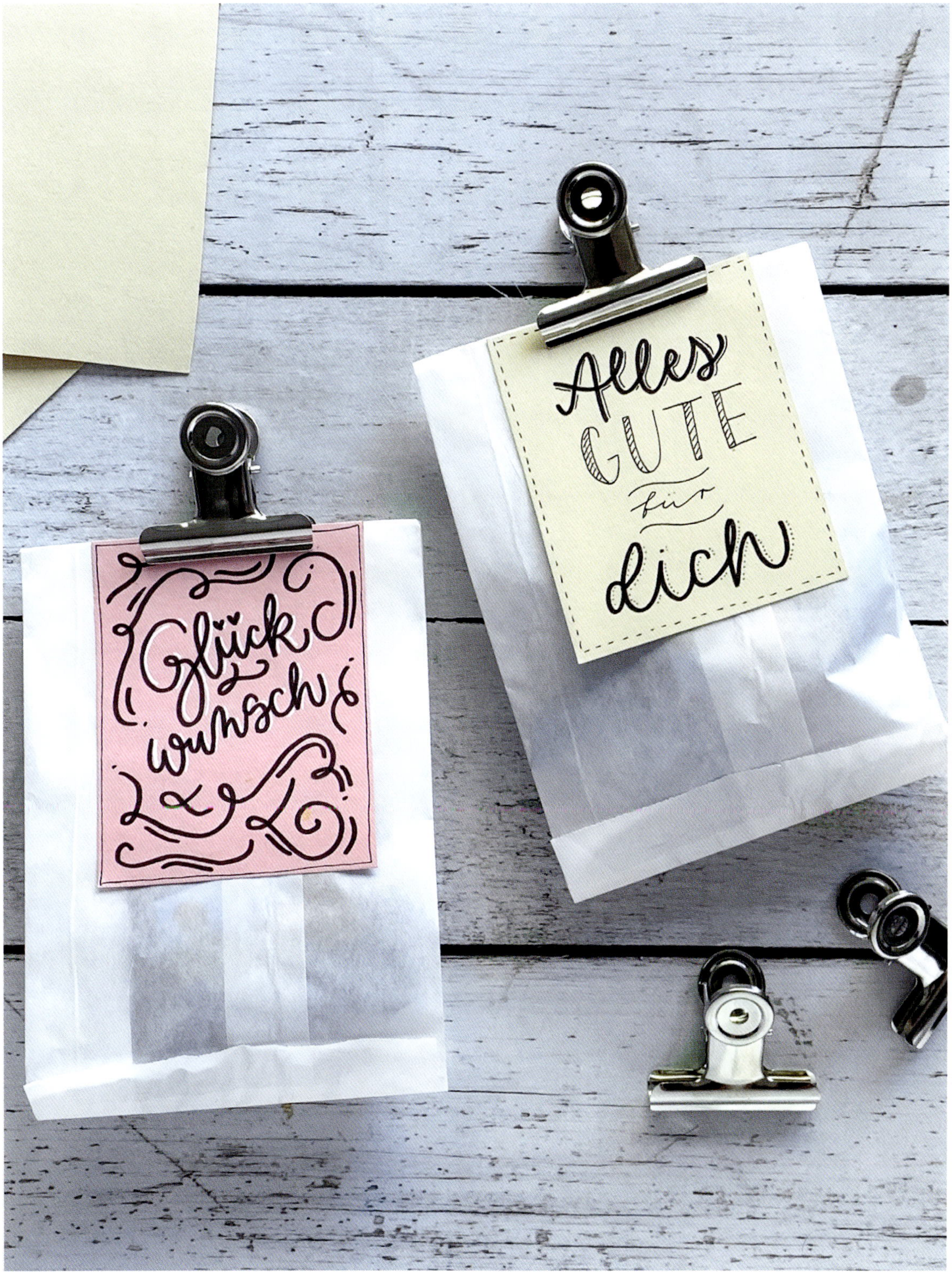
Glückwunsch
Alles GUTE für dich

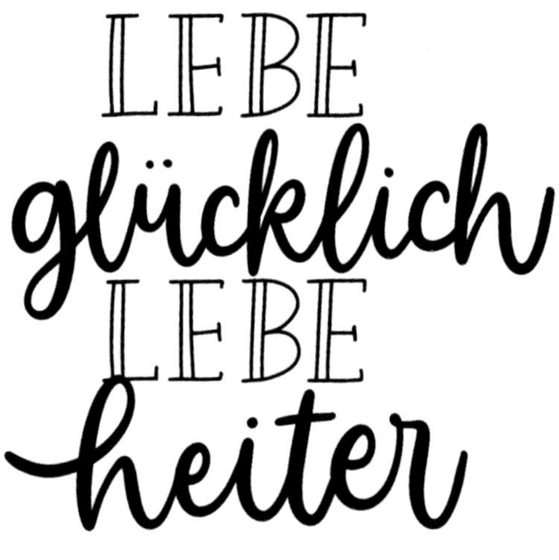
LEBE
glücklich
LEBE
heiter

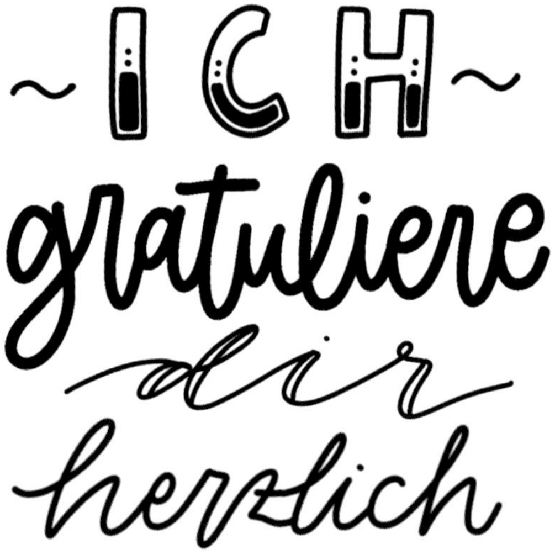
ICH
gratuliere
dir
herzlich

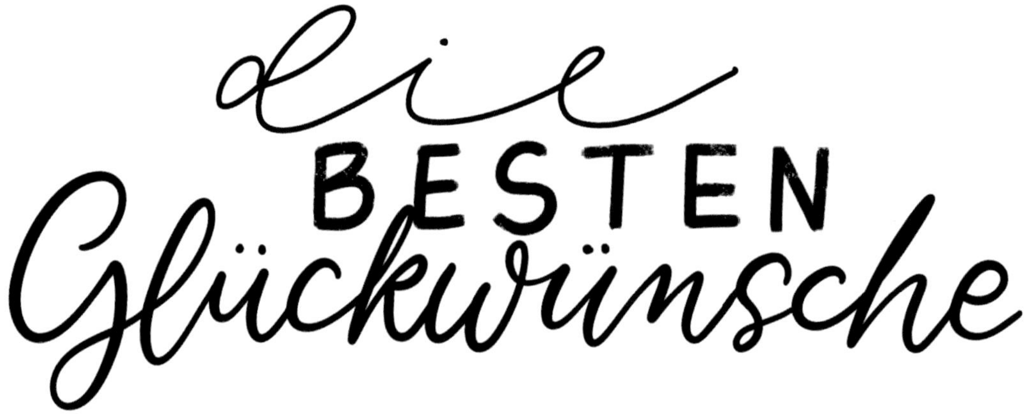
die
BESTEN
Glückwünsche

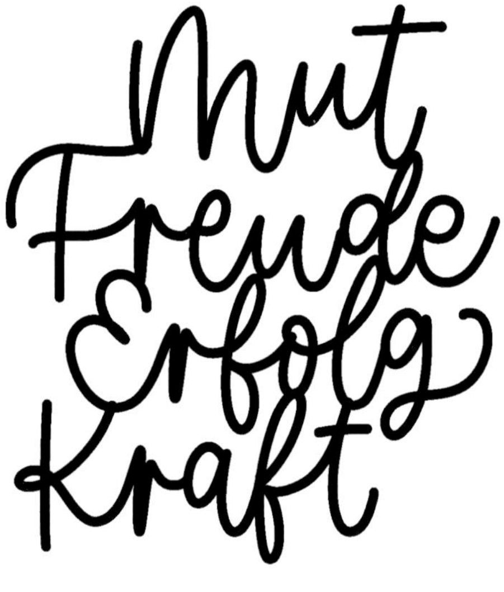
Mut
Freude
Erfolg
Kraft

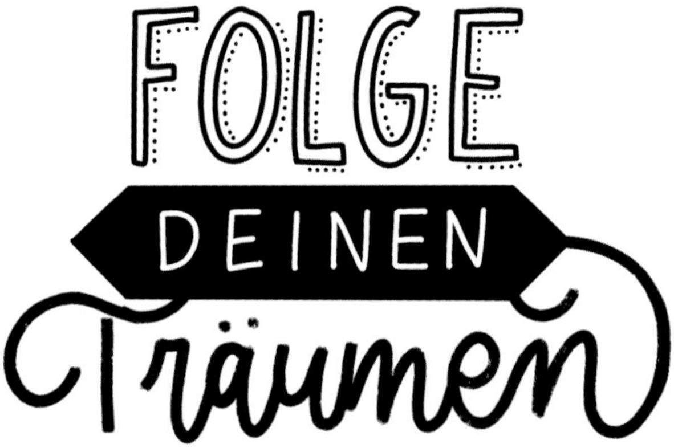
FOLGE
DEINEN
Träumen

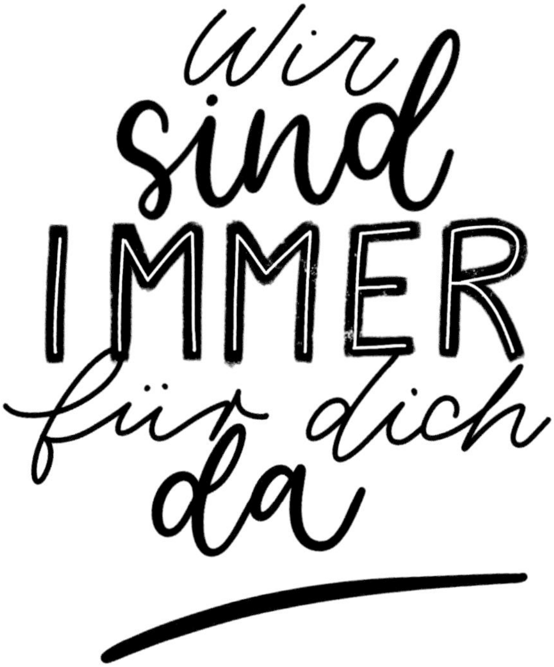
Wir
sind
IMMER
für dich
da

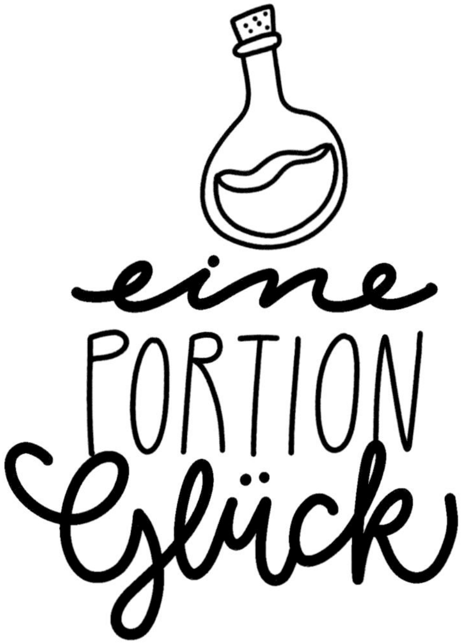
eine
PORTION
Glück

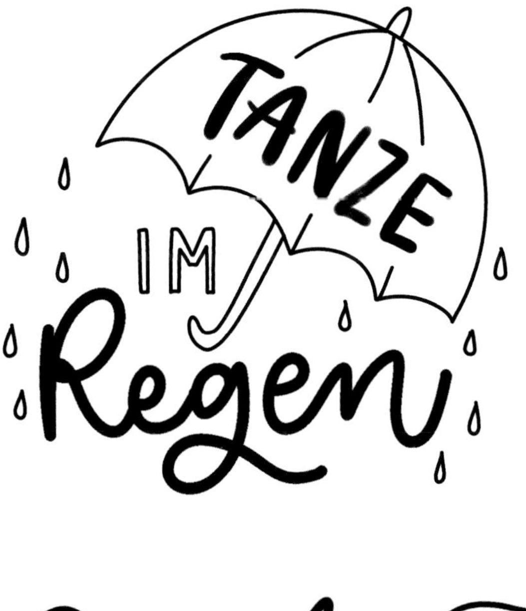
TANZE
IM
Regen

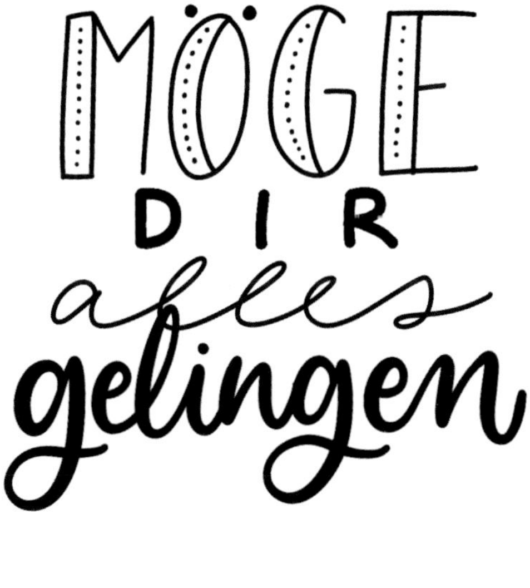
MÖGE
DIR
alles
gelingen

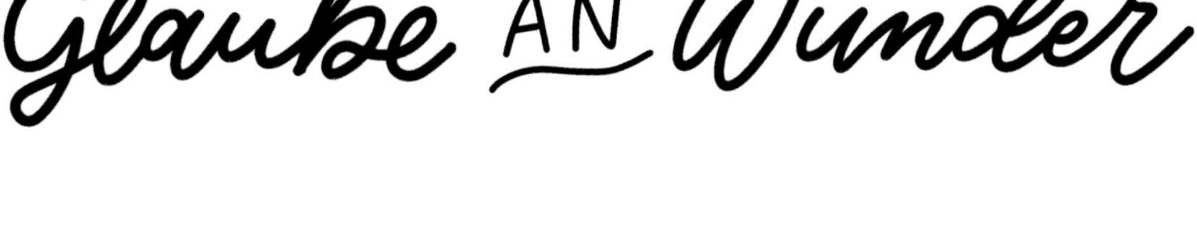
Glaube AN Wunder

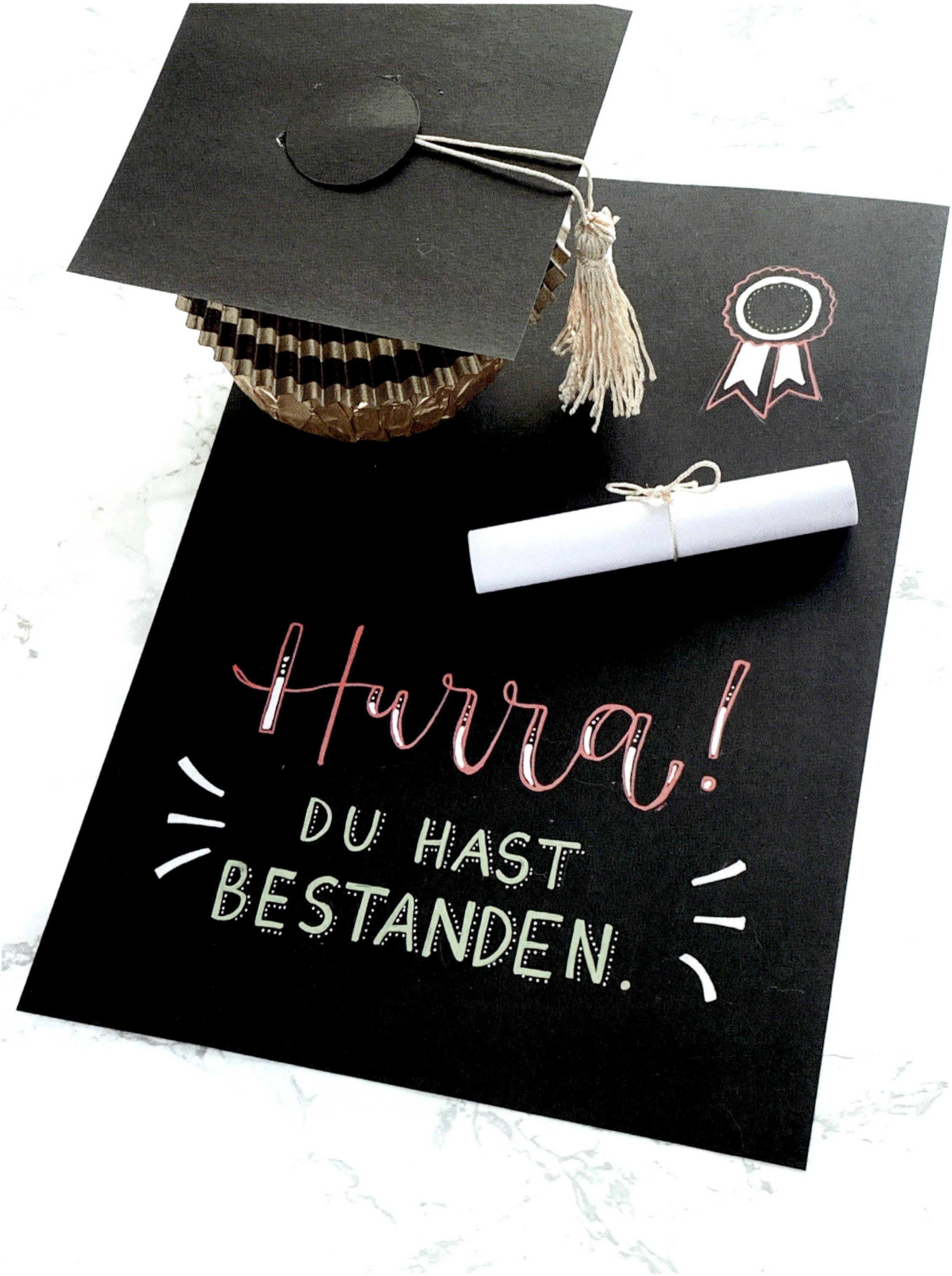
Hurra!
DU HAST
BESTANDEN.

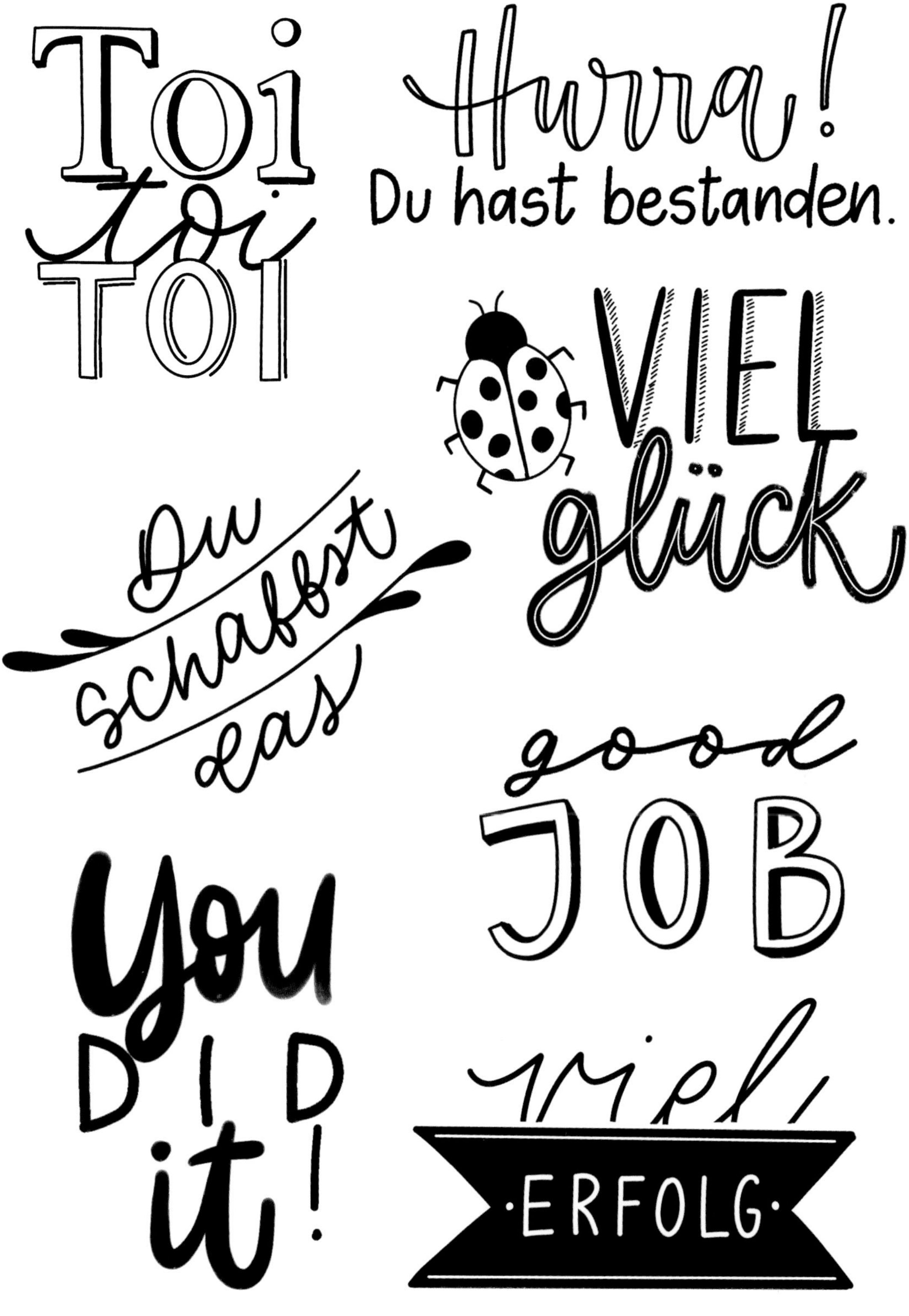
Toi toi TOI
Hurra! Du hast bestanden.
VIEL glück
Du schaffst das
good JOB
You DID it!
viel ERFOLG

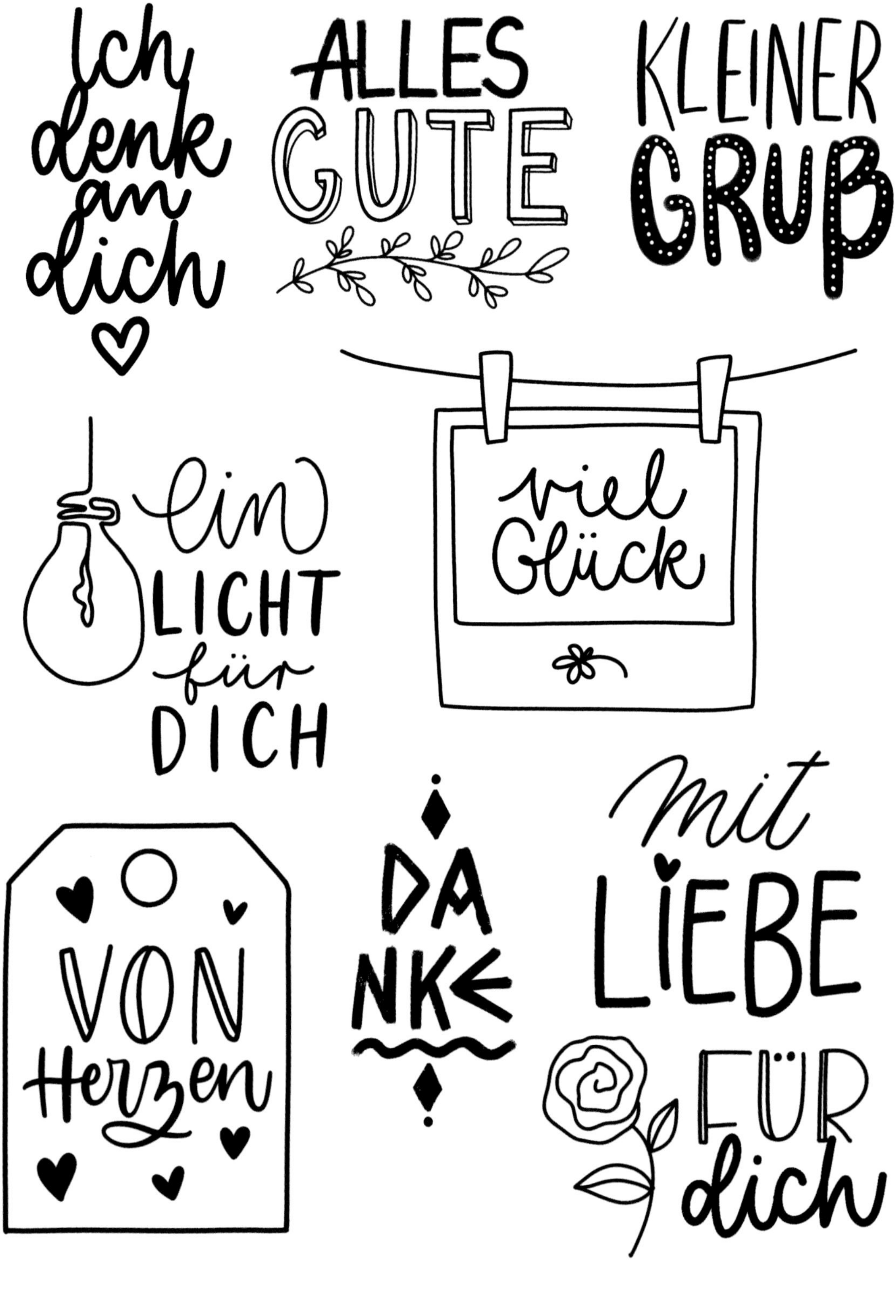
Ich denk an dich
ALLES GUTE
KLEINER GRUß
ein LICHT für DICH
viel Glück
VON Herzen
DANK
Mit LIEBE FÜR dich

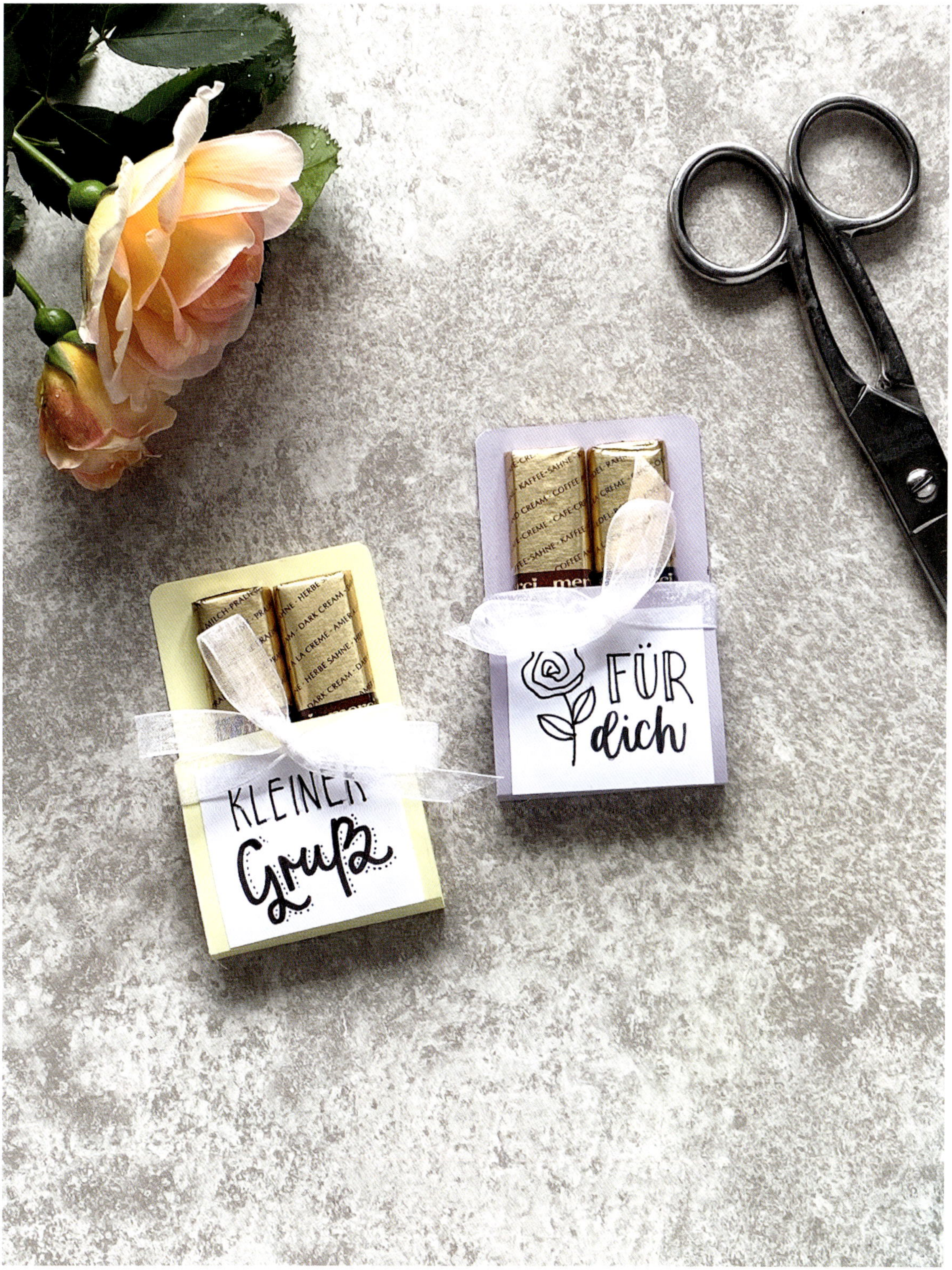
KLEINER
Gruß
FÜR
dich

Eis-Topper

Mit Cake-Toppern lassen sich selbstgebackene Kuchen leicht personalisieren und Glückwünsche verteilen. Aber auch mit süßen Eisbechern kannst du kleine Grüße an deine Lieben weitergeben.

MATERIAL

- Buntes Tonpapier
- Schere
- Bleistift
- Marker in Schwarz, 1 mm
- Gelroller in Weiß
- Klebeband
- Schaschlik-Spieße

VORLAGEN: SEITE 112

SO GEHT'S

1. Schneide unterschiedliche Formen aus deinem Tonpapier aus.
2. Übertrage mit einem Bleistift Gruß-Vorlagen.
3. Zeichne mit Marker und Gelroller die Buchstaben nach. Füge noch Details wie Schatten hinzu.
4. Befestige mit Klebeband den Schaschlik-Spieß an der Rückseite deines Toppers.
5. Nun kannst du die Topper in deine selbstgemachten Eisbecher stecken.

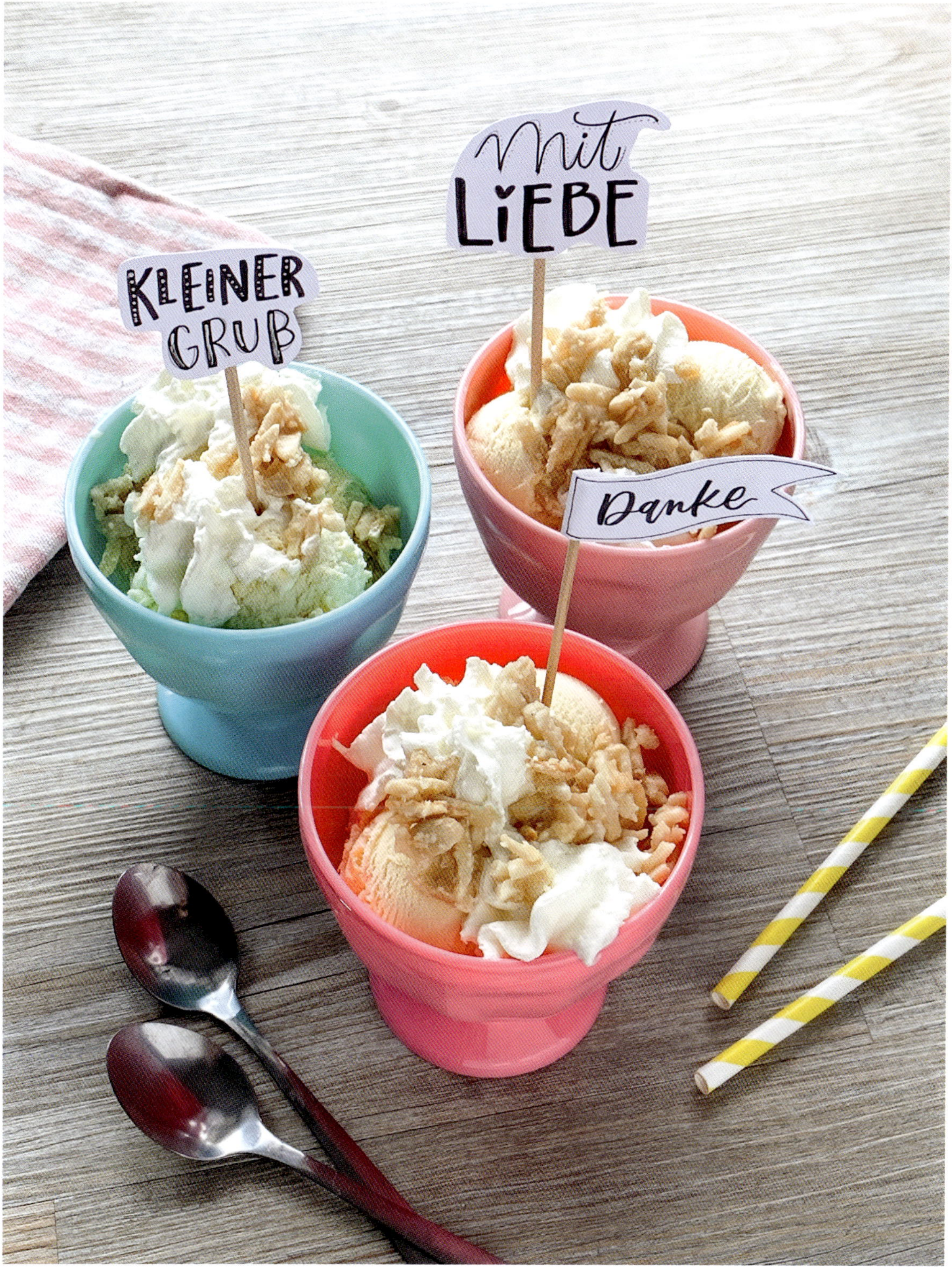
KLEINER GRUß
Mit LiEBE
Danke

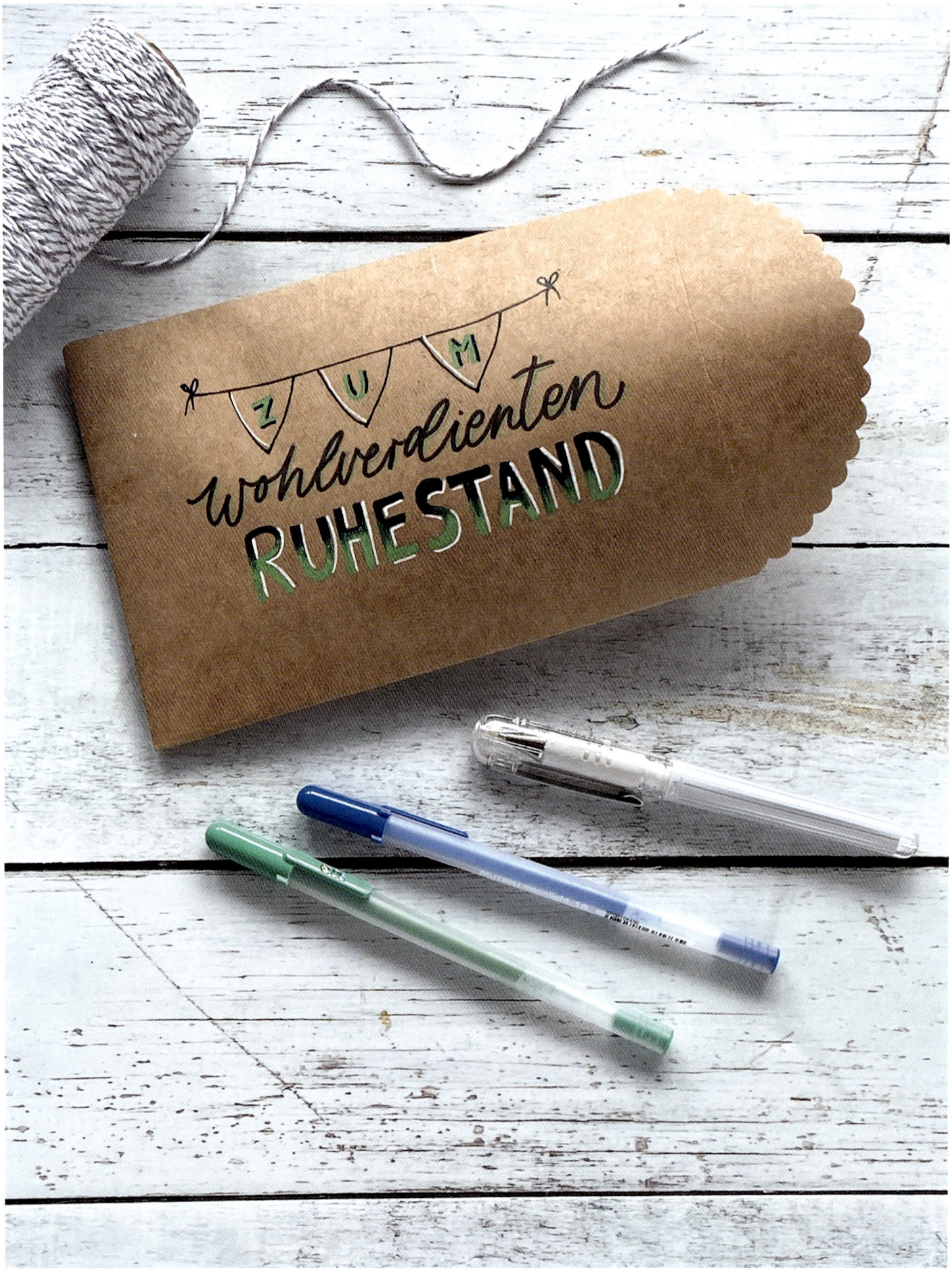
ZUM
wohlverdienten
RUHESTAND

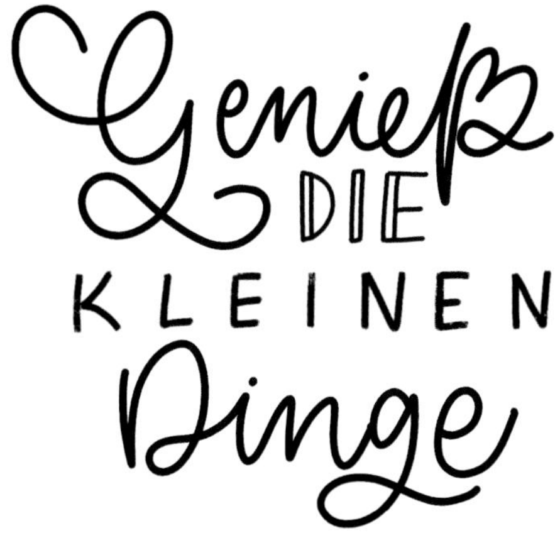
Genieß
DIE
KLEINEN
Dinge

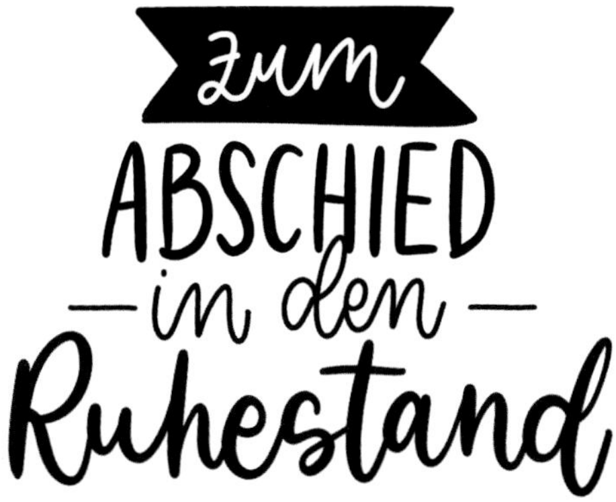
zum
ABSCHIED
in den
Ruhestand

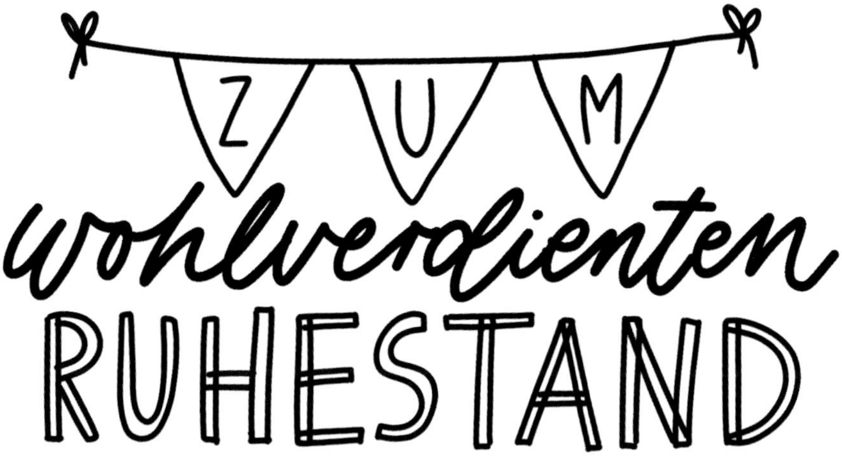
ZUM
wohlverdienten
RUHESTAND

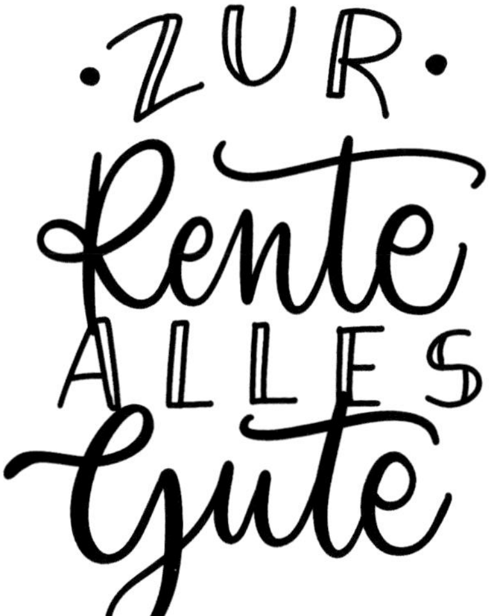
ZUR
Rente
ALLES
Gute

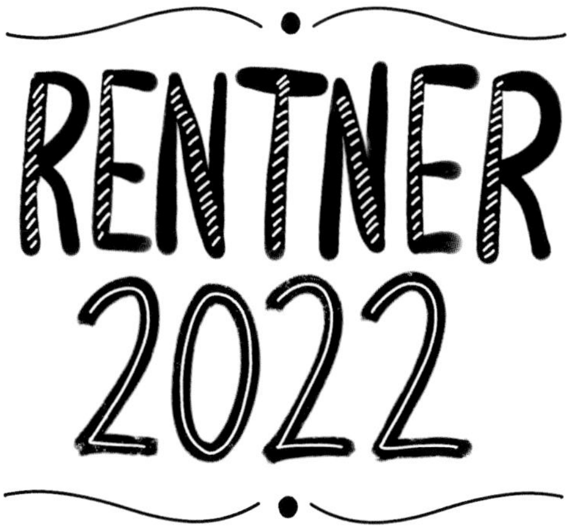
RENTNER
2022

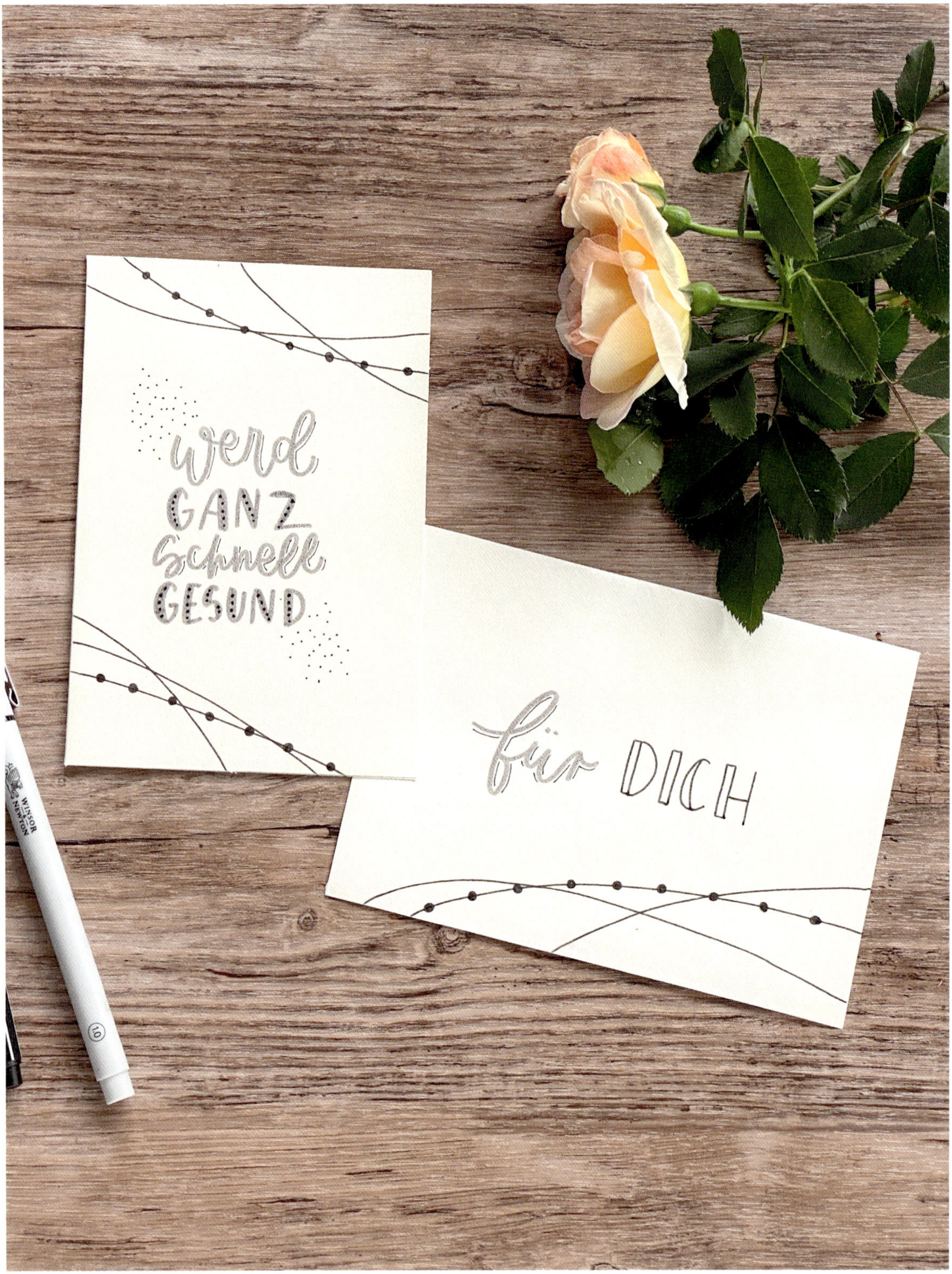
werd
GANZ
schnell
GESUND
für DICH

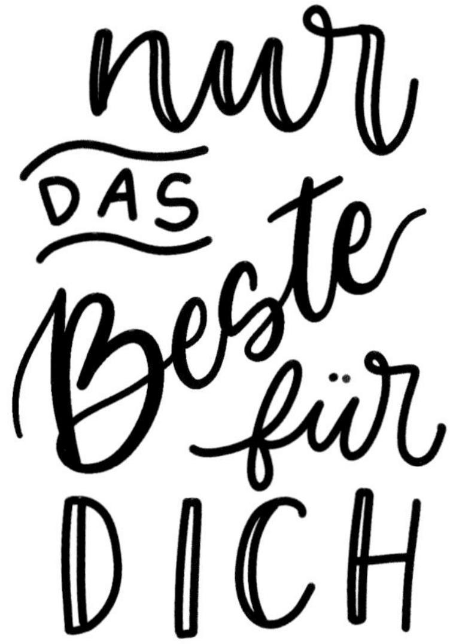
nur
DAS
Beste
für
DICH

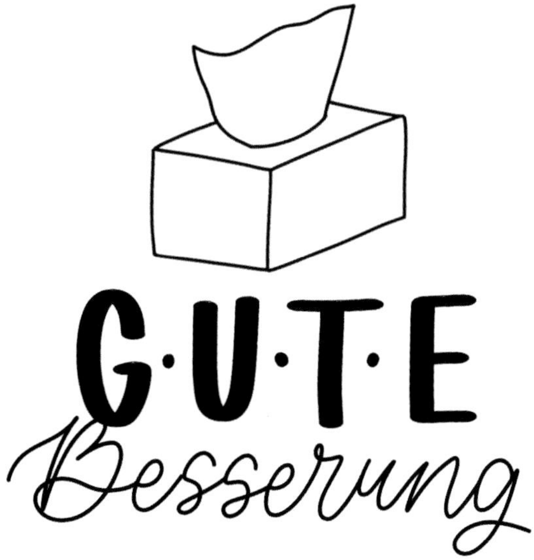
G·U·T·E
Besserung

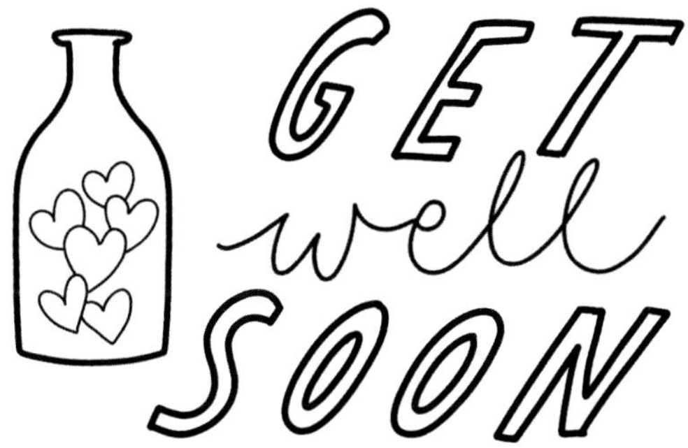
GET
well
SOON

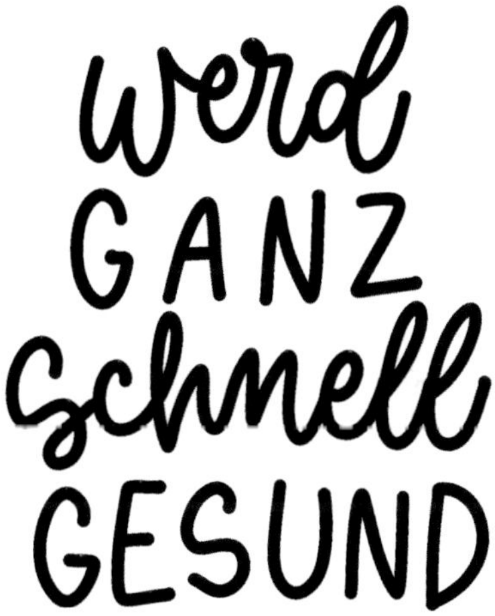
werd
GANZ
schnell
GESUND

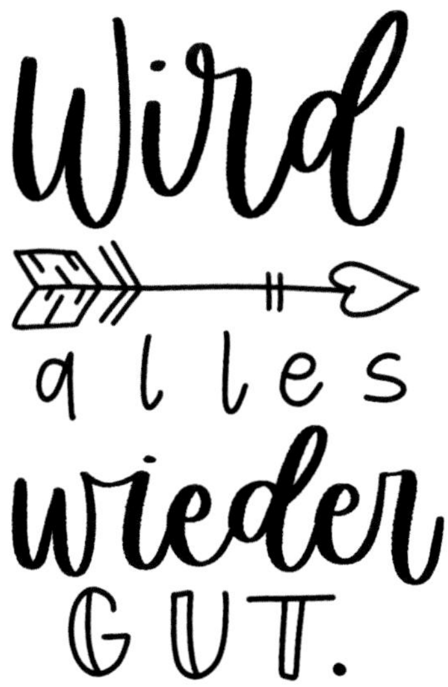
Wird
alles
wieder
GUT.

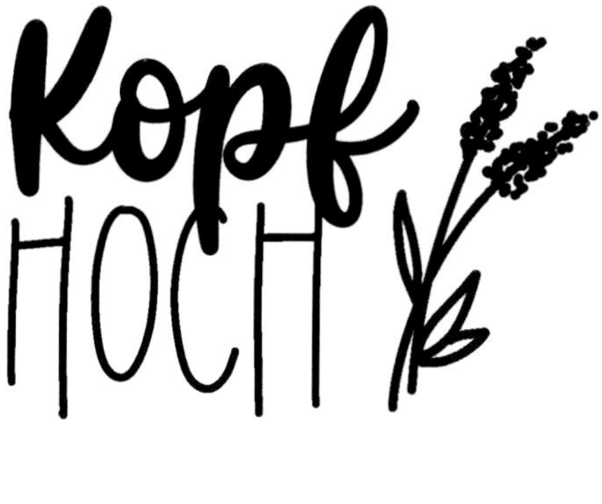
Kopf
HOCH

herzliche ANTEILNAHME

IN unseren HERZEN BLEIBST du für IMMER

Mein Beileid

In stiller Trauer

Du fehlst

Stärke Kraft HOFFNUNG

EIN stiller GRUß

In Trauer & Gedenken

IN tiefstem MITGEFÜHL

viel zu früh

Es ist schwer ABSCHIED zu nehmen

manchmal FEHLEN die Worte

in tiefer TRAUER

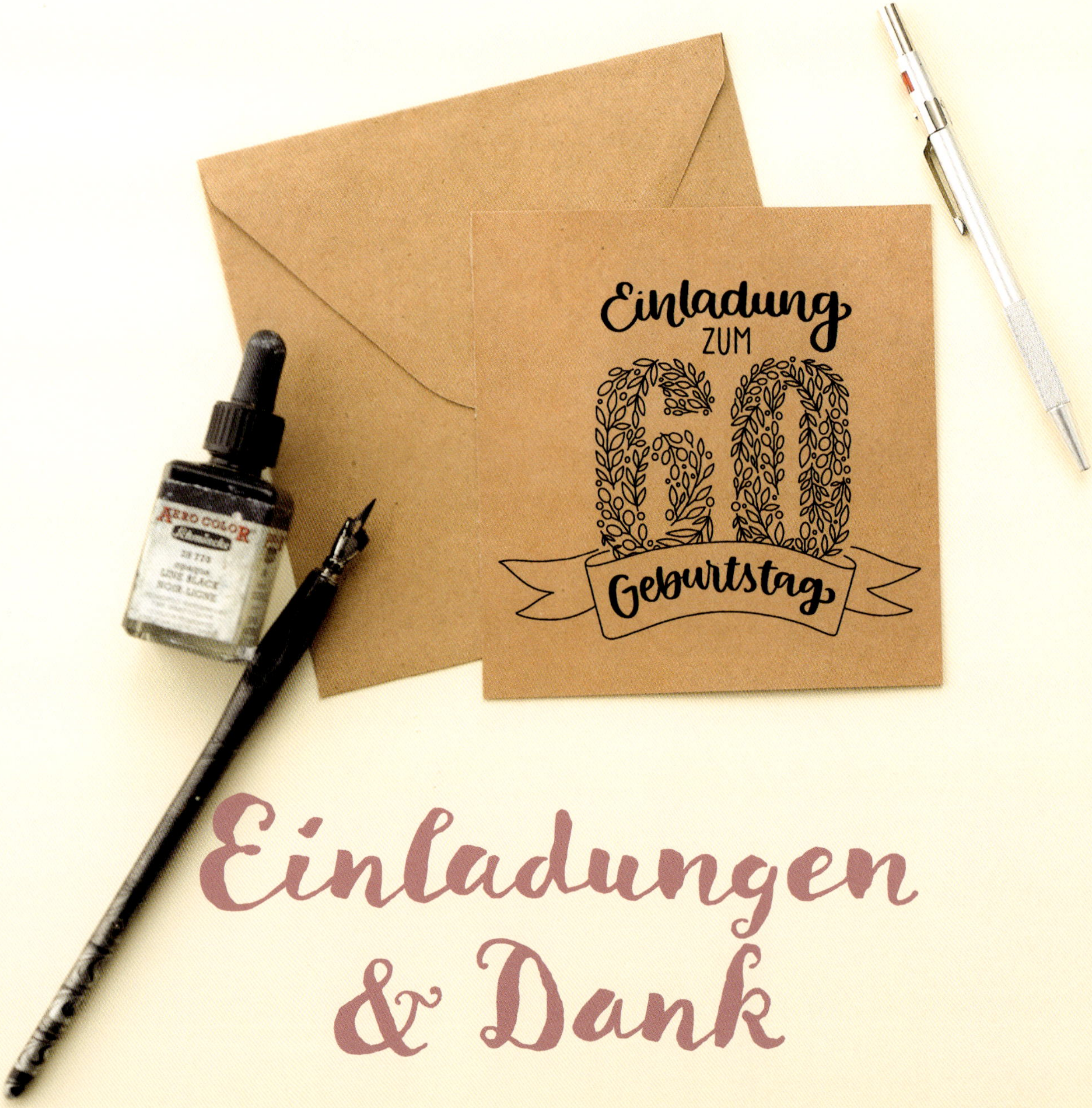

Einladungen & Dank

Eine Einladung, die ins Haus flattert, sorgt für Freude. Ist sie dann noch mit Liebe und Hingabe selbst gestaltet, steigert das die Vorfreude zusätzlich. Ob Mega-Party, kleine Runde oder gemütliches Kaffeekränzchen, auf den folgenden Seiten findest du viele geniale Ideen, um aus deiner nächsten Einladung etwas Besonders zu machen. Und bist du selbst eingeladen, kannst du aus verschiedenen Vorlagen diejenige wählen, mit der du am liebsten „Danke“ sagen möchtest.

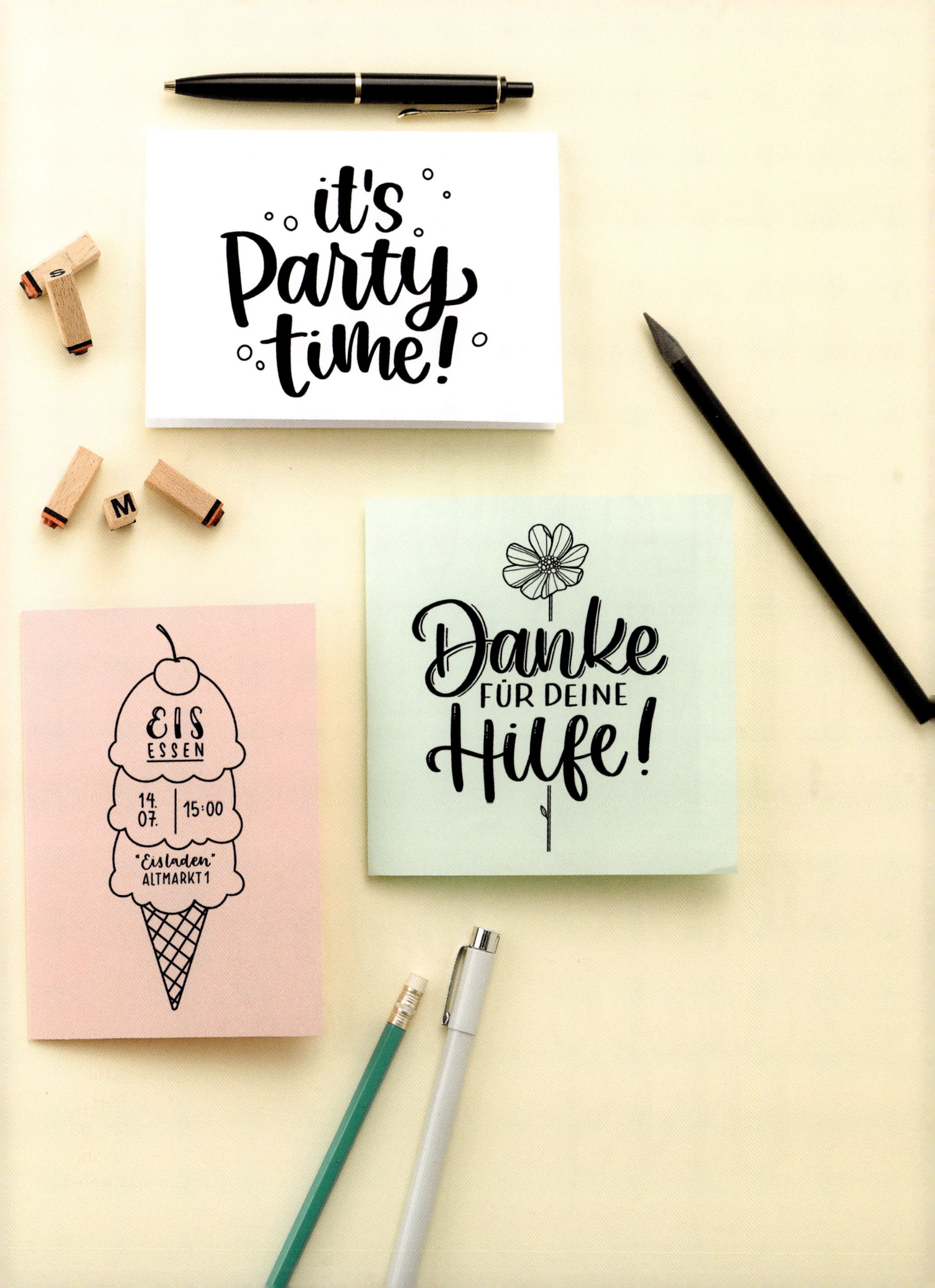
it's Party time!
EIS ESSEN
14. 07.
15:00
"Eisladen"
ALTMARKT 1
Danke
FÜR DEINE
Hilfe!

Einladung

ZUM

ZUR

EINLADUNG

zum

EINLADUNG

zur

EINLADUNG

Feiere mit UNS

it's Party time!

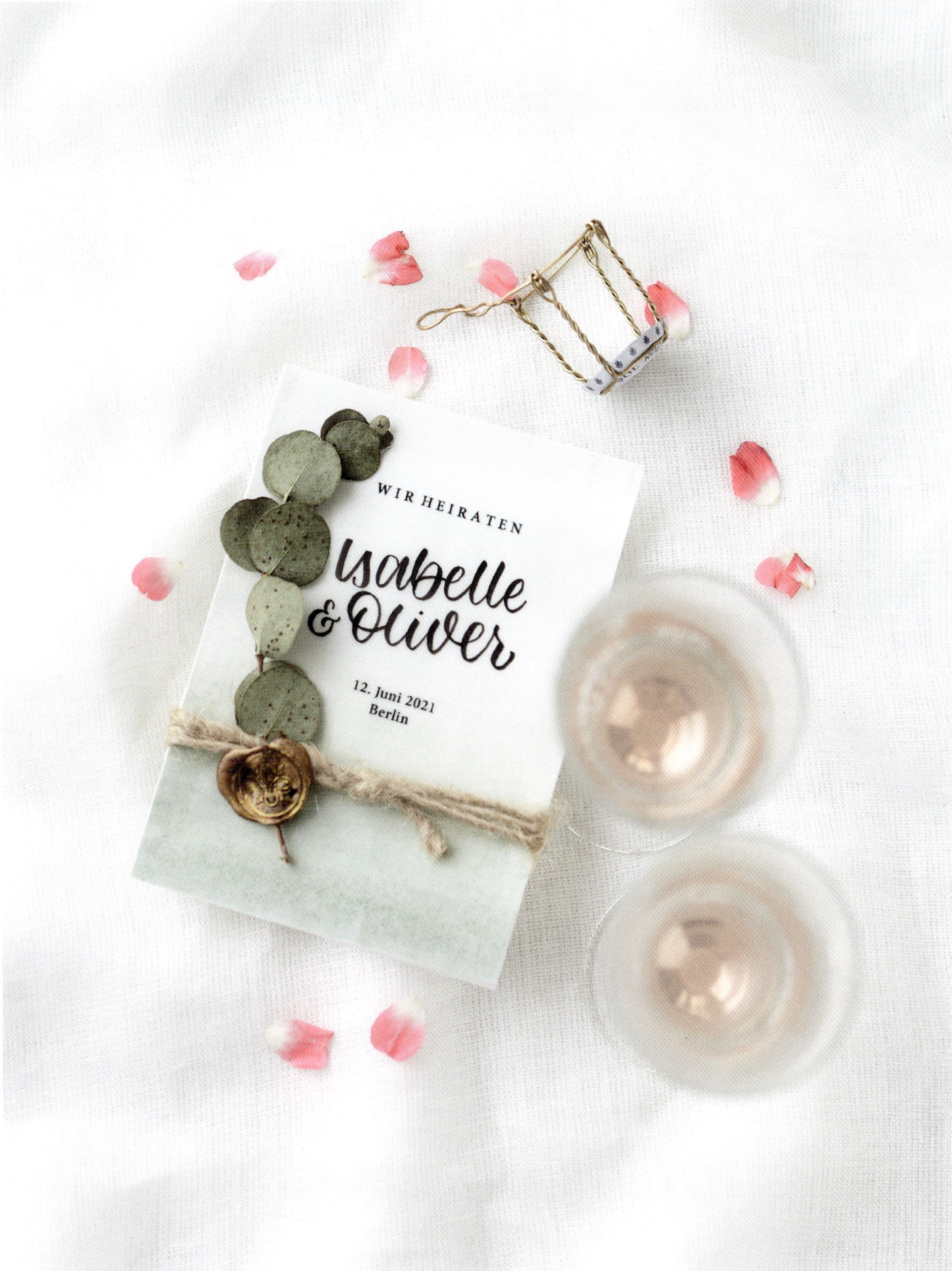
WIR HEIRATEN
Isabelle
& Oliver
12. Juni 2021
Berlin

Geburtstagskarte

Bei einer Geburtstagsfeier dreht sich alles um das Geburtstagskind selbst. Mit dessen Lächeln auf der Einladung wird das bestimmt nicht vergessen.

MATERIAL

- 2 Papier-Karten (ca. 300 g/m²) in Din A6
- Bleistift
- Skalpell
- Foto, 10 cm x 15 cm
- Brush Pen
- Musterbeutelklemme

TIPP

Du kannst natürlich auch farbiges Papier verwenden und an Stelle des Fotos gemustertes Papier oder ein gemaltes Bild nehmen. Alles was zum Thema deiner Feier passt, ist erlaubt!

SO GEHT'S

1. Übertrage die Geburtstagszahl auf die erste Karte. Eine Vorlage unterschiedlicher Zahlen findest du auf Seite 139.
2. Schneide nun die Zahl vorsichtig mit dem Skalpell aus.
3. Auf die zweite Karte kommen alle Informationen rund um deine Geburtstagsparty.
4. Lege abschließend die drei Seiten übereinander (Zahl – Foto – Text) und mache an der oberen Kante ein kleines Loch für die Musterbeutelklemme.

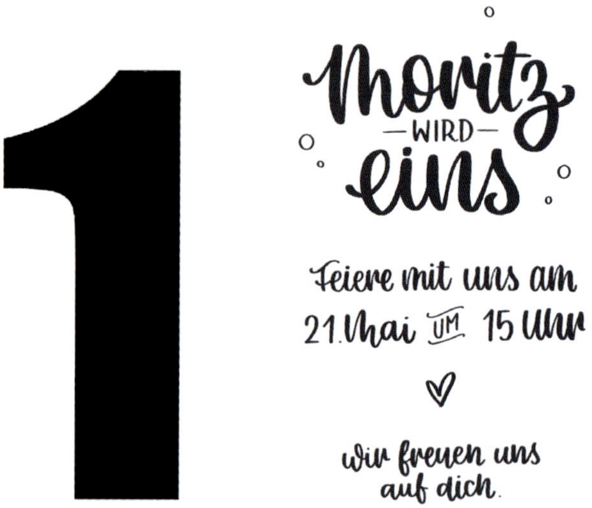

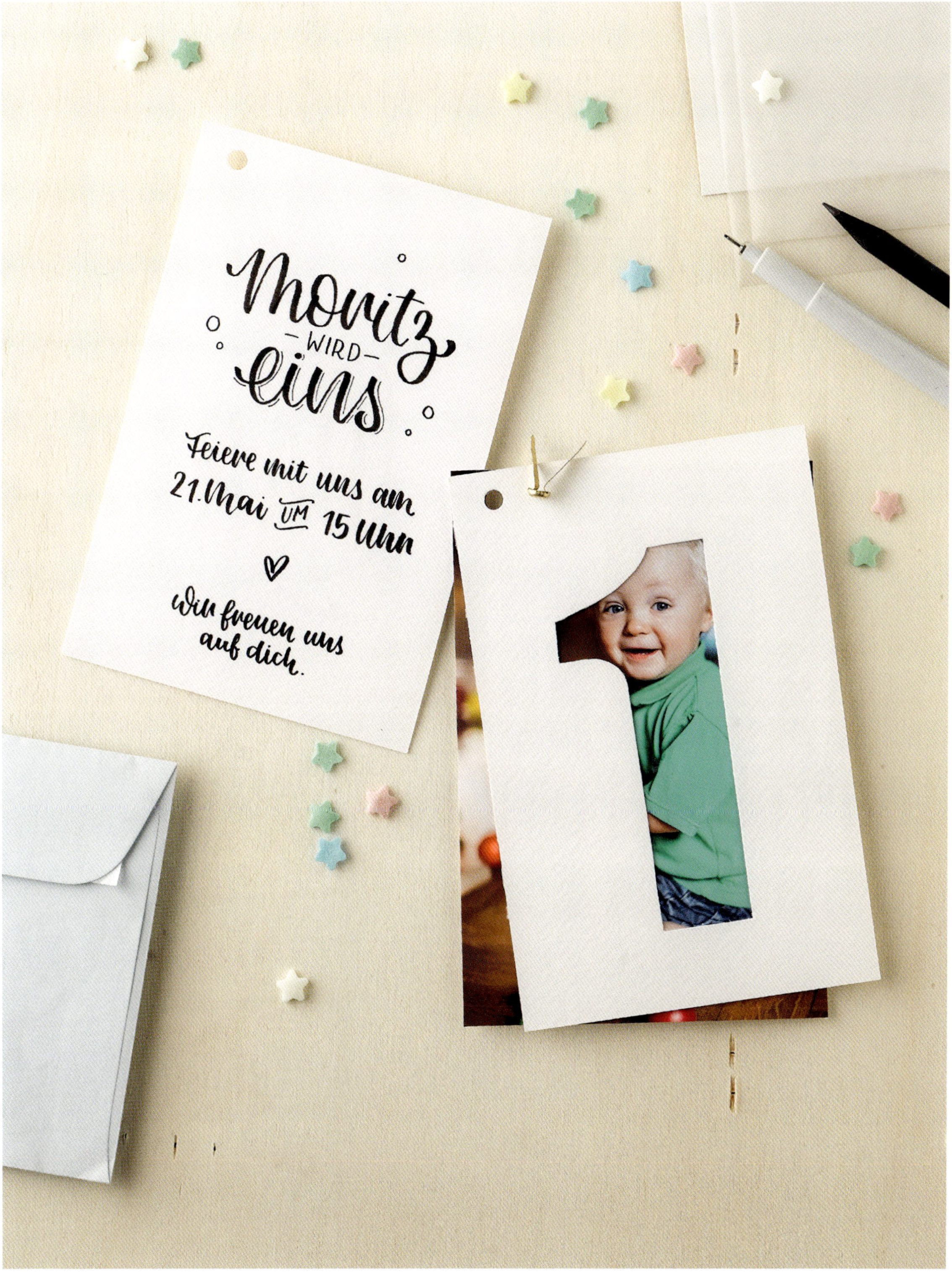
Moritz
WIRD
eins
Feiere mit uns am
21. Mai UM 15 Uhr
Wir freuen uns
auf dich.

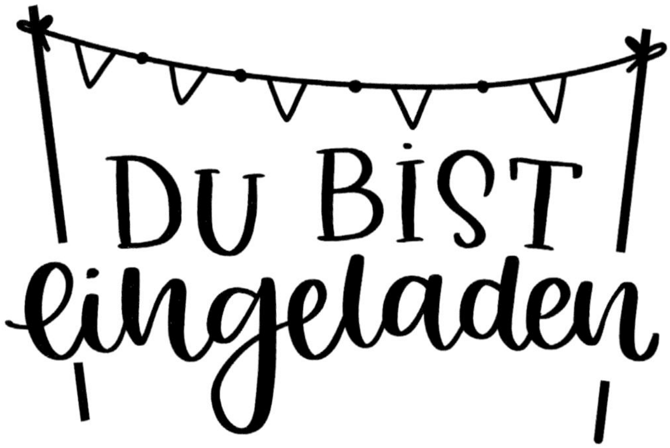
DU BIST
eingeladen

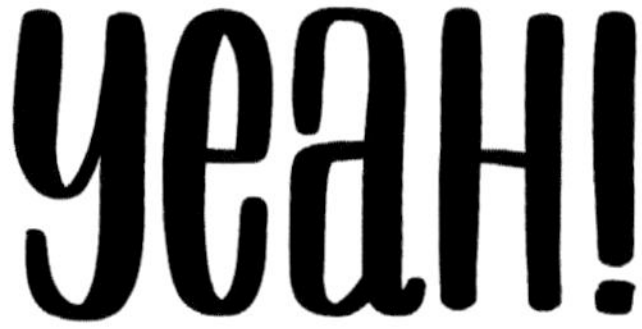
YEAH!

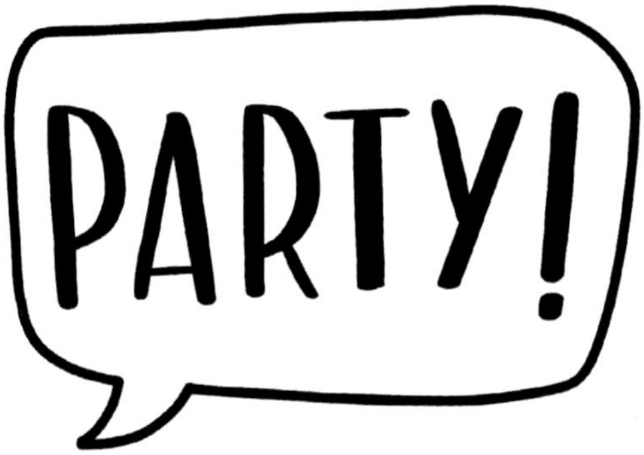
PARTY!

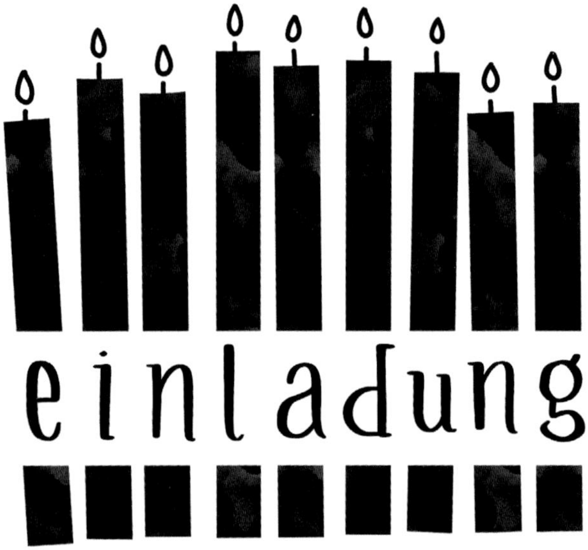
einladung

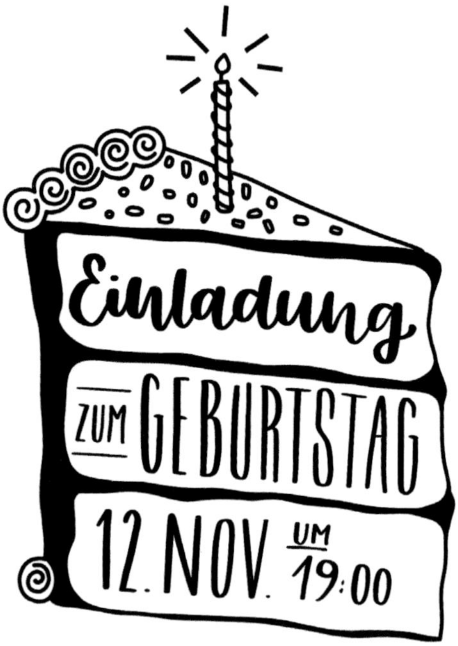
Einladung
ZUM GEBURTSTAG
12. NOV. UM 19:00

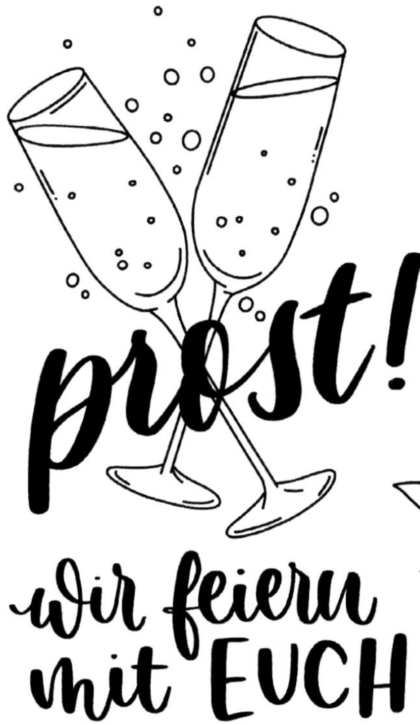
prost!
wir feiern
mit EUCH

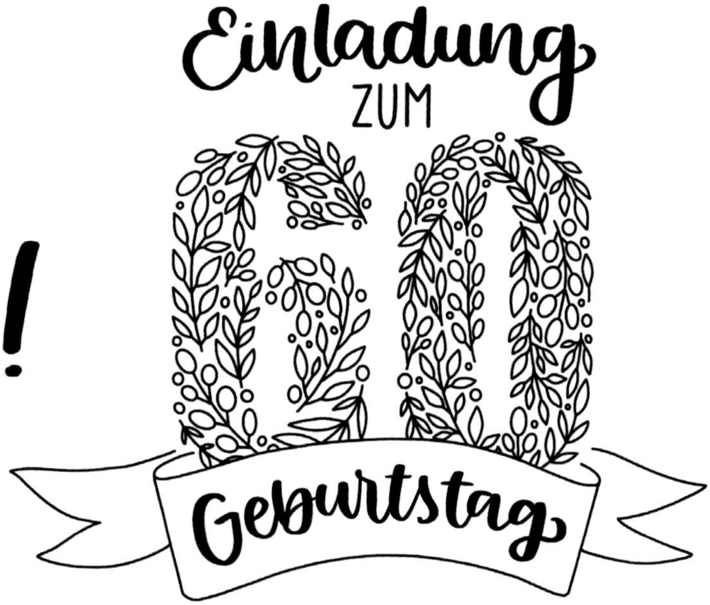
Einladung
ZUM
60
Geburtstag

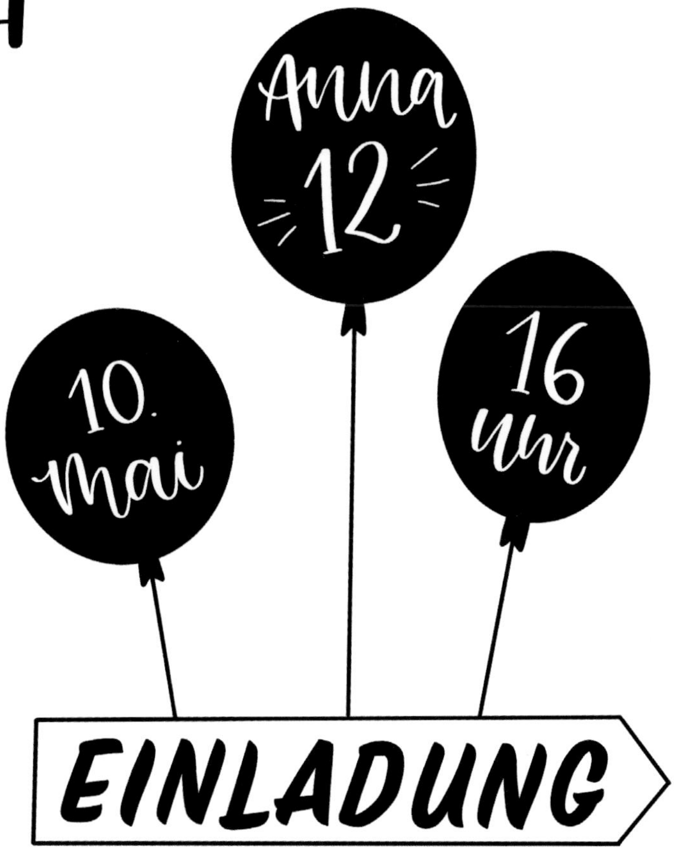
Anna
12
10.
mai
16
uhr
EINLADUNG

Einladung zum Kaffee

Eine Einladung kann man heute auf vielen verschiedenen Wegen überbringen. Ganz besonders charmant ist aber diese selbstgeletterte Einladung zum Kaffee.

MATERIAL

- Aquarellpapier (mind. 300 g/m²)
- Bleistift
- Aquarellfarbe
- Pinsel
- Schere oder Skalpell
- Karte aus Kraftpapier
- Transparentpapier
- Brush Pen
- Kleberoller
- Buntstifte

VORLAGE: SEITE 132

SO GEHT'S

1. Übertrage das Motiv mit dünnen Linien auf dein Aquarellpapier. Achte darauf, dass du nicht zu fest aufdrückst und der Bleistift keine Spuren im Papier hinterlässt.
2. Male den vorgezeichneten Becher mit Aquarellfarben an.
3. Ist alles getrocknet, schneide den Becher aus.
4. Bereite nun die Karte vor, indem du auf der Vorderseite die Stelle markierst, wo der Becher später sein soll. Zeichne für die Lasche zwei Bögen in ca. 6 cm Abstand vor. Sie sollten ca. 3 mm breiter sein als dein Kaffee-Becher.
5. Fahre nun die Linien vorsichtig mit deinem Skalpell nach und falte sie etwas auf, damit du den Becher leichter hineinstecken kannst.
6. Nimm das Transparentpapier, lege es über die Karte und übertrage den Bereich der Lasche mit einem Bleistift. Für die geraden Seitenkanten kannst du auch ein Lineal zur Hilfe nehmen. Übertrage dein Lettering mit einem Brush Pen auf den markierten Bereich. Schneide die Form aus und befestige das Transparentpapier mit dem Kleberoller auf deiner Karte.
7. Wenn alles fertig ist und der Becher in der Karte steckt, male noch ein paar Kaffeebohnen auf deine Karte.

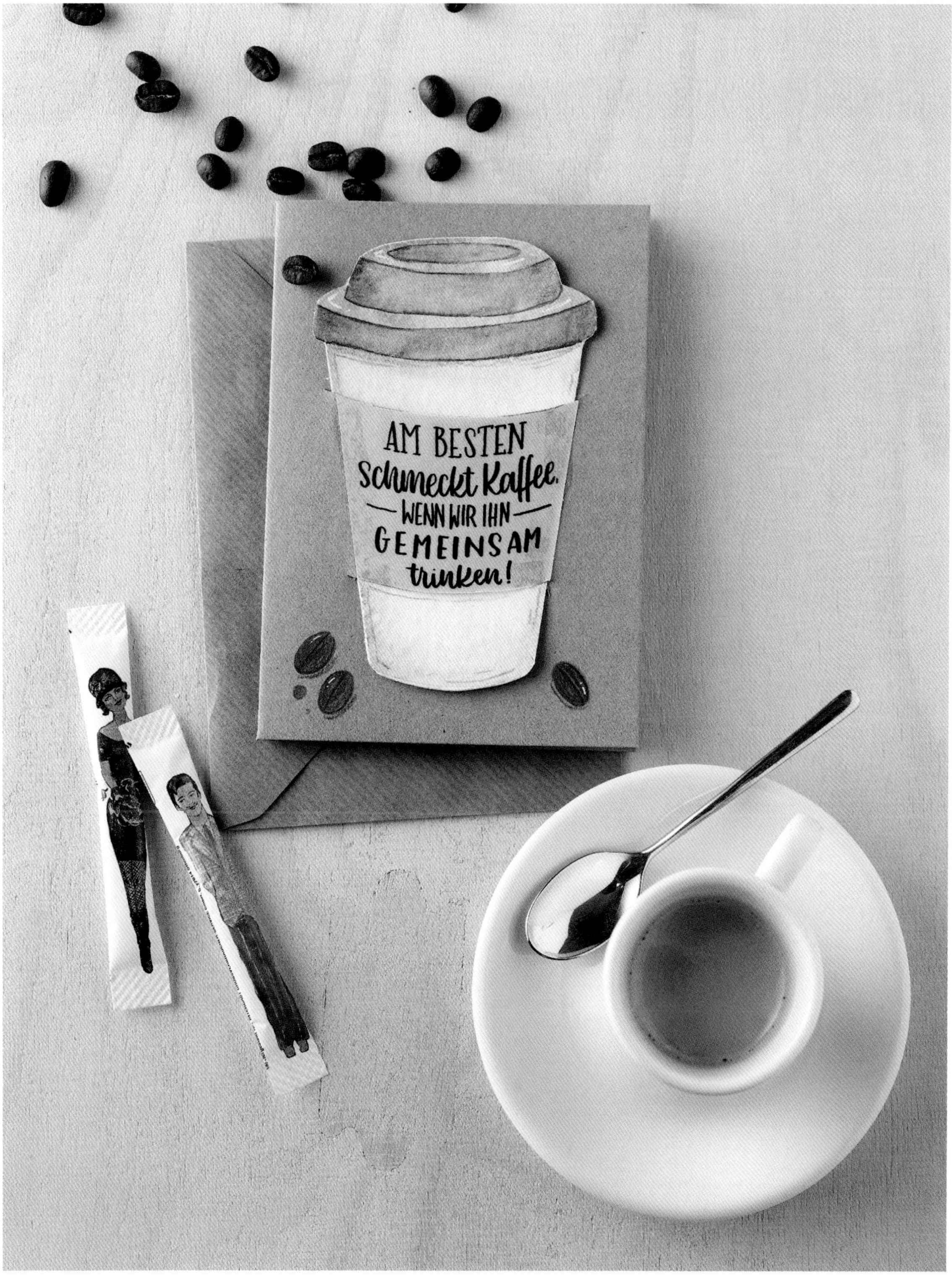
AM BESTEN
Schmeckt Kaffee,
WENN WIR IHN
GEMEINSAM
trinken!

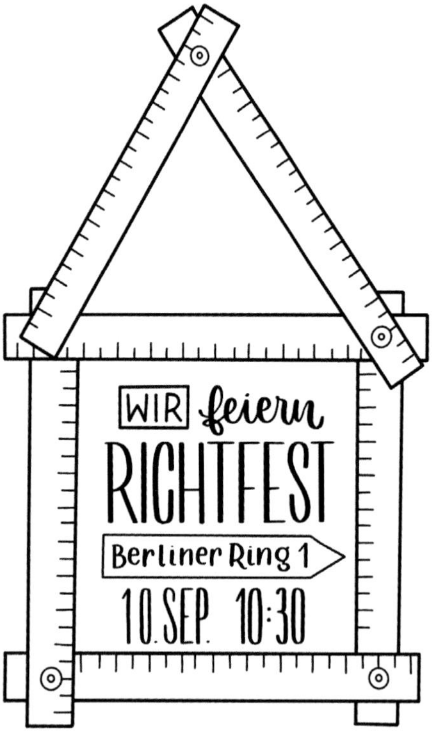
WIR feiern
RICHTFEST
Berliner Ring 1
10.SEP. 10:30

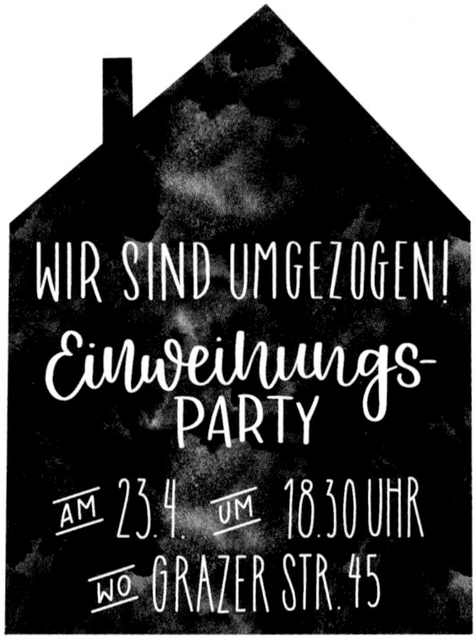
WIR SIND UMGEZOGEN!
Einweihungs-
PARTY
AM 23.4. UM 18.30 UHR
WO GRAZER STR. 45

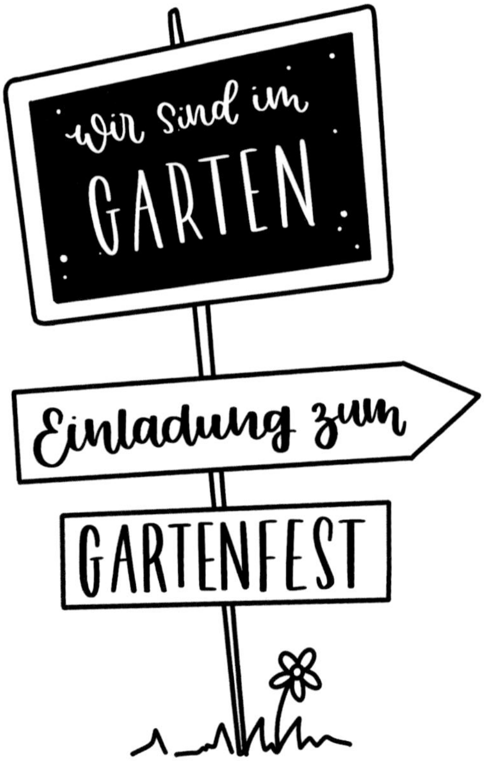
wir sind im
GARTEN
Einladung zum
GARTENFEST

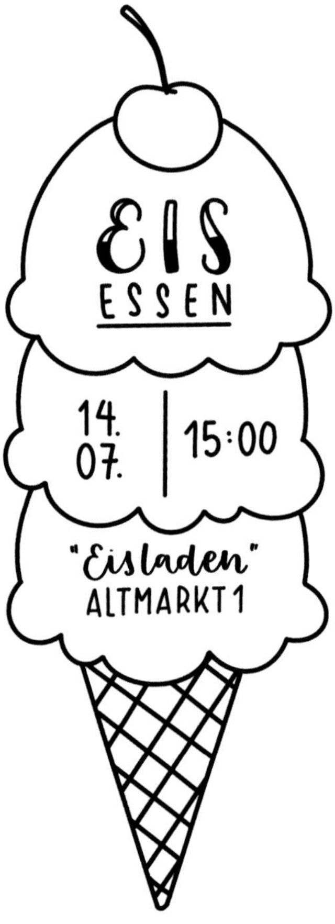
EIS
ESSEN
14.
07.
15:00
"Eisladen"
ALTMARKT 1

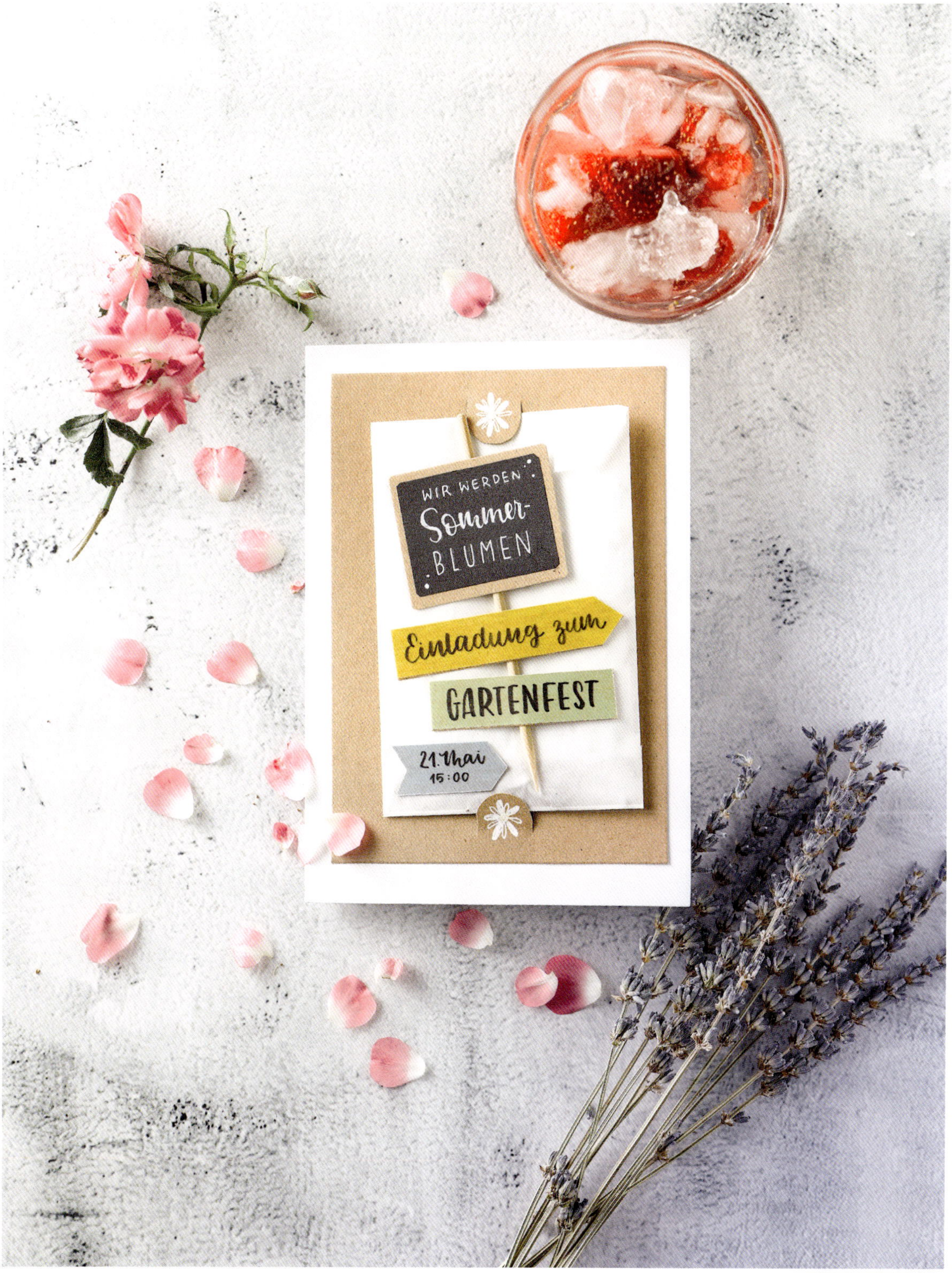

Verschenke den Sommer: Mit einem aufgeklebten Samentütchen wird aus deiner Einladung eine bunte Überraschung.

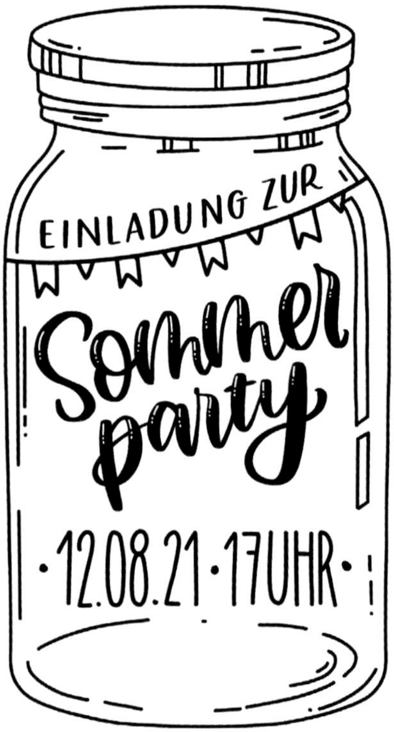
EINLADUNG ZUR
Sommer party
·12.08.21·17UHR·

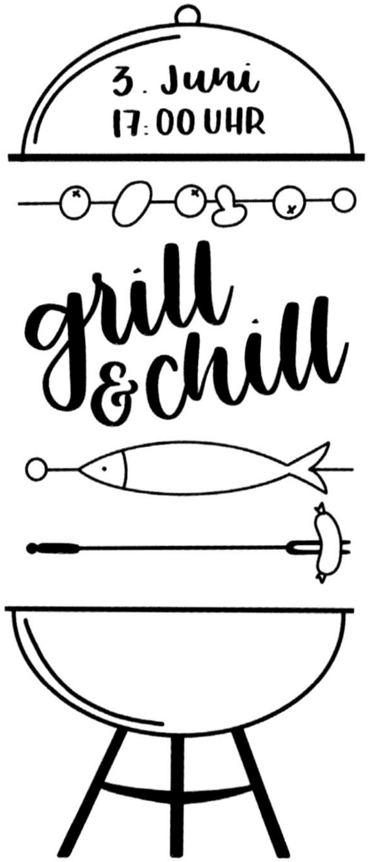
3. Juni
17:00 UHR
grill & chill

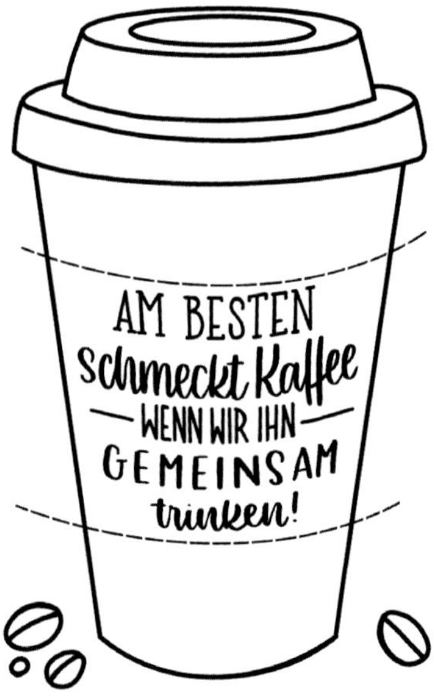
AM BESTEN
schmeckt Kaffee
WENN WIR IHN
GEMEINSAM
trinken!

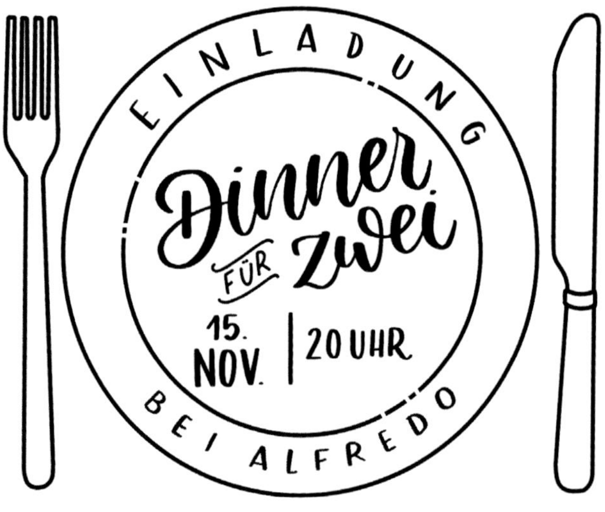
EINLADUNG
Dinner FÜR zwei
15. NOV.
20 UHR
BEI ALFREDO

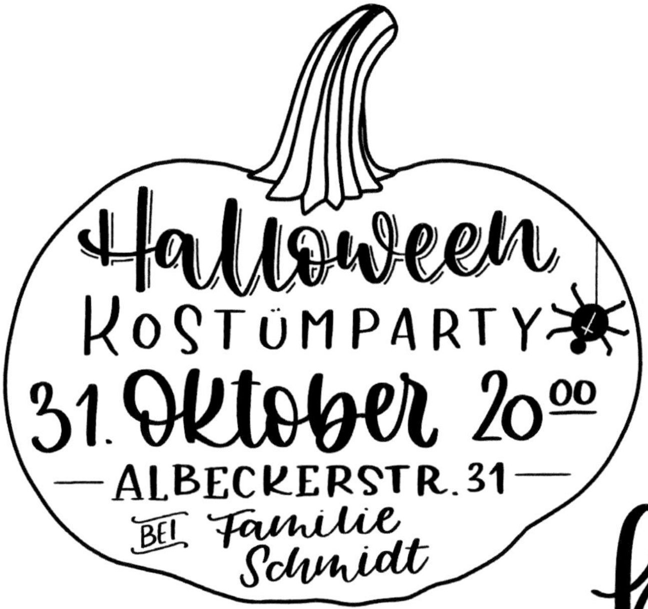
Halloween
KOSTÜMPARTY
31. Oktober 20⁰⁰
ALBECKERSTR. 31
BEI Familie Schmidt

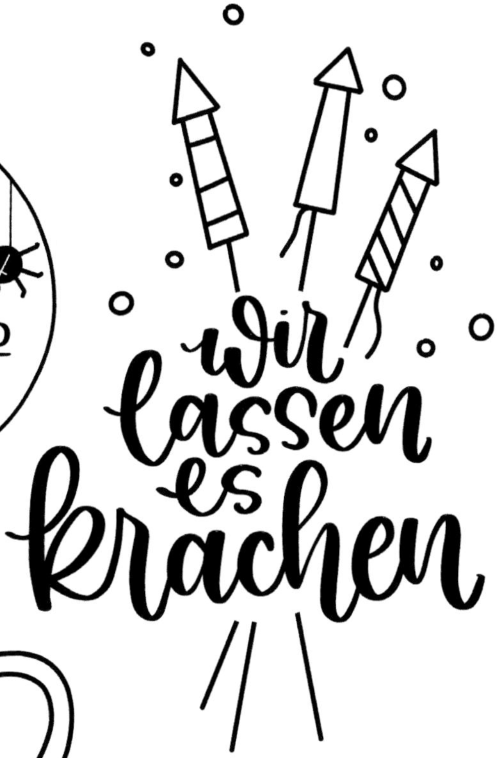
wir lassen es krachen

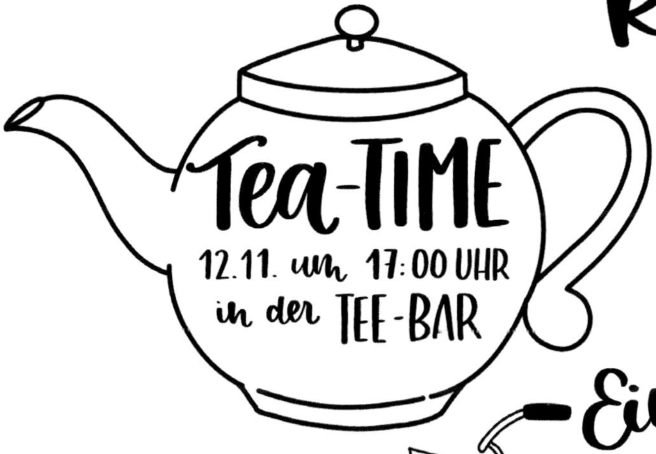
Tea-TIME
12.11. um 17:00 UHR
in der TEE-BAR

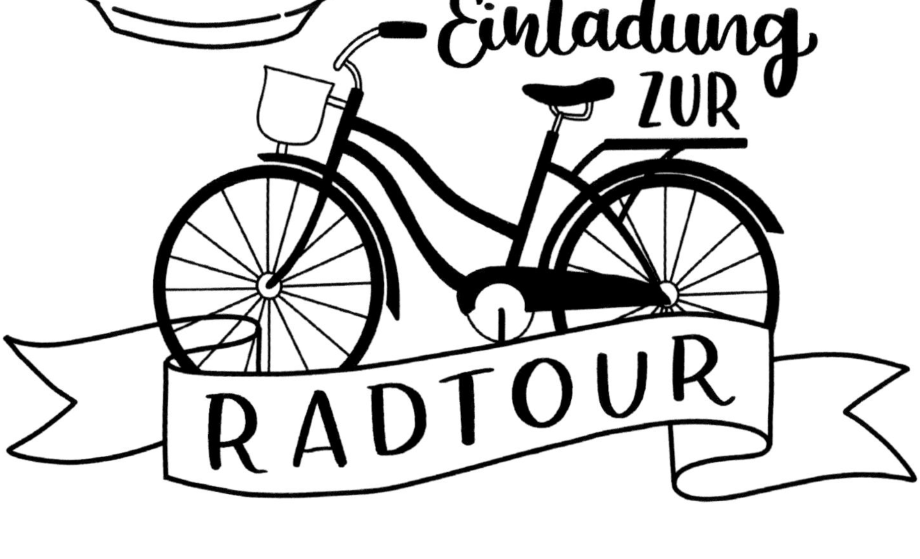
Einladung ZUR
RADTOUR

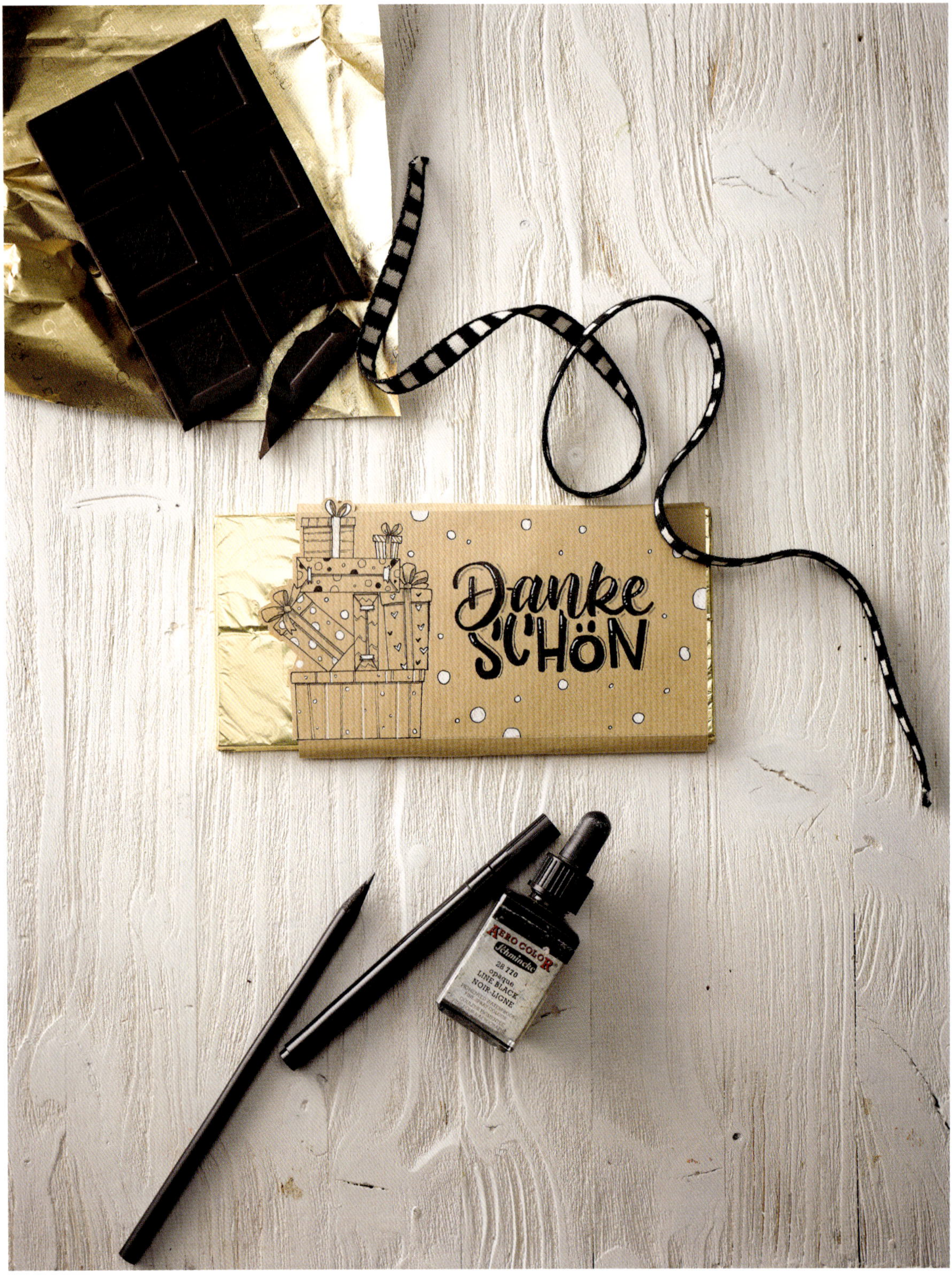
Danke
schön
AERO COLOR
Schmincke
opaque
LINE BLACK
NOIR-LIGNE

Danke

♥-lichen Dank

Danke-schön

DANKE

VIELEN DANK

merci

Thank you!

EIN KLEINES Dankeschön

Danksagung

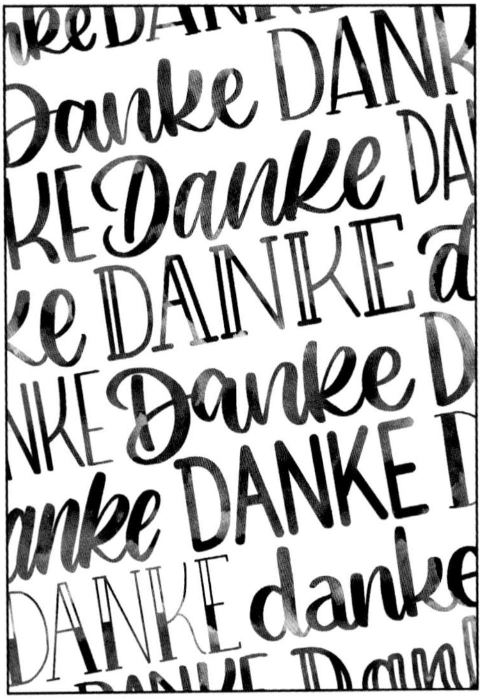

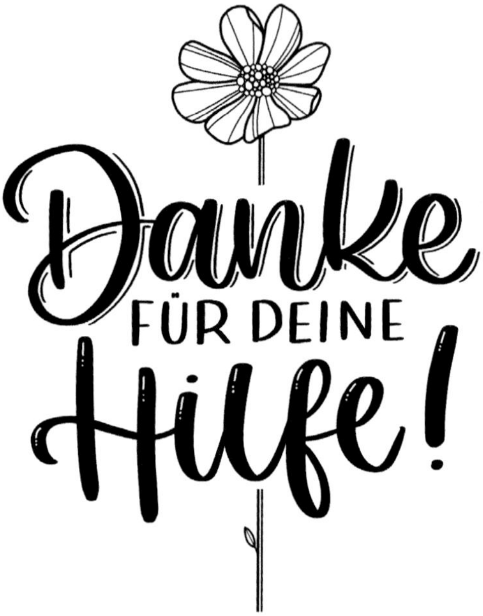
Danke
FÜR DEINE
Hilfe!

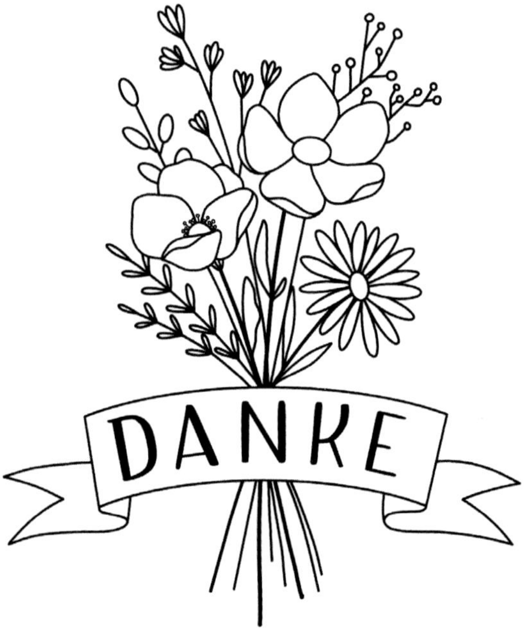
DANKE

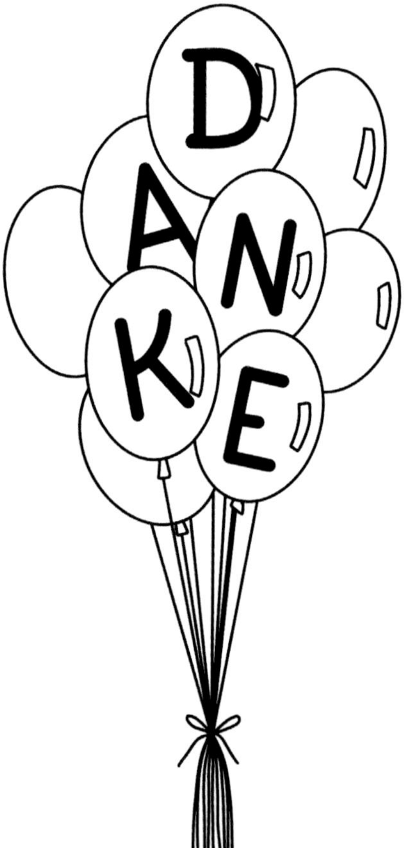
D
A
N
K
E

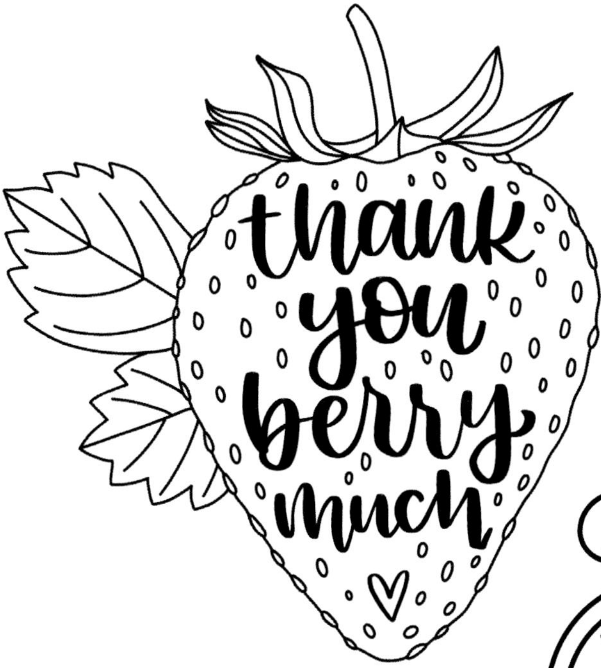
thank you berry much

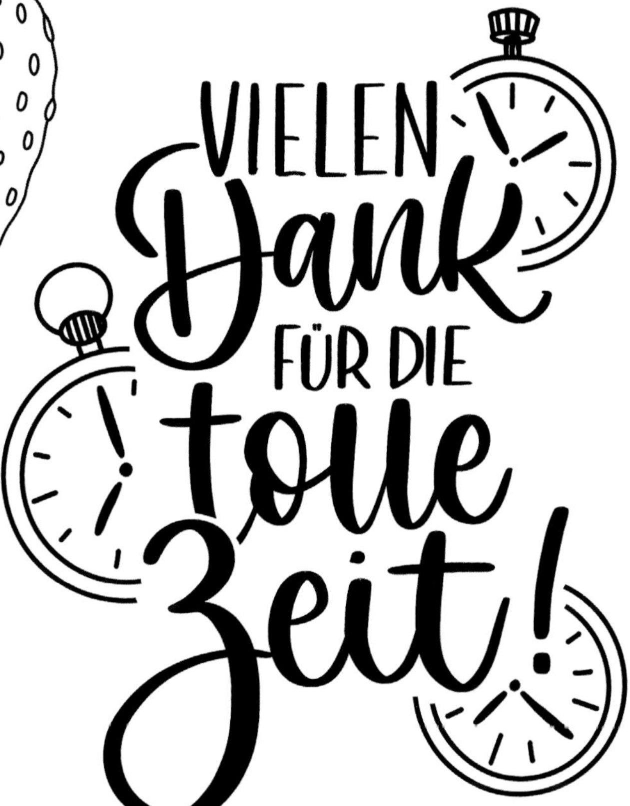
VIELEN Dank FÜR DIE tolle Zeit!

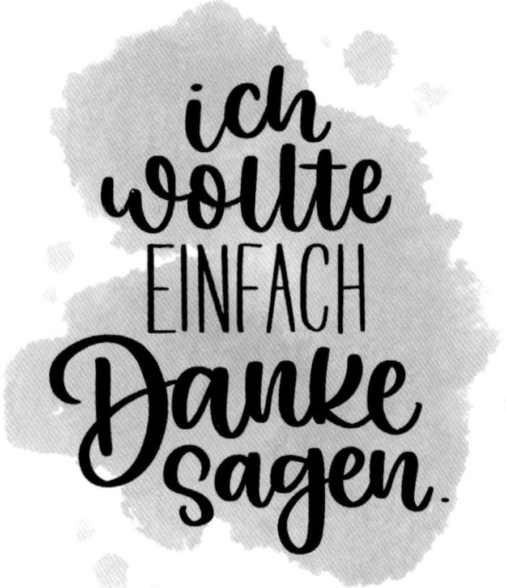
ich wollte EINFACH Danke sagen.

Alphabete und weitere Vorlagen

ABCDEFGHIJKL
MNOPQRSTUV
WXYZ

abcdefghijk
lmnopqrstu
vwxyz

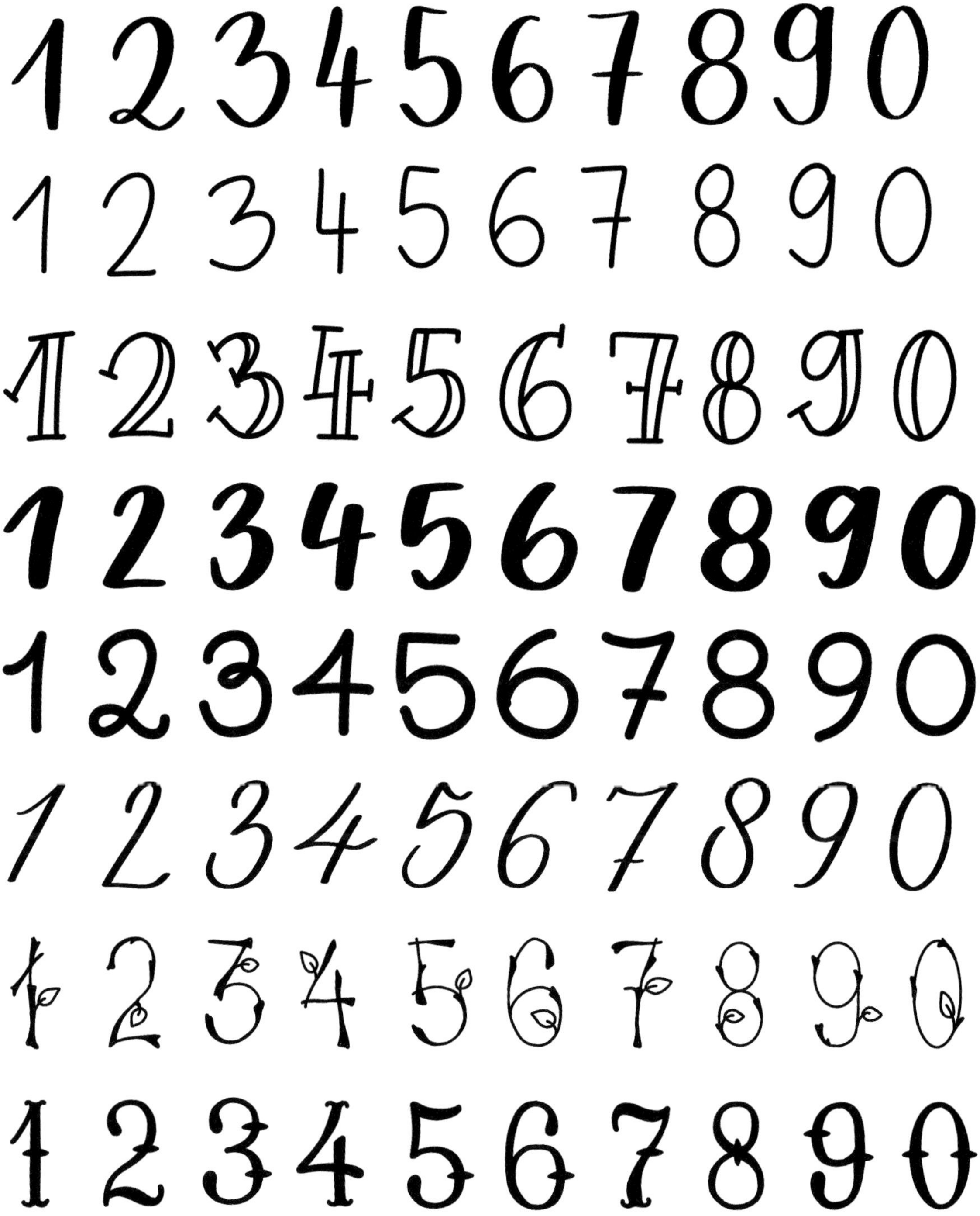
1234567890
1234567890
1234567890
1234567890
1234567890
1234567890
1234567890
1234567890

Aa Bb Cc Dd

Ee Ff Gg Hh

Ii Jj Kk Ll

Mm Nn Oo Pp

Qq Rr Ss Tt

Uu Vv Ww

Xx Yy Zz

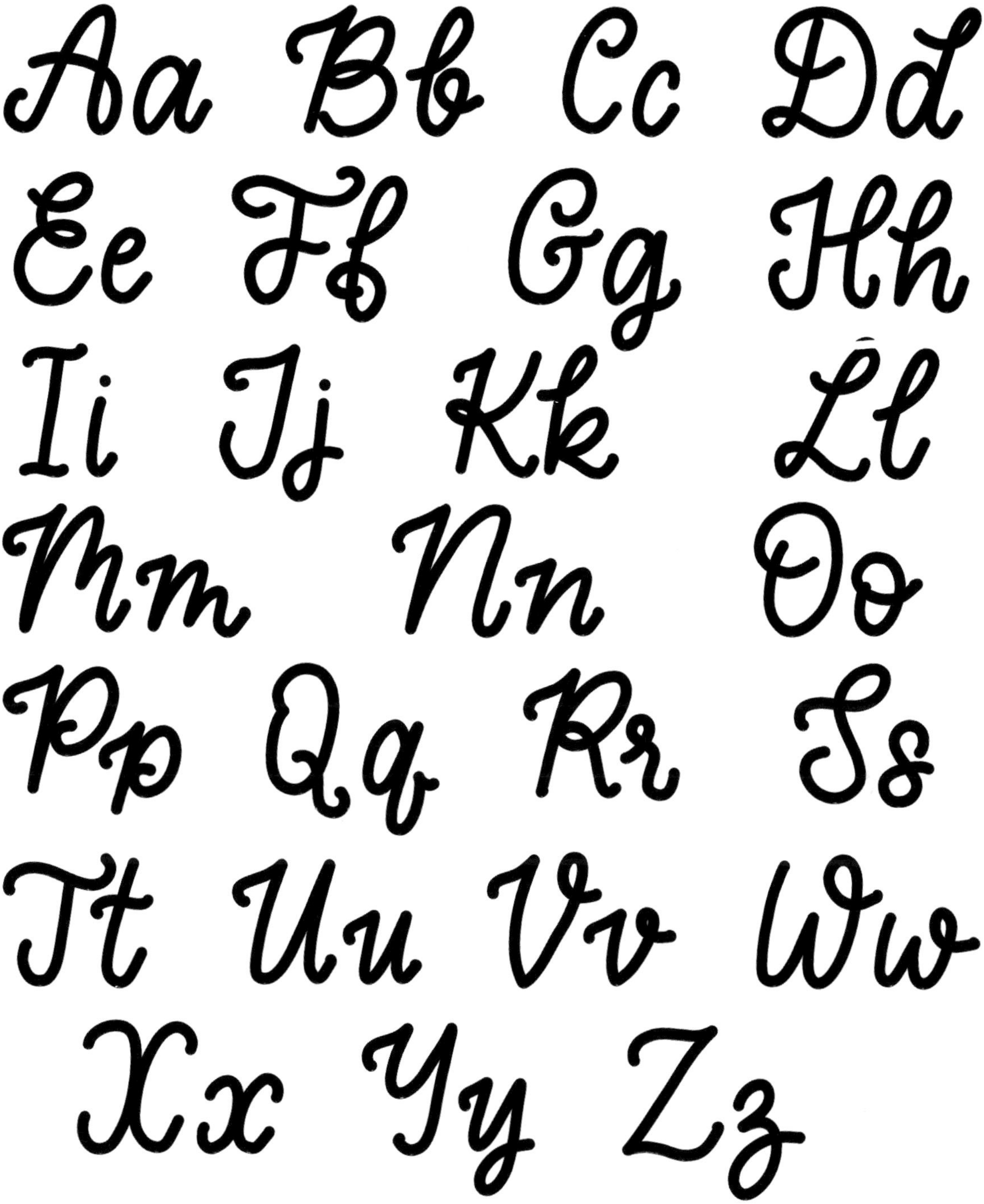
Aa Bb Cc Dd
Ee Ff Gg Hh
Ii Jj Kk Ll
Mm Nn Oo
Pp Qq Rr Ss
Tt Uu Vv Ww
Xx Yy Zz

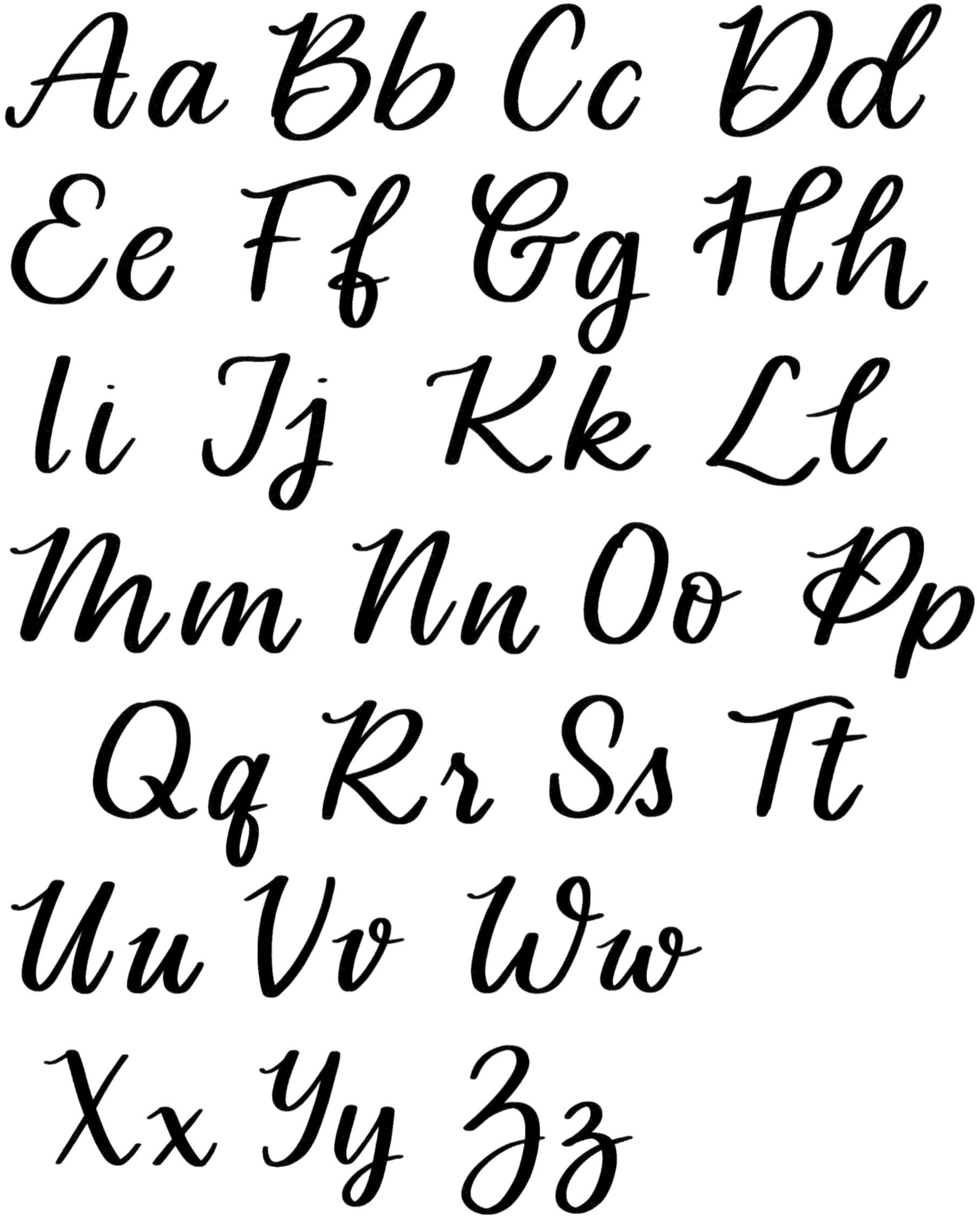
Aa Bb Cc Dd
Ee Ff Gg Hh
Ii Jj Kk Ll
Mm Nn Oo Pp
Qq Rr Ss Tt
Uu Vv Ww
Xx Yy Zz

Aa Bb Cc Dd Ee

Ff Gg Hh Ii Jj

Kk Ll Mm Nn

Oo Pp Qq Rr

Ss Tt Uu Vv

Ww Xx Yy Zz

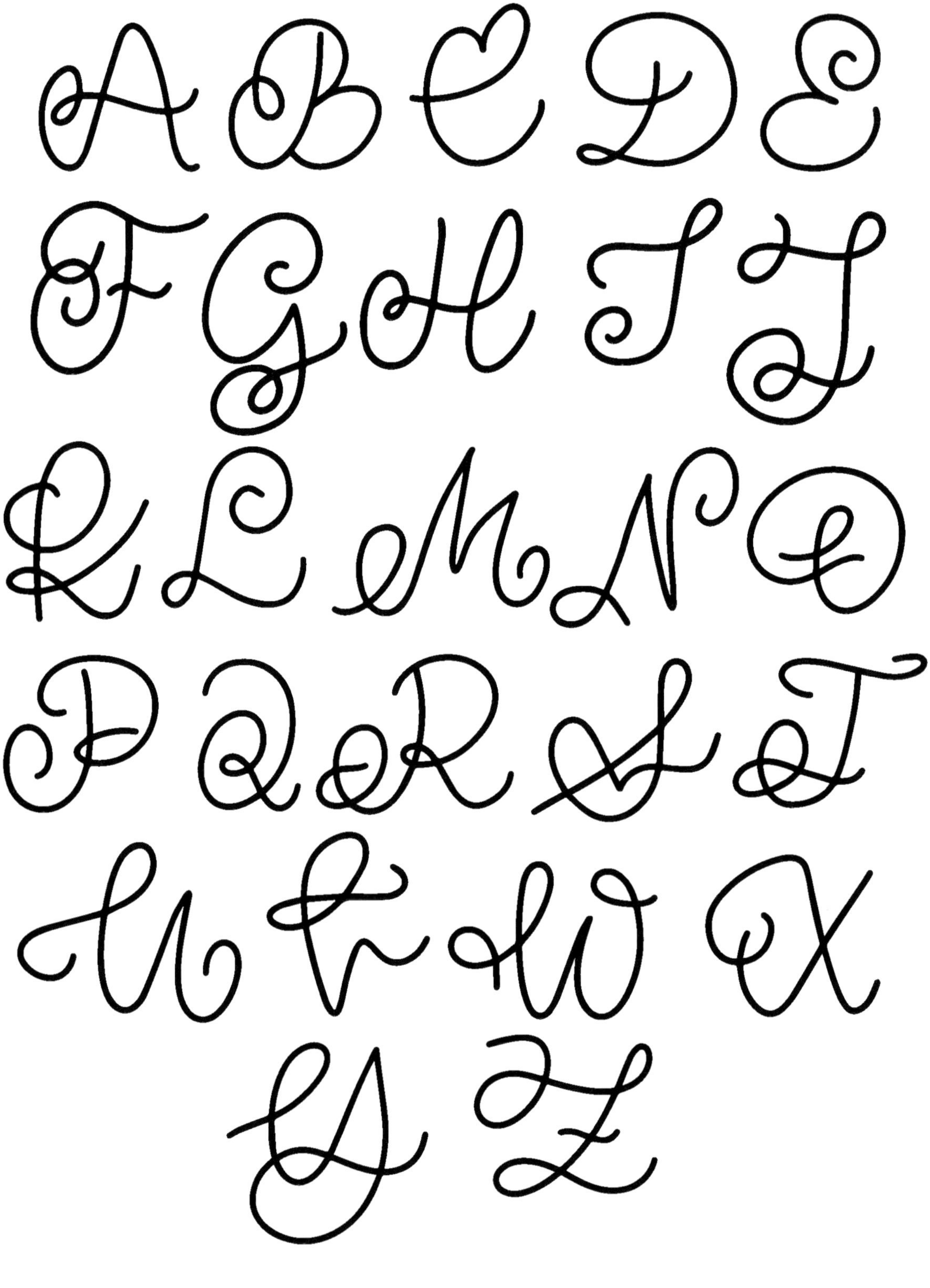

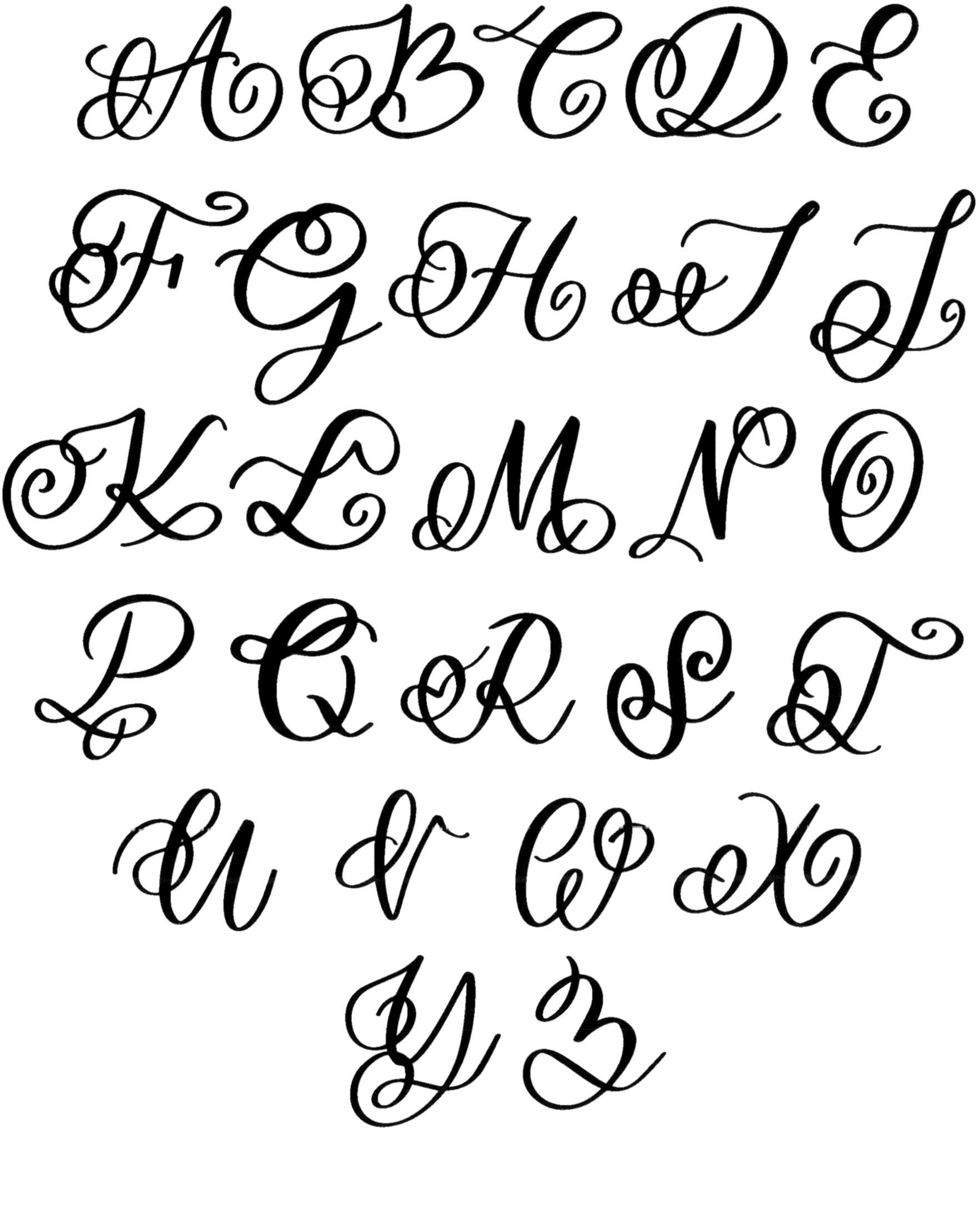
A B C D E
F G H I J
K L M N O
P Q R S T
U V W X
Y Z

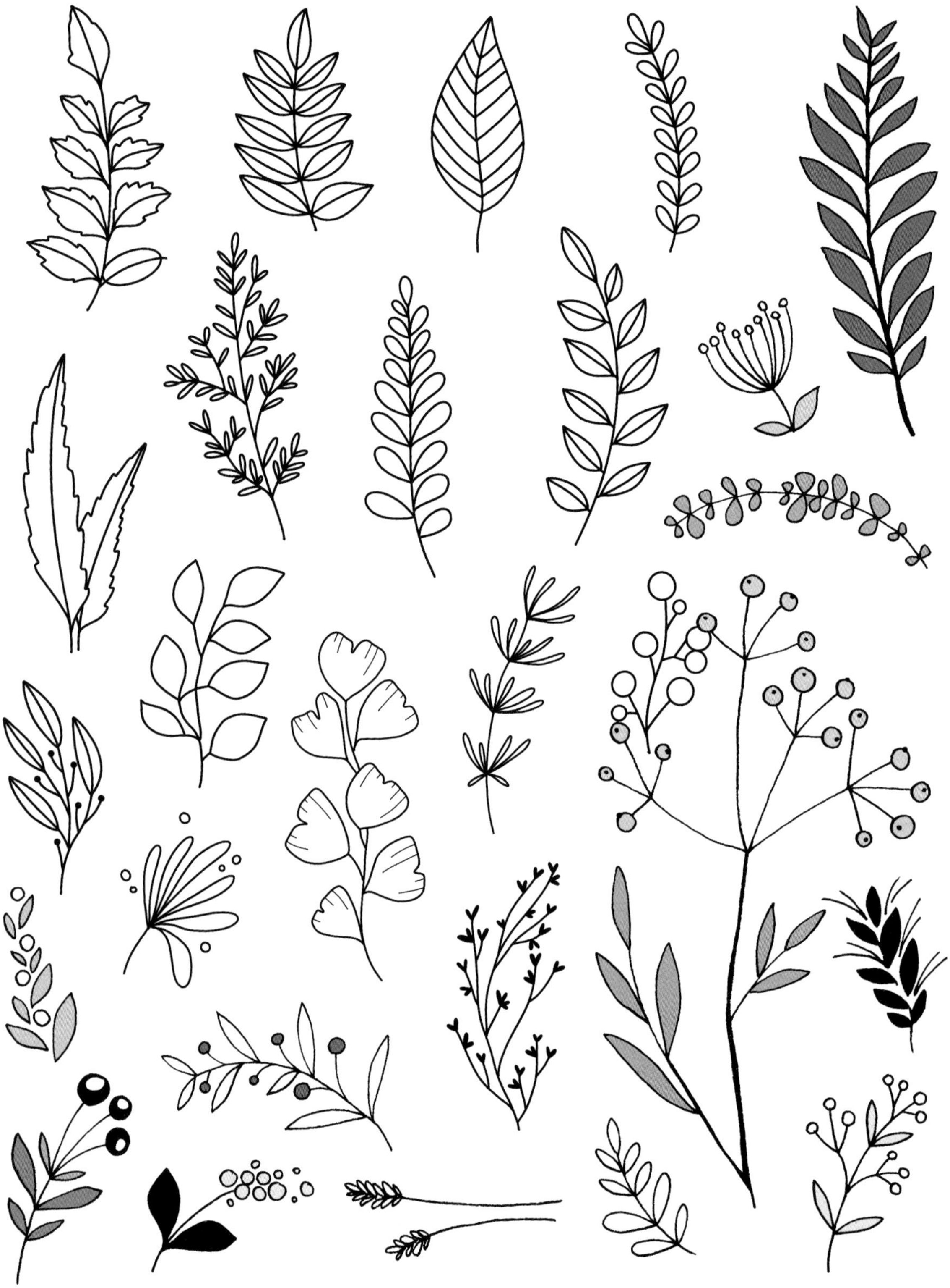

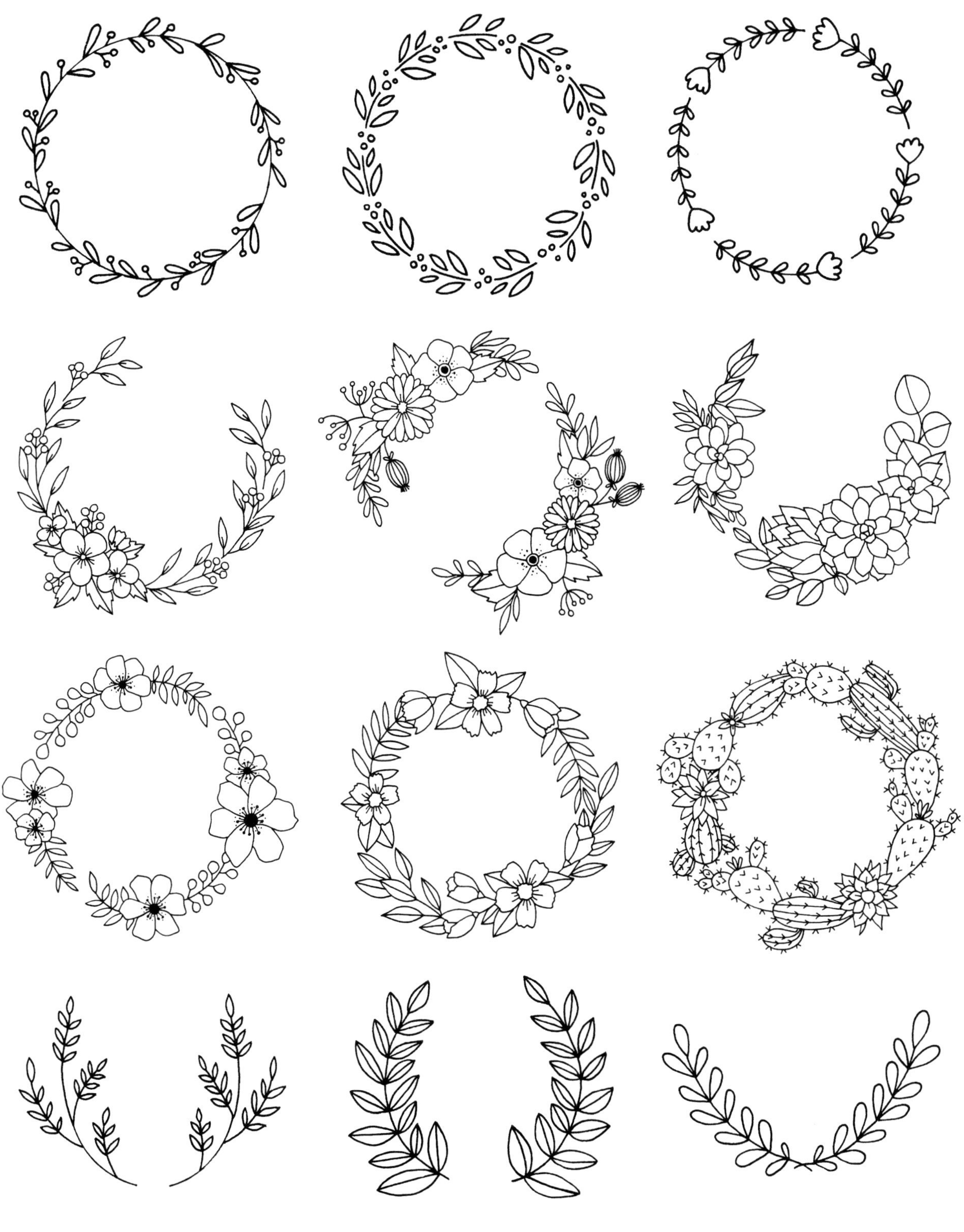

Die häufigsten Frauen-Namen

Alexandra
Andrea
Angelika
Anja
Anke
Anna
Annette
Annika
Astrid
Barbara

Beate
Bettina
Birgit
Brigitte
Britta
Caroline
Charlotte
Christiane
Christina
Claudia

Cornelia
Daniela
Elisabeth
Elke
Ella
Emilia
Emma
Eva
Franziska
Gabriele

Gudrun
Hannah
Hannelore
Heidi
Heike
Helga
Ingrid
Isabelle
Jacqueline
Jana
Janina
Jasmin

Jennifer
Jessica
Johanna
Julia
Jutta
Karin
Katharina
Katja
Kathrin
Kerstin
Kirsten
Klara

Kristine
Laura
Lena
Leonie
Lina
Lisa
Maike
Manuela
Maren
Maria
Marianne
Marie

Marion

Marlies

Martina

Melanie

Mia

Michaela

Mila

Monika

Nadine

Nathalie

Nicole

Nina

Petra

Renate

Sabine

Sabrina

Sandra

Sarah

Sigrid

Silke

Sylvia

Simone

Sofia

Sonja

Sophie

Stephanie

Susanne

Svenja

Tanja

Ulrike

Ursula

Ute

Vanessa

Yvonne

Die häufigsten Männer-Namen

Alexander
Andreas
Axel
Benjamin
Bernhard
Björn
Carl
Karsten
Christian
Christopher

Daniel
David
Dennis
Dieter
Dirk
Dominik
Elias
Fabian
Felix
Finn

Florian
Frank
Georg
Gerhard
Gert
Günther
Hans
Harald
Hartmut
Heiko

Heinz
Helmut
Henry
Holger
Horst
Hugo
Jan
Jens
Joachim
Johannes
Jonas
Jörg
Josef
Julian
Jürgen
Kai
Kevin
Klaus
Lars
Leon
Louis
Lukas
Manfred
Marc
Marcel
Mario
Markus
Martin
Matthias
Maximilian
Michael
Mike
Mohammed
Moritz
Nico
Niklas

Niels

Noah

Norbert

Olaf

Oliver

Patrick

Paul

Peter

Philipp

Reiner

Ralf

Reinhardt

René

Robert

Roland

Rolf

Rüdiger

Sascha

Sebastian

Simon

Stephan

Steffen

Sven

Thomas

Tim

Timo

Tobias

Torsten

Ulrich

Uwe

Viktor

Volker

Walther

Wolfgang

Buchempfehlungen für dich

Von hübschen Letterings kannst du nie genug bekommen? Hier gibt es noch weitere Titel, die dir die Welt der schönen Buchstaben näherbringen.

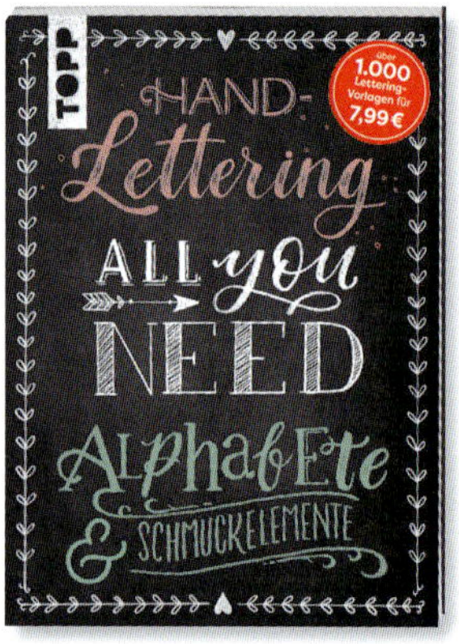

ISBN 978-3-7724-8375-2

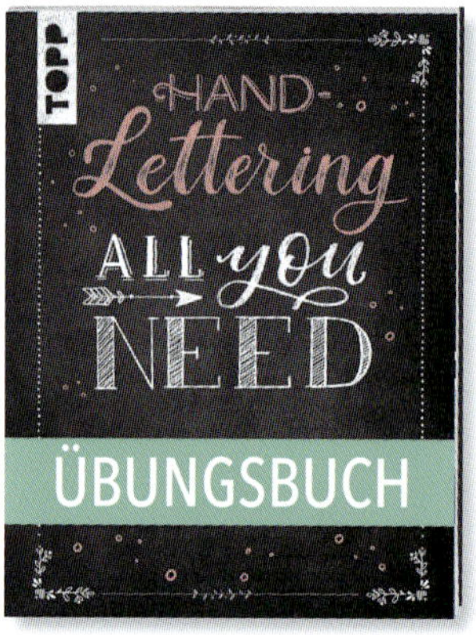

ISBN 978-3-7724-8381-3

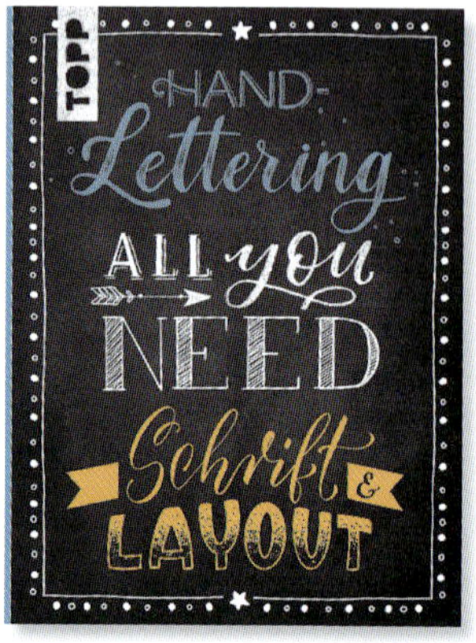

ISBN 978-3-7724-4798-3

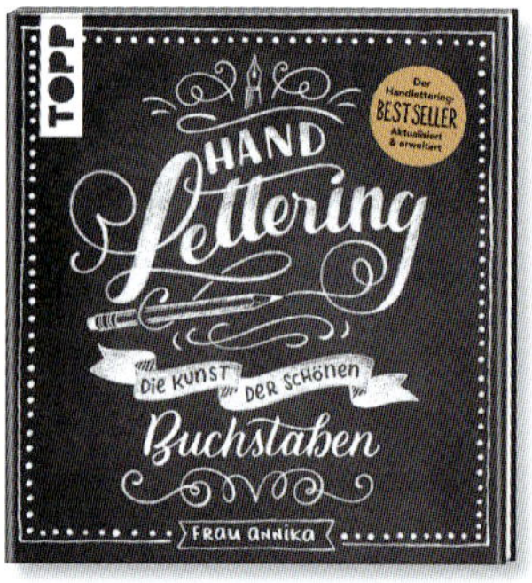

ISBN 978-3-7724-4720-4

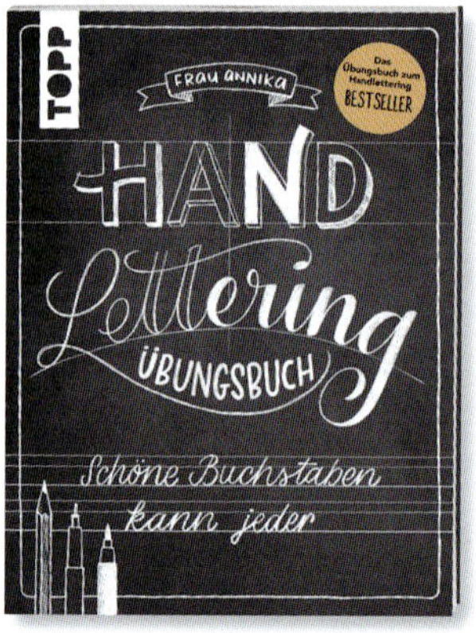

ISBN 978-3-7724-4721-1

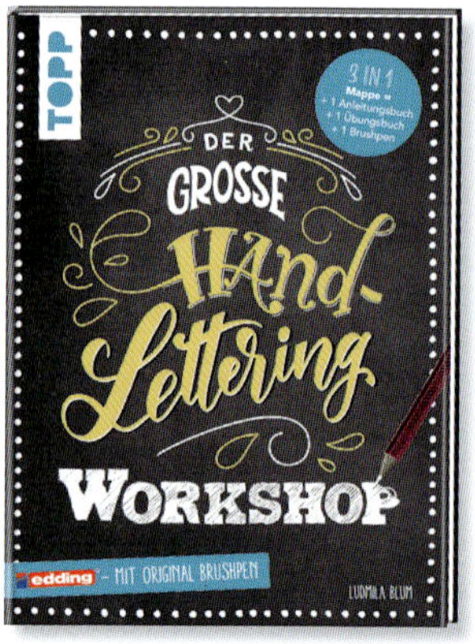

ISBN 978-3-7724-8341-7

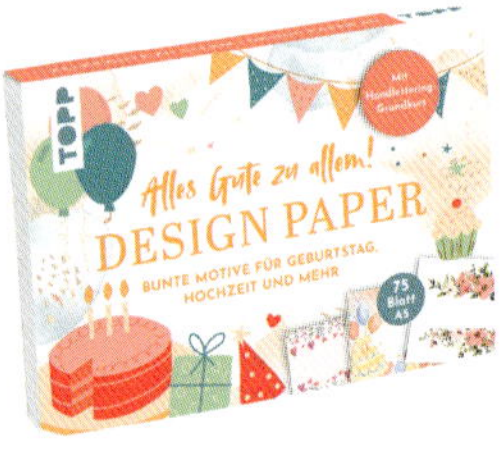

GTIN 4007742184674

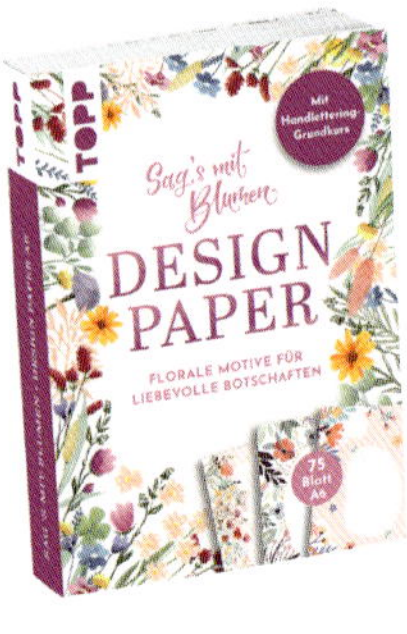

GTIN 4007742185176

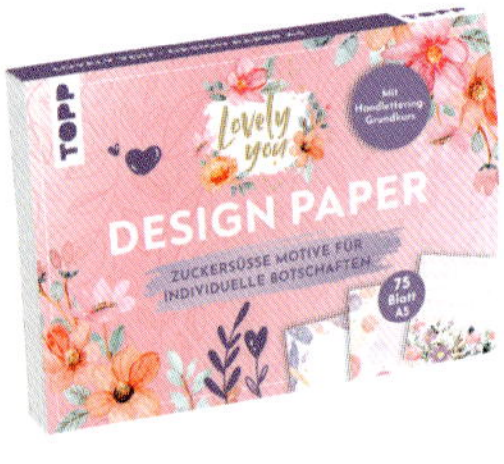

GTIN 4007742185329

Viele weitere Kreativ-Bücher findest du auf www.TOPP-kreativ.de

#TOPPPROJEKT

Die eigene Kreativität zeigen: TOPPprojekt mit anderen Kreativen teilen und Teil der Gemeinschaft werden.

DIY-begeistert und auf Instagram? Dann unbedingt mitmachen! Hier gibt's Tipps und Feedback zu den eigenen Projekten. Außerdem verlosen wir jeden Monat ein Überraschungspaket. Um am Gewinnspiel teilzunehmen, einfach ein Bild vom Kreativ-Projekt aus unseren Büchern mit #TOPPprojekt posten und unserem Account @frechverlag folgen. Mehr Infos auf TOPP-kreativ.de/TOPPprojekt

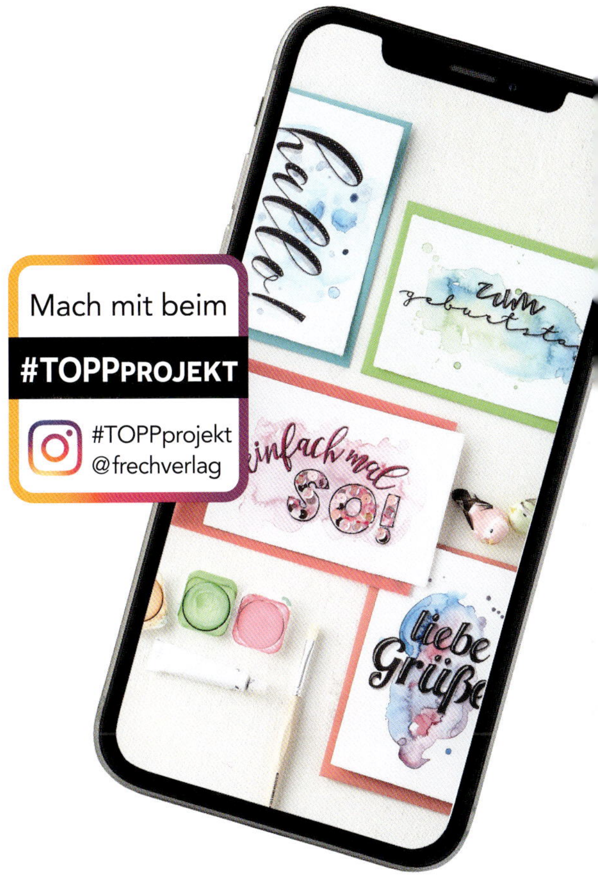

Website
Auf TOPP-kreativ.de kannst du ein riesiges Angebot von über 1.000 Kreativbüchern, Sets & mehr entdecken.

Newsletter
Gleich anmelden unter: TOPP-kreativ.de/newsletter und immer als Erstes von unseren Neuheiten und Sonderaktionen erfahren.

Instagram
@frechverlag

Pinterest
pinterest.com/frechverlag

Facebook
facebook.com/frechverlag

DigiBib
Hier findest du zusätzlich zu vielen unserer Bücher digitale Extras, wie Video-Tutorials, Plotter-Dateien, Vorlagen, Übungsblätter & vieles mehr. Einfach im Impressum deines TOPP-Buchs den Freischalte-Code nachschlagen und exklusive Inhalte freischalten. TOPP-kreativ.de/digibib

Youtube
youtube.com/frechverlag

IMPRESSUM

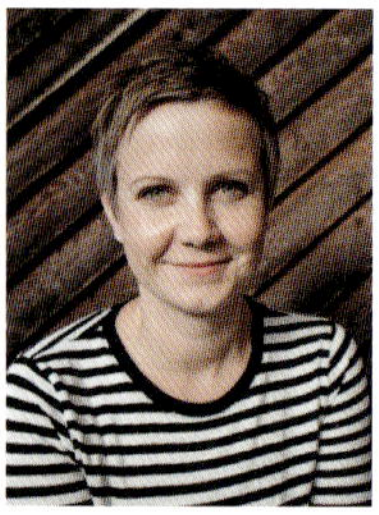

Petra Heider, geboren 1985 in Cottbus, studierte Stadt- und Regionalplanung und arbeitet mittlerweile in Graz. Für Grafik und Typografie begeistert sie sich schon als Heranwachsende. Über das Malen, Zeichnen und Gestalten findet sie zur Fotografie und in den letzten Jahren wurde aus dem Flirt mit Aquarellmalerei und Lettering eine innige Liebe.

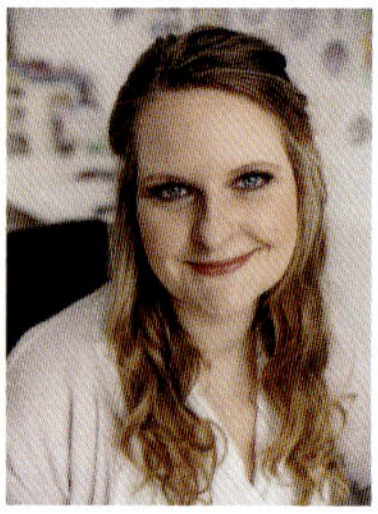

Christin Stapff hat sich nach einer Ausbildung zur TV-Redakteurin selbstständig gemacht und ist glücklich, ihre Liebe zur Kreativität mit dem Journalismus verbinden zu können. 2015 entdeckte sie das Handlettering auf Instagram – und es war Liebe auf den ersten Klick.

KREATIV-HOTLINE
Hilfestellung zu allen Fragen, die Materialien und Bücher zu kreativen Hobbys betreffen:
Frau **Erika Noll** berät Sie.
Rufen Sie an oder schreiben Sie eine E-Mail!
Telefon: 0711 / 123 757 20*
*normale Telefongebühren
E-Mail: mail@kreativ-service.info

FSC
www.fsc.org
MIX
Papier aus verantwortungsvollen Quellen
FSC® C107574

Penguin Random House Verlagsgruppe
FSC® N001967

Der Freischalte-Code für die Vorlagen lautet: 10806

Fotos: frechverlag GmbH, 70499 Stuttgart; lichtpunkt, Michael Ruder, Stuttgart (S. 14/15, 36/37, 39, 40, 42, 45, 46, 49-51, 76/77, 79, 83/84, 86, 88, 91, 93, 95, 98/99, 120/121, 123, 125, 129, 131, 134), Christin Stapff (S. 18, 21, 25, 31, 32, 35, 52, 57, 61, 64, 66, 68, 71, 74, 100, 105, 108, 111, 113/114, 116)
Texte und Vorlagen: Christin Stapff (S. 8/9, 12-35, 50-75, 98-119, 138, 139 (obere drei Zeilen), 143-145, 148-150), Petra Heider (S. 36-49, 76-97, 120-137, 139 (untere 5 Zeilen), 140-142, 146-147, 151-153), Kirsten Albers (S. 10/11)
Vorwort und Kapitelauftakttexte: Gabriele Betz, Tübingen
Produktmanagement und Lektorat: Seline Gwinn
Herstellung: Katrin Röhlig
Layout und Satz: Bernadett Linseisen (schere.style.papier), München
Druck und Bindung: BALTO print, Litauen

4. Auflage 2024

ISBN: 978-3-7724- 4786-0 Best.-Nr. 4786